U0103753

世界军装图鉴

1936—1945　卷一

[英]马丁·J.布莱利 等 著　　[英]麦克·查贝尔 等 绘　　曾钰钦 译

重庆出版集团 重庆出版社

World War II Soviet Armed Forces (1) 1939-41 © Osprey Publishing, 2010
World War II Soviet Armed Forces (2) 1942-43 & Balkans © Osprey Publishing, 2011
World War II Soviet Armed Forces (3) 1944-45 © Osprey Publishing, 2012
The French Army 1939-45 (1) © Osprey Publishing, 1998
The French Army 1939-45 (2) © Osprey Publishing, 1998
All rights reserved.
This edition published by Chongqing Publishing House Co., Ltd. by arrangement
with Osprey Publishing, an imprint of Bloomsbury Publishing Plc.

本书中文简体字版由重庆出版集团·重庆出版社
在中国大陆地区独家出版发行
未经出版者书面许可，本书的任何部分不得以任何形式抄袭、节录或翻印
版权所有　侵权必究
版贸核渝字（2013）第338号

图书在版编目（CIP）数据

世界军装图鉴：1936—1945.卷一／（英）马丁·
J.布莱利等著 ；（英）麦克·查贝尔等绘 ；曾钰钦译. —
重庆 ：重庆出版社，2021.1
　　ISBN 978-7-229-15198-0

Ⅰ．①世… Ⅱ．①马… ②麦… ③曾… Ⅲ．①军服—
世界—图集 Ⅳ．①E127-64

中国版本图书馆CIP数据核字（2020）第137682号

世界军装图鉴：1936—1945 卷一
SHIJIE JUNZHUANG TUJIAN：1936 — 1945 JUANYI

[英] 马丁·J.布莱利 等 著　[英] 麦克·查贝尔 等 绘　曾钰钦 译

责任编辑：赵仲夏　谢雨洁
责任校对：何建云
装帧设计：嵐品视觉 CASTALY　周　娟　刘　玲

重庆出版集团
重庆出版社　出版

重庆市南岸区南滨路162号1幢　邮政编码：400061

重庆三达广告印务装璜有限公司印刷
重庆出版集团图书发行有限公司发行
全国新华书店经销

开本：787mm×1092mm　1/16　印张：16.625　字数：485千
2021年1月第1版　2021年1月第1次印刷
ISBN 978-7-229-15198-0
定价：122.00元

如有印装质量问题，请向本集团图书发行有限公司调换：023-61520678

版权所有　侵权必究

出版说明

　　《世界军装图鉴：1936—1945》汇集了 20 世纪上半叶的十年时间中，主要军事大国军服和武器装备发展沿革的图文资料。这十年是极不平凡的十年。在亚洲，日本军国主义分子日益扩大对中国的武装侵略，在 1937 年发展成为对中国的全面战争；在欧洲，德意法西斯扩军备战，在 1939 年挑起了第二次世界大战。反法西斯阵营同法西斯势力进行了艰苦卓绝的战争，最终取得了世界反法西斯战争的伟大胜利。本套图鉴以详实的图文资料反映反法西斯力量从形成到壮大、法西斯势力从穷兵黩武到最终灭亡的过程，从一个更为直观的侧面还原这一场战争的真实面貌。我们相信，广大读者能以正确的历史观回顾这一段无法忘怀的历史，更能以批判的态度看待法西斯军队在军服和武器装备上的演变，这些都是法西斯战争机器的一部分。

目 录
contents

目录
contents

法国陆军 1939—1945 年

1939—1940 年法国陆军及维希法国陆军

自由法国、战斗法国和法国解放军

苏联武装力量
1939—1945 年

Soviet Armed Forces 1939—1945

苏联武装力量 1939—1945(1)

1939—1941 年

Soviet Armed Forces (1)
1939—1941

革命军队

1914 年时，幅员辽阔的俄罗斯帝国拥有 1.67 亿人口，散居在 845 万平方英里（约 2190 万平方公里）的土地上。其当时的版图范围包括了今天的俄罗斯联邦，大部分波兰地区，芬兰，波罗的海国家（爱沙尼亚、拉脱维亚、立陶宛），白俄罗斯，乌克兰，摩尔多瓦，外高加索国家（亚美尼亚、格鲁吉亚、阿塞拜疆）以及中亚（哈萨克斯坦、土库曼斯坦、乌兹别克斯坦、塔吉克斯坦、吉尔吉斯斯坦）。但其国内的政治局面并不稳定，因为沙皇尼古拉斯二世拒绝在国内实行民主。

在"一战"中，500 万人的俄罗斯帝国军队无力阻止德国和奥地利的进攻。1917 年 3 月 7 日（俄国旧历 2 月 23 日），首都圣彼得堡（后更名为列宁格勒）爆发了名为"二月革命"的起义，沙皇退位，成立了临时政府。接下来在 1917 年 11 月 7 日（俄国旧历 10 月 25 日），又爆发了"十月革命"，列宁（弗拉基米尔·伊里奇·乌里扬诺夫，列宁为他参加共产主义运动后的化名或签名）宣布成立俄罗斯共和国。

1939 年，坦克兵学校中一位踌躇满志的军官学员，他穿戴着轻便的"钢铁灰"装甲部队军官常服帽和作训服，配有 M32 款横直武装腰带。他的领章为列兵样式，上面有坦克兵种徽章。

1918 年 1 月 27 日，共和国更名为俄罗斯苏维埃联邦社会主义共和国，简称"俄联邦"，于 1922 年 12 月 30 日，与白俄罗斯，乌克兰，外高加索（即后来的亚美尼亚、阿塞拜疆、格鲁吉亚）等三个苏维埃社会主义共和国结成联盟，成立了苏维埃社会主义共和国联盟（USSR，简称"苏联"）。其后各加盟共和国陆续加入：1925 年 5 月 13 日，土库曼斯坦和乌兹别克斯坦；1929 年 12 月 5 日，塔吉克斯坦；1936 年 12 月 5 日，哈萨克斯坦、吉尔吉斯斯坦；1940 年 8 月 2 日，摩尔达维亚（1991 年独立后的摩尔多瓦）；1940 年 8 月 3—6 日，立陶宛、拉脱维亚、爱沙尼亚先后加入，至此苏联总共拥有 15 个成员国。

为了巩固布尔什维克政权，1917 年 3 月，列宁组建了拥有 20 万人力量的工人武装——赤卫队。1918 年 1 月 28 日，成立了工农红军（RKKA），包括地面武装力量和空中武装力量，接着在 2 月 11 日成立了红海军（RKKF），形成了布尔什维克的武

斯大林（左）和伏罗希洛夫在一起。后者在 1938 年任人民国防委员——国防部长。1943 年 3 月之前，斯大林都喜欢穿戴灰色常服帽、闭领上衣和长裤，不佩戴任何军事徽章。伏罗希洛夫穿着 M35 款灰色苏联元帅常服。

装力量，另辅之以 1917 年 12 月 20 日成立的"契卡"内卫部队。在 1917 年 11 月 7 日至 1922 年 10 月 25 日的俄罗斯内战中，红军在对抗前帝国／临时政府的白军以及外国干涉军队和民族主义者的战争中屡战屡胜。在这之后，芬兰和波罗的海国家获得独立地位，比萨拉比亚加入了罗马尼亚，而波兰则在波兰—苏联战争后夺得了白俄罗斯西部和乌克兰西部。布尔什维克政权得以巩固，但却强敌环伺，边境不宁。

从 1922 年开始，苏联军队主要致力于解决内部威胁，特别是 1922 年 10 月至 1931 年 6 月的中亚巴斯马奇暴乱。之后，1936 年 7 月至 1939 年 4 月，苏联政府派出了约 3000 人的军事人员携带装备支援西班牙内战中的西班牙共和国。但苏联最大的外部威胁则来自于远东地区。1929 年 10—12 月间，白俄军队从"满洲"①武装侵入；日本在满洲驻扎重兵，对远东地区和东西伯利亚垂涎三尺。为此，1937 年 10 月至 1939 年 12 月间，苏联派出了 3600 人的军事人员携带装备（替代了原有的德国军事人员）帮助中国国民党军队对抗日军。在紧张程度逐渐加剧的苏日冲突背景下，1938 年 6—8 月的"张鼓峰事件"中，22950 人编制的第 39 步兵军和第 2 机械化旅阻止了日军在伪满—苏联边境哈桑湖附近的入侵。接着在 1939 年 5—8 月间，由军级军衔的 G. K. 朱可夫任司令的苏—蒙联军第 1 集团军群在哈勒哈河之战（诺门罕战役）中，击败了日本关东军。

苏联高层指挥体系

苏联的行政首长是苏联共产党中央委员会总书记，1922 年 4 月 3 日至 1953 年 3 月 5 日间，担任此职务的是约瑟夫·维萨里奥诺维奇·朱加什维利，即斯大林，"钢铁之人"②。在"二战"前，最具有才华的红军司令官无疑是米哈伊尔·尼古拉耶维奇·图哈切夫斯基，时任副国防人民委员，以及红军技术与装备部负责人（1931 年 7 月至 1936 年 4 月）。在他的主持下，将原来拥有大量步兵和骑兵的苏联武装力量改造成了当时世界上最先进的机械化部队。

①即中国东北，原文如此。
②斯大林一词在俄文中本就是钢铁的意思。

1939 年，诺门罕战役中对日战斗的胜利者们。（从左到右）格里戈里·斯特恩，第 1 独立红旗集团军总司令，一级集团军级军衔；蒙古部长会议主席、蒙古人民共和国元帅霍尔洛·乔巴山；第 1 集团军群中将朱可夫。蒙古军队穿着苏联红军的 M35 款制服，在领章上佩戴蒙古 1936 款军衔徽章，并有苏联样式的 M22 款袖口章。

掌控苏联武装力量的是人民委员会①，主席即斯大林，"人民委员"即相当于部长。人民委员会下设国防人民委员会，由一名将官担任国防人民委员：1934 年 6 月 20 日起，为集团军级军衔的克利缅特·叶夫列莫维奇·伏罗希洛夫；1940 年 5 月 7 日起，为苏联元帅谢苗·康斯坦丁诺维奇·铁木辛哥；而自 1941 年 7 月 19 日起，则由斯

1935 年 11 月 20 日，在照片拍摄的这一天，五名将官被提拔为苏联元帅。

---

① 苏联人民委员会是 1924—1946 年的苏联中央政府，1946 年后更名为苏联部长会议。

1940 年晚期的格奥尔吉·朱可夫，刚被提拔为大将军衔的基辅军区总司令，在基辅城中阅兵。他戴着将官版 M40 款常服帽，穿着有领章及"袖口"（更准确说是"袖笼"）军衔标识的大衣。朱可夫被广泛认可为"二战"期间最优秀的苏联将领。

1941 年 3 月，苏联元帅、人民国防委员铁木辛哥（左）和大将、总参谋长朱可夫在一起。两人都身着 M40 款将官常服，帽子上是金色索带和内有红色五角星的金色圆圈帽徽。他们的上衣都配上了 M40 款领章和袖口军衔标识。除了因诺门罕战役而获得的苏联英雄勋章外，朱可夫没有佩戴其他勋章。

大林本人兼任。在和平时期，该委员会还指挥总参谋长。苏军总参谋长自 1937 年 3 月起，为一级集团军级军衔的鲍里斯·米哈伊诺维奇·沙波什尼科夫；1940 年 8 月起，为一级集团军级军衔的基里尔·阿法拉西耶维奇·梅列茨科夫；1941 年 2 月 1 日起，为格奥尔吉·康斯坦丁诺维奇·朱可夫大将；1941 年 7 月起由已升任苏联元帅的沙波什尼科夫担任。

苏联统帅部

1941 年 6 月 23 日，德军入侵苏联的第二天，斯大林恢复了沙皇时期的总司令部。这个统一指挥苏联武装力量的总统帅部大本营（SSSR）由国防人民委员担任主席（先是铁木辛哥，之后是斯大林本人），组成成员包括了大部分红军和内卫部队高级将领及高级政治领导人。总统帅部大本营有效地替代了国防人民委员会的职责，并以总参谋部为执行机构，协调指挥苏军。1941 年 7 月 10 日，它被改称为最高统帅部大本营；1941 年 8 月 8 日，又被改称为最高总统帅部大本营。为了实现军—民联合指挥，又在 1941 年 6 月 30 日成立了苏联国防委员会，由斯大林任主席。

红军地面武装力量（陆军）

列宁设想中的工农红军，应该是按照马克思—列宁主义原则，打破旧沙俄的所有军事和民族主义的藩篱，从贫苦工人和农民中征召大量兵员构成的强大军队，以对抗贵族和中产阶级，图哈切夫斯基将这支军队转型成为机械化部队。1939 年 9 月，"红军"（KA）这一称谓正式启用，包括地面武装力量和空中武装力量（VVS-KA）。为了简便起见，下文中除了特别说明外，"红军"都是指的红军陆军。

兵员

苏联的男学生在 12 ~ 18 岁期间，会在学校接受基本的预备军事训练。在 1936 年 12 月 5 日颁布的"斯大林宪法"规定下，年满 21 岁的男性公民（1939 年降至 19 岁，1941 年 6 月降至 18 岁）要么在陆军中服役两年然后转入由预备役军官指挥的地方部队，要么将原地方部队中 8 ~ 11 个月的服役期延长为 5 年。所有士兵在 50 岁之前都必须听候征召，但在战争期间，年龄限制被取消，候命状态必须持续到战争结束。士官主要来自团级军校，而高级士官则由延长服役士官充任。这本质上是沿用了沙皇时期的体系，使得军队中很难出现高素质的士官队伍。

年满 18 岁的平民或是有潜质的士官可以被授予候补军官身份，送往军事专科学校——1939 年更名为军事学院——进行 3 年的培训，而在战争突然爆发后的 1941 年 6 月 25 日之后，缩减为仅仅 4 ~ 10

1941 年 7 月，一名工程兵上尉正在向一排莫斯科或列宁格勒的人民自卫队士兵示范 M1891/30 步枪的操作要领。这名军官穿着 M35 款卡其色常服，戴着有金色绲边的黑色领章，上有交叉斧头的兵种徽章。到 1941 年 9 月时，军队中的这些民兵配发了苏联红军制服，并将其编入了步兵师。

个月的学习时间。毕业学员会被授予中尉军衔，1937 年 8 月 5 日后则是少尉军衔，之后继续担任正规军军官或者调入后备役。上尉和少校则从军中挑选并送往军事专科学院进行 3 年深造，如要再进行提拔，则必须进入总参谋部学院——1936 年 4 月至 1940 年 5 月间开设——进行两年学习，以期成为合格的校级军官或是晋升将官。

陆军兵种，1936 年 3 月 10 日至 1941 年 12 月 31 日

红军陆军在 1936 年 3 月有 19 个兵种，到了 1941 年 12 月则增加为 21 个。这些兵种可以分为 8 种类型——6 个战斗兵种，以及勤务兵种和特殊军官。

（1）步兵：规模最大的兵种，包括来复枪步兵团（"来复枪兵"曾是沙皇时期的精锐部队称谓，后文一般译为步兵团）、机械化营、摩托化步兵团／营、山地步兵团以及机枪营。

（2）骑兵：这是创设于 1914 年的一种即将过时的兵种，然而骑兵部队在大草原国家中依然是对抗步兵的利器。该兵种包括骑兵团、哥萨克骑兵团以及山地骑兵团。

（3）装甲部队：包括坦克团／营／连、侦察营／连、摩托车团。

（4）炮兵：包括超重型炮兵团、重型炮兵团／营、野战炮兵团、榴弹炮团、火箭炮团／营、迫击炮营、防空炮营以及骑兵炮兵营。

（5）技术部队：包括工兵营、电气工兵营、军械营、浮舟工兵营、土木工程及道路维护（坑道）工兵营／连、铁路工兵营、通信营、摩托化运输营、军事运输和铁路部队。

（6）化学部队：包括喷火营以及反化学毒气营。

（7）勤务兵种：包括军需和行政部门、医疗部门（医疗营和战地医院）以及兽医部门（兽医医院）。

（8）特殊军官：包括各兵种部队都配备的技术军官、军法军官以及文工团军官。另有政工军官或政委，以保证该部队指挥官服从党的指挥。政工军官系统自 1925 年起在图哈切夫斯基的主持下逐渐削弱，1937 年 3 月 10 日起又被重设；

1940 年 2 月，冬季战争。两名步兵——也许是狙击手——穿着 M31 款"芬兰"羊毛帽和白色棉质雪地伪装罩帽服，携带着新的 SVT-40 式半自动步枪。他们正在听一位上尉连长的任务简报，这位连长身穿戴着 M27 款布琼尼帽和一件卡其色棉衣，配有 M35 款步兵领章。

1940 年 8 月再度被废除，1941 年 6 月又因苏军屡战屡败而重设。希特勒在 1941 年 6 月 6 日颁布的臭名昭著的"政委命令"要求——一旦抓住红军政工军官，必须立即处决。但这反而激起了红军抗争的意志。

陆军编制，1939 年 7 月至 1941 年 12 月 31 日

军区

一个军区下辖若干野战集团军、军、师以及其他部队。它的指挥官通常是一级集团军级军衔，1940 年 7 月 13 日后为大将—少将军衔。整个苏联划分为 18 个军区。

欧洲部分：1940 年 3 月 26 日成立的阿尔汉格尔斯克军区；1940 年 11 月 17 日成立的加里宁军区；1940 年 7 月 11 日成立的列宁格勒、莫斯科、奥廖尔、北高加索、波罗的海军区。另有白俄罗斯军区、乌克兰—哈尔科夫军区、基辅军区、敖德萨军区、外高加索军区、中亚军区。

亚洲部分：远东军区、西伯利亚军区、外贝加尔军区、乌拉尔军区、伏尔加军区。

西部的 3 个边境军区后来被重建为特别军区：1938 年 7 月 26 日成立的基辅特别军区、1940 年 7 月 11 日成立的白俄罗斯特别军区、1940 年 8 月 17 日成立的波罗的海特别军区。

战略方向

1941 年 7 月 10 日，苏联设立了 3 个战略方向司令部，但从未正式命名并很快就被废除。每个战略方向下辖几个方面军，在苏联元帅的指挥下直接向苏联统帅部负责。

西北方向（下辖北方方面军和西北方面军），司令为伏罗希洛夫，防御德国北方集团军群，1941 年 8 月被废除。

西面方向（下辖中央方面军、后备方面军和西方方面军），司令为铁木辛哥，防御德国中央集团军群，1941 年 9 月被废除。

西南方向（下辖西南方面军和南方方面军），司令为布琼尼，防御德国南方集团军群，1941 年 9 月被废除。

方面军

战时军区会组建集团军群，被称为"方面军"，原则上包括 2 ~ 5 个集团军，还有单独的军级或更小规模的部队，另加上一支强大的空军部队，司令为集团军级或军级，后期则为大将—少将军衔。最初，为了占领波兰东部（1939 年 9—10 月）而成立了白俄罗斯方面军和乌克兰方面军。从此之后，方面军——例如为应对冬季战争入侵芬兰（1939 年 11 月至 1940 年 3 月）成立的西北方面军——就成为了战时的正式编制方式，一直持续到 1945 年 9 月 2 日。

为了对抗 1941 年 6 月的轴心国入侵，位于白俄罗斯、乌克兰、波罗的海、外高加索和俄罗斯欧洲领土上的 8 个军区截至 1941 年 12 月组建了 13 个方面军：布良斯克方面军（1941 年 12 月重建）、中央方面军、加里宁方面军、北方方面军（1941 年 8 月拆分为卡累利阿方面军和列宁格勒方面军）、西北方面军、后备方面军、南方方面军、西南方面军、外高加索方面军（1941 年 12 月重组为高加索方面军）、沃尔霍夫方面军以及西方方面军。此外，远东方面军（1941 年 1 月 14 日在原第 1、第 2 独立红旗集团军的基础上组建）部署在苏一中边境以防范日军入侵。除此之外，苏联统帅部还保留了一些集团军作为统帅部战略后备队，以增援前线的方面军。

集团军

一支野战集团军，通常是由集团军级或军级军衔指挥，后期则为中将或少将指挥，是最基本的战略军队编制。每个军区拥有 5 个集团军，用以防御领土或是调派至其他军区协助作战。1939 年 9 月至 1941 年 12 月间，

表 1：1939 年 9 月 17 日至 1941 年 12 月 31 日，红军方面军和集团军一览

方面军	军区	方面军存在时间 （截至 1941 年 12 月 31 日）	方面军作战地点 （截至 1941 年 12 月 31 日）	下属集团军 （截至 1941 年 12 年 31 日）
白俄罗斯	白俄罗斯	1939.9.17—1939.9.25	波兰	3、4、10、11
乌克兰	基辅	1939.9.17—1939.10.2	波兰	5、6、12
西北	列宁格勒	1939.12—1940.3.13	芬兰、卡累利阿	7—9、13—15、57、59
西北（重建）	波罗的海	1941.6.22—1941.12.31	波罗的海、列宁格勒、季赫温	8、11、27/4S、34、60/3S
北方	列宁格勒	1941.6.24—1941.8.23	卡累利阿、列宁格勒	7、8、14、23、48、人民卫队军
卡累利阿	列宁格勒	1941.8.23—1941.12.31	卡累利阿	7、14、58、59
列宁格勒	列宁格勒	1941.8.23—1941.12.31	列宁格勒、季赫温	8、23、42、54、55
沃尔霍夫	西方	1941.12.17—1941.12.31	季赫温	4、52
西方	白俄罗斯	1941.6.22—1941.12.31	白俄罗斯西部、莫斯科	3—5、10、13、16、19/1S、20、24、28—33、43、49、50
加里宁	加里宁	1941.10.17—1941.12.31	莫斯科	22、29、30、31、39、41
中央	西方	1941.7.24—1941.8.25	斯摩棱斯克、基辅	3、13、21
后备	各军区联合	1941.7.30—1941.10.10	斯摩棱斯克、莫斯科	24、28—32、34
布良斯克	西方	1941.8.16—1941.11.10	斯摩棱斯克	3、13、21、50
布良斯克（重建）	西方	1941.12.18—1941.12.31	莫斯科	3、13、61
南方	莫斯科、敖德萨	1940.6—1941.12.31	比萨拉比亚、乌克兰西部、基辅、顿巴斯	5、6、9、12、18、56、57、海岸防卫军
西南	基辅	1941.6.22—1941.12.31	乌克兰西部、基辅、顿巴斯、莫斯科	3、5、6、12、13、16、19/1S、21、26/2S、30、37、38、40、52、56
外高加索	外高加索	1941.8.23—1941.12.29	伊朗、刻赤—费奥多西亚	44—47、51、53
高加索	外高加索	1941.12.30—1941.12.31	刻赤—费奥多西亚	44、47、51
远东	远东	1938.6.28—1941.12.31		1、2

总计有 60 个集团军（即第 3—61 集团军以及海岸集团军）。其中 13 个集团军（第 3—15）成立于1939 年，以应对波兰、芬兰和比萨拉比亚战役；2个（第 25、第 35）驻防在远东军区以对抗日军进攻，2 个（第 17、第 36）部署在外贝加尔作为后备队。其余的 43 个集团军（第 16、第 18—24、第 26—34、第 37—61、海岸）都部署在对抗轴心国一线。

1941 年编制的集团军通常都设有司令部。司令部直属部队包括 3 个团（补充团、工程兵团和通信团）以及 12～14 个营（2 个侦察营、保卫营，2 个土木工程营、道路维护工程营、军械营，2～4 个摩托化运输营、化学营、喷火营和惩戒营）；下辖 1～3个军。原本有 6 个"独立"的集团军（第 7、第 9、第 51、第 56、第 57、海岸），后来都被划拨给了方面军。

除此之外还有 4 种特殊的集团军。1941 年11—12 月间，4 个集团军（第 19、第 26、第 60、第 27）被重建为精锐的"进攻集团军"（分别被重新命名为第 1—4），列入统帅部战略后备队，用于对敌军防线发起先头攻击。进攻集团军被特别

1939 年 7 月，诺门罕。第 36 摩托化步兵师第 24 摩托步兵旅旅长，弗德耶尼斯奇上校，他穿着军官版浅卡其色棉质 M35 夏季军服，包括绳边"飞行员"船形帽和一件作训服，佩戴步兵领章和袖口军衔标志——三根杠，另有一条中型宽度的红色金边 V 形纹章。另外他还佩戴了工农红军建军 20 周年徽章。

加强了额外的坦克部队。第 1 骑兵集团军曾在内战期间战功卓著，隶属于远东军区，依然保留着骑兵军。10 个建设工程集团军在 1941 年 10 月 13日成立，专门用于在莫斯科、列宁格勒以及其他战略要地修筑防御工事，但在 1942 年 2—10 月间，陆续被解散拆分为更小规模的部队。一个建设工程集团军编制为 4 万～5 万人，下辖 2～4 个工兵旅，每个旅有 19 个497 人编制的工兵营。最后，沙皇时期的"人民卫队"师也在 1941 年 7月重建，用于防守莫斯科和列宁格勒。1941 年 9 月时，莫斯科的 16 个"人民卫队"师组建了 3 个集团军（第 32—34），而 11 个列宁格勒的"人民卫队"师则被划拨给了当地的其他红军正规部队。

军

红军总计有 109 个军：62 个步兵军，3 个边防步兵军，7 个骑兵军，5 个坦克军，1 个特遣军，31 个机械化军，每个军的指挥官一般为师级或旅级军衔，后期为中将或少将军衔。

一个野战集团军一般包括 3 个步兵军，但因为 1941 年 6 月德国的突然进攻以及高级将领的巨大缺额，实际上在总数超过 180 个的军级单位编制中只组建了 62 个军部（第 1—62）。因此，在 1941 年 7 月 15 日，苏

联统帅部废弃了军级司令部，而让每个压力沉重的集团军指挥官直接指挥9个步兵师以及其他师级单位。（但实际上在远东方面军还是保留了6个军级编制。）

一个26500人编制的步兵军原则上设有军部，军部直属部队包括2个炮兵团、1个侦察连以及4个营（工程营、通信营、医疗营和重机枪营）。下辖2～3个步兵或其他兵种师。1940年6月，3个原来的波罗的海独立集团军和空军被改组为红军的二线边防步兵军——第22爱沙尼亚军、第24拉脱维亚军和第29立陶宛军。在1941年6月的大溃退之后，这三个军在苏联亚洲领土中被解散，军官被送往劳改营，士兵则被分配到各个部队的惩戒营。

另有7个骑兵军（第1—7），每个编制19000人（仅比普通步兵师编制大一点）。骑兵军设有军部，直属部队包括4～6个团（2～4个坦克团、炮兵团、摩托化重迫击炮团）及其他部队，下辖2～3个骑兵师或山地骑兵师。

1938年5个坦克军（第5、第10、第15、第20、第25）成立了，其中4个坦克军在"二战"前曾有过实战经验：第20坦克军参加了诺门罕战役；第15、第25坦克军参加了波兰东部战役，第10坦克军参加了芬兰战役。一个1938年编制的坦克军部队编制为12710人，设有3个军部直属营（侦察营、摩托化步兵营、通信营）。下辖1个摩托化步兵机枪旅，以及两个轻型坦克旅，总计拥有278辆BT型快速坦克和267辆T-26型轻型坦克。（但这种编制的装甲部队在波兰战役中表现糟糕，因此在1939年11月取消了坦克军编制。）

第1机械化军成立于1932年，是当时世界上第一个机械化部队编制，之后又陆续成立了3个机械化军。第57特遣军也是机械化部队编制，曾参加过诺门罕战役。但在1939年9月，所有的机械化军都被撤销。1940年6月，又重建了8个机械化军（第1—8），到1941年6月时，苏联总共建立了31个机械化军（第1—30、第39）。1940年编制的机械化军人员编制为37200人，设有军部、军部直属部队（摩托车团、摩托化工兵营、通信营、航空队），下辖1个摩托化师和2个坦克师。这些机械化军——装备了1108辆KV重型坦克、T-34中型坦克以及T-36、T-37轻型坦克，但指挥拙劣并缺乏有效的无线电通信手段——完全无法匹敌德军装甲师。1941年7月15日，所有的坦克军都被撤销。

近卫部队

1941年9月18日，当轴心国军队正向莫斯科持续开进时，苏联统帅部重新启用了沙皇时代的"近卫"称号，将其作为荣誉称号授予那些表现杰出的部队。近卫部队会被授予特殊的旗帜，而且从1942年5月21日起，部队成员还配发了独特的胸章，并在所有军衔前加上"近卫"的前缀。截止到1941年12月31日，计有6支近卫军（3个步兵军、3个骑兵军）以及16个近卫师（10个步兵师、2个摩托化师、4个骑兵师）。近卫军都会重新授予番号，例如第1近卫骑兵军（原第2骑兵军）、第2近卫骑兵军（原第3骑兵军）、第3近卫骑兵军（原第5骑兵军）。

步兵师

1939年7月至1941年12月间，红军拥有约571个师，师级指挥官一般为旅级或上校军衔，后期为少将或上校军衔。这些师中的大部分都曾在战斗中被歼灭，然后又重建，有的还重建了好几次。

步兵师是苏联红军的骨干，到1941年12月31日时总计有374个步兵师：第1—8、第10—14、第16—19、第21—27、第29、第31—35、第45、第46、第49—56、第59—62、第64—67、第70—75、第78、第80、第84—94、第97—100、第102、第104、第105、第107、第108、第110—137、第140—162、第164—172、第174—191、第193、第195—197、第199—201、第203、第206、第207、第211、第212、第214、第215、第217、第218、第221—235、第237—241、第243—265、第267—301、第303—317、第320—396、第398、第400—402、第404、第406、第407、第409、第411、第413、第415、第416、第421—428、第430、第431、第434—436、第443、第473。其中10个步兵师被陆续重组为近卫步兵师：第1近卫步兵师（原第100）、第2近卫步兵师（原第127）、第3近卫步兵师（原第153）、第4近卫步兵师（原第161）、

1939年7月，诺门罕，第9坦克旅的士兵和他们的M32型BA-10装甲车合影。他们戴着M38款"巴拿马"帽，上有兵种色布质五角星，缀有M22款帽徽，穿着M35款卡其色作训服。可以看到他们的领章上并没有佩戴军衔和兵种标识。右边的士兵带着一个挂在宽大吊索上的SM-1型防毒面具包，以及一个军用地图盒。

第5近卫步兵师（原第107）、第6近卫步兵师（原第120）、第7近卫步兵师（原第64）、第8近卫步兵师（原第316）、第9近卫步兵师（原第78）、第10近卫步兵师（原第52）。

1939年编制的步兵师人数为18841人，设有师部，师部直属部队为6个营（拥有轻型坦克连、骑兵中队、自走火炮连的侦察营；防空营、反坦克营、工兵营、通信营和医疗营）及4个直属连（后勤连、维修连、战地医院、兽医医院）。下辖1个轻型火炮团、1个中型火炮团及3个步兵团。每个步兵团（番号为第1—1375）设团部，团直属部队包括防空营、步兵炮营、反坦克营和迫击炮营、侦察连、工兵连、通信连，下辖3个步兵营。每个步兵营设有反坦克排、机枪连（12挺1910款马克沁重机枪）、迫击炮连，下辖3个步兵连。每个步兵连则有1个机枪排（2挺重机枪）以及3个4班（12人）制步兵排。1940年步兵师编制只是在此基础上略微调整了个别武器的配属。

1941年编制步兵师则将人数减少到14483人，并将师部直属侦察营进行了重组，包含了1个摩托化步兵连、1个轻型坦克连和1个装甲车连，另又配备了1个化学战连，并将炮兵团扩编为5个3连制炮兵营。但这样的编制对于苏联红军而言目标过于远大，对部队规模和整编速度要求太高，因此在1941年7月24日颁布了新的10859人的1941年步兵师编制。该编制将师部直属营缩减为5个（防空营、反坦克营、工程营、通信营和医疗营），另有2个直属连（摩托化侦察连、后勤连），炮兵规模缩减为1个野战炮兵团，下辖2个3连制炮兵营。

苏联红军还设立了19个山地步兵师，主要从外高加索军区征召兵源，即第9、第20、第28、第30、第47、第58、第63、第68、第76、第77、第79、第83、第96、第138、第173、第192、第194、第242、第302山地步兵师。非常奇特的是，1940年8月颁布的1940年山地步兵师编制中，每个师下辖4个5连制的山地步兵团，取消了中间的营级编制。这些山地部队虽然是从山区征召并配备了骡马运输，但并未接受专门的山地训练，与德军精锐的山地步兵师不同，他们在战斗中并无优势可言。

摩托化师和坦克师

自1939年起，苏联红军为机械化军陆续组建了28个11200人编制的摩托化师：第1莫斯科无产阶级师、第15、第26、第44、第57、第69、第81、第82、第95、第101、第103、第106、第109、第139、第163、第198、第202、第204、第205、第208—210、第213、第216、第219、第220、第236、第266师。其中两个师后来被改编为近卫摩托化师：第1近卫摩托化师（原第1莫斯科无产阶级师）、第 2 近卫摩托化师（原第 107）。

1941 年编制的摩托化师设有师部，师部直属 4 个营（侦察营、反坦克营、防空营、工兵营），下辖 1 个 5 营制的轻型坦克团、3 个 3 连制炮兵营组成的炮兵团、2 个 3 营制摩托化步兵团。1941 年 7 月 15 日，机械化军编制取消后，这些摩托化师都被改编成了标准的步兵师。

机械化军还拥有 57 个坦克师（第 2—56、第 58、第 60），另有 5 个坦克师（第 1、第 57、第 59、第 61、第 69）是作为独立部队部署。1941 年编制的坦克师人员为 11343 人，设师部，有 4 个师部直属营（侦察、反坦克、工程、通信），下辖 2 个 3 营制坦克团、1 个摩托化步兵团以及 1 个 2 营制的炮兵团。在机械化军编制取消后，剩余部队被重组为 10 个独立坦克师（第 101、第 102、第 104、第 105、第 107—112），每个独立坦克师配备 1 个侦察营、1 个轻型防空营、2 个 3 营制坦克团、1 个摩托化步兵团和 1 个炮兵团。

骑兵师和哥萨克骑兵师

截止到 1940 年 5 月，红军有 24 个骑兵师，但在 1941 年 6 月时已经陆续解散，只剩下了 9 个骑兵师（第 3、第 4、第 6、第 8、第 24、第 25、第 32、第 36、第 44）。1939 年编制的骑兵师设有师部，师部直属部队为 7 个连级规模的中队（防空、反坦克、工程、通信、后勤、医疗、化学战），下辖 1 个机械化团，该团有 1 个 3 连制的坦克营和 1 个机械化营（装甲车中队、摩托化步兵连、炮兵连），2 个 3 连制炮兵营组成的马拉炮兵团，以及 4 个骑兵团，每个骑兵团有 1 个机枪中队和 5 个骑兵中队。

1940 年编制的骑兵师人数为 9240 人，将原有的防空中队扩编为防空营，并将坦克和机械化营改编为 1 个坦克团。1941 年 7 月 6 日，则颁布了新的 1941 年骑兵师编制，用以取代被解散的机械化军，担任机动化部队的职责。该编制设立师部，师部直属部队取消了防空和反坦克部队，下辖 1 个坦克中队、1 个马拉炮兵营，以及 3 个骑兵团，每个骑兵团设 1 个机枪中队和 4 个骑兵中队。在这一编制颁布后，骑兵的规模再一次扩充，到了 1941 年 12 月成立了 77 个骑兵师：第 3、第 4、第 6—8、第 10、第 11、第 19、第 23—32、第 34—36、第 38、第 40、第 43、第 44、第 46、第 47、第 49—56、第 59—62、第 64、第 66、第 68、第 70、第 72—74、第 76—82、第 84—87、第 91、第 94、第 97—114。其中 6 个骑兵师改为近卫骑兵师：第 1 近卫骑兵师（原第 5）、第 2 近卫骑兵师（原第 9）、第 3 近卫骑兵师（原第 50）、第 4 近卫骑兵师（原第 53）、第 5 近卫骑兵师（原第 2）、第 6 近卫骑兵师（原第 14）。

苏联对居住在俄罗斯南部的好战的哥萨克民族曾经有过许多非难，也曾草率地认定他们是沙皇的反革命势力。但图哈切夫斯基元帅逐步放松了这种刁难和管制。自 1936 年 4 月 23 日起，陆续成立了 13 个哥萨克骑兵师，但到 1941 年 12 月时，只剩下了 3 个（第 12、第 13、第 63）。

第 11 骑兵师是一支北高加索部队，成立时间可以追溯到 1926 年 6 月 4 日，后在 1936 年 5 月 27 日又编入了独立山地骑兵旅。截止到 1941 年 6 月，总共有 4 个山地骑兵师（第 17、第 18、第 20、第 21），后来又成立了 3 个（第 1、第 39、第 83），但到了 1941 年 12 月，只保留了第 39 山地骑兵师。山地骑兵师下辖 3 个山地骑兵团、1 个坦克中队，但没有机械化团。1941 年 7 月还成立了 6 个"轻装骑兵"师，每个下辖 3 个骑兵团和 1 个炮兵营，但这一编制的最大缺陷就是火力匮乏，其中 5 个"轻装骑兵"师在 1941 年 12 月被解散。

陆军战役简介

"再征服战役"，1939—1940 年

斯大林对于可能来自欧洲敌对势力的进攻忧心忡忡，决心吞并俄国内战时期获得独立的 6 个前俄罗斯帝国领土上的国家，以期将易于受到攻击的西部边境推至远离莫斯科、列宁格勒及其他苏联核心领土的位置。这些领土包括芬兰、爱沙尼亚、拉脱维亚、立陶宛、波兰东部（即西白俄罗斯和西乌克兰），以及罗马尼亚的比萨拉比亚。

波兰东部，1939 年 10 月 17—26 日。当德军进攻波兰西部地区时，白俄罗斯方面军和乌克兰方面军（共 45 万人）占领了波兰东部地区，并推进到纳雷夫河、维斯瓦河及桑河一线，将这片领土分别并入了白俄罗斯苏维埃共和国和乌克兰苏维埃共和国。（苏军损失 1315 人。）

波罗的海诸国，1939 年 9 月 28 日至 1940 年 6 月 14 日。1939 年 9—10 月间，斯大林向爱沙尼亚、拉脱

1940 年 3 月，冬季战争末期，卡累利阿地峡，维伊普里（即今天的维堡）。两名红军摄影师微笑着在第 16 装甲列车前拍照。他们两人都戴着 M27 款布琼尼帽，左边的一人穿着卡其色棉衣，他的同志也许是位实习军官，穿戴着军官版的武装腰带和大衣，但却佩戴了素色的领章。

维亚和立陶宛施压，要求他们允许苏联红军在当地驻扎 75000 人的部队，接着在 1940 年 6 月 14 日，苏军几乎一枪未发就和平占领了上述地区，没有人员伤亡。

芬兰，1939 年 11 月 30 日至 1940 年 3 月 13 日。芬兰拒绝了苏联的领土和驻军要求。列宁格勒军区的西北方面军调动了 6 个集团军（计 425640 人，后增加至 750578 人），穿过卡累利阿地峡对其发动了"冬季战争"。芬兰军队在数量上处于绝对劣势，仅有 7 万人的部队，但给予了苏军沉重的打击并暴露了其在军事上的诸多弱点。但随着芬兰第二大城市维伊普里（即今俄罗斯的维堡）以及广大边境地区的陷落，芬兰最终接受了停战要求。（苏军损失 85000 人，芬兰阵亡约 25000 人。）

比萨拉比亚和北布科维纳，1940 年 6 月 28 日至 7 月 4 日。随着罗马尼亚的盟友法国于 1940 年 6 月 25 日向德国投降，罗马尼亚政府无力抵抗红军的南方方面军对比萨拉比亚的占领——这片领土被划入了摩尔多瓦苏维埃共和国——另有布科维纳北部（这片领土从未属于过俄国）被并入了乌克兰苏维埃共和国。

"伟大卫国战争"

斯大林和希特勒都把《苏德互不侵犯条约》看作一种临时的妥协，但当希特勒发动"巴巴罗萨"计划时，依然出乎了斯大林的预料——1941 年 6 月 22 日，德国、芬兰、罗马尼亚、匈牙利和斯洛伐克的 450 万部队对苏联发动了突袭。这场持续了 4 年的战争无疑是现代历史上规模最大、代价最高并且也很可能是最残酷的国家冲突；在这场战争中，纳粹方面本着极端的种族主义观念，公开宣称斯拉夫民族是"劣等民族"。在战争的头 6 个月中，进行了 13 场独立的战役，规模庞大但完全落伍的红军一败涂地，直到 1941 年 11 月中旬才设法站稳脚跟并开始了局部反攻。在下列战役中，苏军的损失人数达到了令人震惊的 3131800 人：

波罗的海诸国，1941 年 6 月 22 日至 7 月 27 日。西北方面军在德国北方集团军群的进攻下溃退了 300 英里，丢掉了立陶宛、拉脱维亚、爱沙尼亚，损失 75200 人。

白俄罗斯，1941 年 6 月 22 日至 7 月 9 日。西方方面军溃退了 400 英里，将大部分白俄罗斯领土丢给了德国中央集团军群，损失 341000 人，但在布列斯特—陶夫斯克、比亚韦斯托克和明斯克留下了部分抵抗部队。

西乌克兰，1941 年 6 月 22 日至 7 月 6 日。西南方面军和南方方面军溃退 200 英里，使得德国中央集团军群占领了基辅以西的乌克兰西部，损失 172300 人。

北极圈和卡累利阿，1941 年 6 月 29 日至 10 月 10 日。北方方面军——后来拆分为卡累利阿方面军和列宁格勒方面军撤退了 100 英里，丢掉了苏维埃卡累利阿的领土和卡累利阿地峡，损失 67200 人。

基辅，1941 年 7 月 7 日至 9 月 26 日。西南方面军、南方方面军和中央方面军在面对德军南方集团军群的进攻中，未能成功防守基辅，一路溃逃 400 英里，丢掉了整个乌克兰中部，损失 616000 人——成为了"二战"中最大的败仗。

列宁格勒，1941 年 7 月 28 日至 9 月 30 日。北方方面军、西北方面军和列宁格勒方面军在德国北方集团军群的进攻中溃退 200 英里，一直撤到列宁格勒城下，损失 214000 人。

斯摩棱斯克，1941 年 7 月 10 日至 9 月 10 日。西方方面军、中央方面军、后备方面军加上布良斯克方面军都未能抵御德国中央集团军群对斯摩棱斯克的进攻，溃退 180 英里，损失 486000 人。

顿巴斯—罗斯托夫，1941 年 9 月 29 日至 12 月 11 日。西南方面军、西方方面军被德国南方集团军驱赶了 200 英里，丢掉了顿巴斯工业区和东乌克兰地区，但守住了罗斯托夫。损失 143300 人。

莫斯科，1941 年 9 月 30 日至 12 月 5 日。西方方面军、后备方面军、加里宁方面军和布良斯克方面军在德国中央集团军群的"台风"攻势中溃退了 200 英里，退至莫斯科郊区，损失了 514300 人。

季赫温，1941 年 11 月 10 日至 12 月 30 日。西北方面军、列宁格勒方面军以及沃尔霍夫方面军发动反击，推进了 80 英里，成功揳入德国北方集团军群和中央集团军群的接合部，由此阻止了德军对列宁格勒和莫斯科的合围，损失 17900 人。

罗斯托夫，1941 年 11 月 17 日至 12 月 2 日。南方方面军成功抵抗了德国南方集团军群的进攻并解了罗斯托夫之围，损失 315300 人。

莫斯科，1941 年 12 月 5 日至 1942 年 1 月 7 日。西方方面军、西南方面军、加里宁方面军和布良斯克方面军发动反击，推进了 150 英里，将德国中央集团军群赶离了莫斯科地区，损失 139600 人。

刻赤—费奥多西亚，1941 年 12 月 25 日至 1942 年 1 月 2 日。外高加索方面军发动了一次两栖登陆作战，夺回了刻赤半岛，阻止了德国南方方面军进入高加索地区，损失 32400 人。

1941 年，夏季。一名德国士官（右一）押送着一队在德军的进攻中被俘虏的红军士兵，经过一辆熊熊燃烧的 BT-7 型轻型坦克——将他们押往令人绝望的未知未来。这些苏联士兵穿戴着 M35 款制服和 M36 款头盔。

陆军制服

（1935 年 12 月 3 日至 1940 年 6 月 12 日）

红军为了表现得与之前的旧式"传统主义"沙俄军队截然不同，将原有的军官军衔替换成了"职务等级"以区别军衔。1919 年 1 月 16 日起使用的军服，采用了职务等级识别符号，取消了原有的肩章带，同时用袖章取代了原有的彩色领章来标明兵种身份。这种军装系统后来在图哈切夫斯基主持军政时期得以现代化。

1936 年 12 月 17 日颁布的"红军着装条例"规定了常服、驻守和作战制服，分为冬季和夏季两种版本，包含了对所有军阶的规定，另对军官、士官生和延长服役士官还制定了便服标准。这一条例中并没有军礼服。1935 年 12 月 3 日起采用了 M35 款卡其色军服，它的纽扣是黄铜质地，上面有五角星、锤子和镰刀图案，同时保留了 M22 款式的帽徽，这是一颗镶黄边的金属红色五角星，上面叠着锤子和镰刀图案。

头部穿戴

1919 年 4 月 8 日起，红军采用了布质带檐（有帽檐）护耳野战帽，即昵称由谢苗·布琼尼而来的"布琼尼帽"，其造型是来源于 12 世纪基辅罗斯骑士的"塔尖"头盔。1927 年 9 月 3 日启用的改进版本中，士兵帽为中灰色，军官帽是深灰色，另在帽上有一颗布质的大五角星，五角星颜色依据兵种色区别，其上缀有 M22 款帽徽，这也是红军标准的冬季常服帽和作战帽。1928 款卡其色钢盔的设计来源于法国的 1915 款亚德里安头盔，

表2：红军着装表，1936 年 12 月 17 日至 1940 年 7 月 12 日		
制服	军官（1）（2）（4）	军士和士兵（3）
冬季常服（日常勤务和随队操课）	M27 款深灰色带檐作战帽；M35 款深灰色闭领大衣；M35 款卡其色常服上衣或 M35 款作训服；M35 款彩色马裤；骑兵靴；M35 款常服腰带和斜肩章；手套。	M27 款中灰色带檐作战帽；M35 款中灰色闭领大衣；M35 款卡其色作训服；M35 款卡其色长裤；行军靴；M35/40 款士兵腰带（5）；手套。
冬季制服（便服）（勤务外会议、学习、休假和不随队操课）	M27 款深灰色带檐作战帽或 M35 款卡其色带檐常服帽或 M31 款皮帽；M35 款深灰色开领大衣或 M31 款带里衬布质大衣或毛领皮革大衣；M35 款卡其色常服上衣；M35 款卡其色长裤；黑色皮鞋或毡靴；M35 款常服腰带和斜肩章；手套；围巾。	与上同。延长服役士官穿戴 M31 款芬兰帽或 M35 款卡其色带檐常服帽，毛皮里衬大衣或毛领皮革大衣或夹克，毡靴。
夏季常服（日常勤务和操课）	M35 款卡其色带檐常服帽或 M35 款卡其色船形帽；M35 款深灰色开领大衣；M35 款浅卡其色夏季作训服；M35 款彩色马裤；骑兵靴；M35 款常服腰带和斜肩章。	M35 款带檐常服帽或 M35 款卡其色船形帽；M35 款浅卡其色夏季作训服；M35 款浅卡其色夏季长裤；行军靴；M35/40 款士兵腰带（5）。
夏季常服（便服）（勤务外会议、学习、休假和不随队操课）	M35 款卡其色或白色带檐常服帽；M35 款深灰色开领大衣或 M35 格格大衣或皮革夹克或 M31 款雨衣；M35 款卡其色或白色常服上衣或 M35 款白色作训服；M35 款白色或彩色马裤搭配骑兵靴，或 M35 款卡其色或白色长裤搭配黑色或白色皮鞋；M35 款常服腰带和斜肩章；手套。	与上同。
冬季和夏季戍卫制服（巡逻、站岗、阅兵，向高级军官汇报）	M27 款深灰色带檐作战帽或 M35 款卡其色带檐常服帽或 M35 款卡其色船形帽；M35 款深灰色闭领大衣；M35 款卡其色作训服；M35 款彩色马裤；骑兵靴；毡靴；作训服搭配 M35 款常服腰带和斜肩章及 M32/33/38 款手枪套；大衣搭配 M32 款武装腰带，M35/38 款支撑带，及 M32/33/38 款手枪套；手套。	M27 款中灰色带檐作战帽；M35 款中灰色闭领大衣；M35 款卡其色作训服 M35 款卡其色长裤 行军靴 毡靴 M35/40 款士兵腰带（5）；一个棕色 M17/37 款弹药袋；手套。
冬季和夏季作训服（行军、调动、野外演习、作战）	M27 款深灰色带檐作战帽，M35 款卡其色船形帽或 M28/36 款头盔；M35 款深灰色闭领大衣；M35 款浅卡其色作训服；M31/38 款棉衣；白色伪装大衣或短外衣；M35 款卡其色马裤；白色伪装长裤；骑兵靴；冬季靴，毡靴；M32 款武装腰带，M35/38 款支撑带；望远镜盒，M32/33/38 款手枪套；M35/37/38 款公文包、水瓶和 SM-1 防毒面具包。	M27 款中灰色带檐作战帽或 M28/36 款头盔；M35 款卡其色船形帽或 M38 巴拿马帽；M35 浅卡其色夏季作训服；M31/38 款棉衣；白色伪装大衣或短外衣；M35 款卡其色长裤；白色伪装长裤；行军靴；毡靴；M35/38 款武装腰带；M38 款支撑带；两个 M17/37 款弹药袋；M38/39 款背包；半幅帐篷；战壕锄，水瓶；炊事用具和 SM-1 防毒面具盒；军用包；刺刀。

注:
（1）装甲部队军官穿戴"钢铁灰" M27 款带檐作战帽、M35 款带檐常服帽、M35 款船形帽、M35 款军官版大衣、M35 款开领常服上衣、M35 款作训服、有红色绲边的 M35 款马裤和 M35 款长裤。
（2）空军军官穿戴深蓝色 M35 款带檐作战帽、M35 款带檐常服帽、M35 款船形帽、M35 款军官版大衣、M35 款开领常服上衣、M35 款作训服，有浅蓝色绲边的 M35 款马裤和 M35 款长裤。
（3）空军士官和士兵穿戴深蓝色 M35 款带檐作战帽、M35 款船形帽和 M35 款马裤。
（4）士官生穿戴军官版制服，但部分配件为士兵版。
（5）士官生有特殊的皮带。

其上缀有金属 M22 款帽徽。卡其色的 1936 款"施瓦茨"头盔，顶部有一个鸡冠状的突起装饰，并通常漆有一个红色的五角星轮廓，这种头盔配发量很少。M35 款卡其色羊毛大檐常服帽有一根按兵种颜色区别的帽墙，缀有 M22 款帽徽，在帽顶接缝和帽墙上半部有兵种颜色绲边，另配有专用的皮质帽带和帽檐。可选的白色夏季常服帽则是白色帽墙、布质帽带和帽檐。M35 款卡其色棉质"飞行员"船形帽上有一颗较小的兵种色布质五角星，其上缀有 M22 款帽徽，军官版在帽顶和帽边有兵种色绲边。在寒冷气候中，军官会佩戴 M31 款"芬兰"羊毛帽——这款于 1931 年 1 月 31 日采用的卡其色碉堡状帽子前端缀有深灰色或棕色的羊皮——另附有护耳和 M22 款帽徽。这款帽子和布琼尼帽在 1940 年 7 月 5 日后，都被替换为"苏联长耳帽"，这种灰色毛绒的碉堡状帽子有着灰色羊毛的可上折帽顶，缀有 M22 款帽徽以及可上折的羊毛护耳。M38 款浅卡其色棉质"巴拿马"大檐帽有布质帽带，并在兵种色布质五角星上缀有帽徽，于 1938 年 3 月 10 日配发给了中亚、北高加索、外高加索军区以及克里米亚驻军。

上衣和作训服

军官版的 M35 款卡其色棉布或精纺布闭领常服上衣，昵称为"弗伦奇"，来源于英国陆军元帅约翰·弗伦奇爵士，有 6 颗前扣、扇形带扣翻盖的褶皱明贴胸袋、扇形无扣翻盖腰部挖袋，衣领和袖口有兵种颜色绲边及军衔标识。另有白色的夏季上衣可做选择。M35 款卡其色棉质（在夏季是浅卡其色）作训服是有下翻领的传统俄罗斯套头衫，纽扣藏在暗门襟下，袖口有两颗扣子，另有扇形带扣翻盖的明贴胸袋。军官版在衣领和袖口有兵种颜色绲边，夏天时则会穿着白色的无绲边版本。在寒冷气候中，军人们会穿着卡其色"特拉季尼卡"棉袄。该棉袄有 4 颗角质纽扣以及两个明贴腰袋，M31 款为下翻领设计，M38 款则为带扣立领，搭配"沙罗瓦力"棉裤。在需要冬季伪装时，军人们会穿戴白色棉质罩帽大衣或罩帽衫配白色长裤。

大衣

军官版的深灰色双排扣大衣有两排 4 扣，开领或闭领设计，直筒袖口、有盖腰部斜挖袋、内置带扣半腰带。配有衣领及袖口军衔标识，初级将官（旅级—军级）袖口与衣领有兵种色绲边，高级将官（二级集团军级—元帅）襟沿也有兵种色绲边。军官们还可以穿着 M31 款卡其色棉布质地双排扣"贝卡萨"大衣，该大衣于 1931 年 1 月 31 日被红军采用，设计有宽大的美利奴羊毛衣领，皮毛、绒毛或棉料里衬，前襟 3 颗暗扣。或是黑色、棕色皮革双排扣大衣，设计有两排 4 扣、带扣袖襻、两个方翻盖腰部挖袋。士兵版的 M35 款中灰色双排扣大衣为暗门襟设计，直筒袖口、无翻盖腰部挖袋。

腿部和脚部穿戴

军官搭配常服穿着的是 M35 款海军蓝呢质马裤，有兵种色绲边，搭配黑色皮革马靴（骑兵军官还装有马刺）。搭配便服时，他们穿着 M35 款卡其色呢质长裤，裤缝处有兵种色绲边，穿黑色皮鞋。夏季时则可穿着 M35 款白色布质长裤。在战场上，标准作战裤是 M35 款卡其色（夏天是浅卡其色）棉布马裤。在寒冷季节，他们穿着有棕色或黑色橡胶鞋底的白色"瓦伦齐"毡靴。士兵则无论常服还是作训服都穿着卡其色（夏天为浅卡其色）的"沙罗瓦力"棉裤，大腿部宽大裁剪，逐渐收向膝部，裤脚抄入黑色皮质行军鞋中。或者是穿着卡其色布质绑腿及皮革低帮鞋，在寒冷季节中还会配发灰色"瓦伦齐"毡靴。

携具

搭配常服时，军官们佩戴有五角星带扣的 M35 款棕色皮革腰带以及右肩交叉皮带。军官版的 M32 款便服携具在 1932 年 9 月 19 日采用，包括一根棕色皮带和左肩交叉皮带，双爪扣设计、白色金属配件，右臀上配有棕色皮革手枪套。M32 款作战携具包括一根腰部皮带、双肩交叉皮带、枪套和腰部右前方的一个棕色皮革望远镜盒。M35 款及 M37 款棕色皮革地图盒会配在左臀部，或用一根窄带从右肩上挂下来。装在浅灰色帆布包里的 SM-1 型防毒面具，会挂在左臀位置。M38 款军官作战携具有支撑带、枪套和地图盒。

士官及士兵在搭配常服时，佩戴 1935 款棕色皮革士兵版腰带，有一个白色金属单爪扣。但高级士官会佩戴一条军官版质地的武装腰带，并有右肩交叉皮带。士兵版作战携具基本上是 M35 款棕色皮带或 M38 款皮革加固的灰绿色帆布质地野战腰带。这款 M38 腰带会另附有两个 M17 款或 M37 款 20 发棕色皮革弹药盒，在左前方则搭配刺刀鞘，在后部中央有收纳口粮和饭盒的袋子，右臀位置则是战壕锄和装在灰色布袋里的水壶。为了支撑 M38 款浅灰色帆布背包或更简单的 1939 款背包，士兵们还会佩戴 M38 款浅灰色

1941 年，夏季，3 名红军军官和 1 名士官都穿着卡其色 M35 款作训服，包括"飞行员"船形帽和作训服。最左一位无法辨识军衔；左起第二为少尉；右起第二为少校，在领章上有 M40 款步兵兵种徽章，并有红色珐琅底地的红星勋章；最右为炮兵班长。

或棕色绑带。棕绿色的帆布连帽披风要么卷成一捆摆在大衣外装入 M38 款背包中，要么拴在腰带后。SM-1 防毒面具装在袋中悬挂在右肩下，有时左肩上还会背着一个肩包。在实战中，士兵们从 1941 年起往往将防毒面具抛弃不用，而把其袋子作为通用肩包使用。

兵种特殊制服

自 1936 年 10 月 27 日起，在红军总参谋部学院学习的参谋和军官学员们都统一穿卡其色常服上衣和有立绒领的深灰色大衣，搭配 1936 款海军蓝常服马裤和两侧有两根 1.5 厘米款深红色条纹的 1936 款白色绲边常服裤。

作为精英兵种，装甲部队军官配发了浅灰色的 M35 款制服。这套制服包括布琼尼野战帽、带檐常服帽、"飞行员"船形帽、M38 款野战帽；有两颗后方袖口扇形纽扣、翻盖明贴胸袋、扇形腰部挖袋、衣领和袖口有红色绲边的开门领 4 扣常服上衣，搭配白色衬衣和黑色领带；灰色冬季布质衬衣、浅色棉质夏季衬衣、羊毛常服裤、冬季布质马裤、夏季浅色棉质马裤。

在战场上，装甲部队军官穿着 M29 款黑色皮质夹克，双排 5 扣，方形翻盖腰部挖袋，搭配黑色皮质马裤。或者是深蓝色的"鼹鼠皮"夹克，双排 5 扣，附有带扣袖祥、方形带扣翻盖的右胸明贴胸袋。坦克手和车辆驾驶员穿戴 M33 款黑色皮质垫料头盔，M35 款蓝色布质坦克连体服搭配一根布质腰带，暗门襟、双扣袖口、方形带扣翻盖左胸内袋，右腿上还有一个大的带扣侧袋。

骑兵和野战炮兵的军官，从 1935 年 12 月 17 日起，穿着长款深灰色大衣。骑兵军官搭配品蓝色马裤。骑兵和野战炮兵连级军官携带银质护手的 M26 款军官式马刀，搭配棕色皮革剑饰和剑鞘，士官和士兵则配发黄铜护手的士兵版马刀。

从 1936 年 4 月 23 日起，哥萨克部队配发了传统礼服和常服。在常服规范中，捷列克哥萨克戴着 10 ～ 11 厘米高的黑色羊羔皮"库班卡"皮帽，上面缀有 M22 款帽徽，在浅蓝色的帽冠上交错着一根黑色（军官版为金色）编织带。他们的浅蓝色高领上衣配有骑兵领章，军官版则在衣领和门襟上有金边浅蓝色编织带。宽松的深蓝色"莎洛瓦里"裤上有浅蓝色绲边，搭配黑色皮质骑兵鞋。哥萨克样式的"沙什卡"马刀用棕色皮革饰带系在 M32 款武装腰带和交叉肩章上。礼服则加上了有黑色流苏的浅蓝色"头巾"

两名炮手穿着 M40 款士兵版作战制服，戴着 M40 款 Ssh-39 型钢盔。两人都佩戴了红色绲边的 M40 款领章，上有兵种徽章；放大可以看到，左边的上士领章上有红色的条纹和与军衔对应的三颗黄铜三角形。两人都携带着装有刺刀的 M1891/30 款步枪，右肩处都斜挂着 SM-1 毒气面具包。

式罩帽；另有浅灰色的开领大衣，胸前左右各有一列9颗弹壳装饰；黑色毛毡质地的"贝壳"斗篷设计有肩托；一把银质护手的高加索双刃剑插在银黑相间的剑鞘中，以一根黑色窄边交叉腰带挂于左臀，或者是在棕色皮革交叉腰带上挂上一把马刀。库班哥萨克穿着红色管帽、上衣、绳边长裤和罩帽，以及一件深蓝色大衣。顿河哥萨克戴着有红色布质帽冠的更高的松软黑色羊羔皮"帕帕邱卡"毛帽，穿着深蓝色高领上衣，衣领有绳边，袖口为尖角形；裤子上有4厘米宽的红色条纹，浅灰色罩帽，但没有披风大衣。

1936年5月27日起，独立高加索山地骑兵旅采用的礼服有一顶红色帽冠的棕色羔羊皮毛帽、一件红色高加索高领衬衣，缀有骑兵领章，衣领和门襟有黑色绳边（军官为金色）、黑色绳扣，方形翻盖胸袋边缘有黑色绳边，红色绳边的深蓝色骑兵裤，深棕色骑兵鞋，红色罩帽、黑色披风大衣。

兵种识别

苏联元帅、总参谋部学院，以及21个红军陆军兵种的识别系统如下：

6种服装饰面色（红色、深红、蓝色、黑色、浅蓝色、深绿色），装饰在M35款常服帽帽墙、M35款大衣领章、1935年上衣和作训服领章上。

7种绳边色（红色、白色、深红、黑色、蓝色、品蓝色、浅蓝色），装饰在军官版M35款常服帽帽冠和帽墙上部，军官版M35款常服上衣和作训服衣领及袖口，M35款政治军官上衣领章，M35款士兵作训服领章，M35款二级集团军级—苏联元帅大衣衣领、袖口、门襟，M35款少将—中将大衣衣领、袖口，M35款大衣领章，M35款军官版常服裤和马裤。

19种黄铜（兽医为白色合金）兵种徽章，自1936年3月10日启用，替代了自1924年6月20日启用的23种白色合金徽章。

步兵，作为战斗部队的核心，最初没有兵种徽章，但1940年起为将官以下军衔配发了徽章，图案为白黄相间的靶心上有两把交叉的黄铜步枪。在1936年3月

1941年10月，一名上尉副连长在一辆老式的M28型MS轻型坦克旁拍照。他所佩戴的工农红军建军20周年徽章说明他是一名获得提拔的前士官。他的军官版M35款作训服上有卡其色领章，其上有步兵兵种徽章；袖口上本应有的军衔V形纹章则自1941年8月1日起被废除。可以看到他将半幅帐篷当作雨衣使用，另佩有带放大镜的地图盒和一支PPD-40冲锋枪。

的着装条例之前，军需和行政兵种没有自己的兵种徽章。技术、军法军官以及文工团军官在衣领上佩戴他们所隶属的部队的兵种徽章。

政治军官有深红、蓝色或黑色的领章，另有黑色、红色或品蓝色的服饰绲边，这要依据他们所指派的部队所在的兵种色而定。唯一的例外是"代理政治指导员"，他们并不佩戴兵种标识，因此很难判断他们到底属于装甲部队、炮兵部队还是技术部队。

战斗部队军衔

1919 年 1 月 16 日，红军开始采用"革命性"的职务等级来取代传统的军事头衔，袖口军衔标志（1924 年 6 月 20 日起移到了领章上）取代了不受欢迎的沙皇时期的军官旧式肩标。

1935 年 12 月 3 日起，红军采用了新的军衔标识和头衔。军官被统称为"指挥官"，士官则被称为"初级指挥官"。将官和士官保留了 1935 年前的职位头衔，以下列出的是他们的通用缩写（例如，"师级"而非"师级指挥官"），同时校级军官和尉官则授予了军衔头衔，士兵则被统称为"红军战士"。1935 年 9 月 22 日设立了苏联元帅军衔，1935 年 11 月 20 日，5 名将官被授予苏联元帅：布琼尼、布留赫尔、图哈切夫斯基、伏罗希洛夫、叶戈罗夫。1940 年 6 月 7 日又提拔了 3 名元帅：库利克、沙波什尼科夫、铁木辛哥。

M35 款军衔标识保留了 1919 年职衔系统的红色钻石、横杠、方块和三角形状，但采用金色镶边设计（黄色金属质地）。另外，战斗部队军官使用金色领章、金色刺绣五角星和金色编织带以及袖口上的红色 V 形布质条纹（尖端朝下）来显示军衔。M35 款大衣的领章是有绲边的长菱形布块，在其军衔标识上方另有黄铜质地的兵种徽章。M35 款常服上衣和作训衬衫上的领章则是平行四边形布块，三面有绲边，兵种徽章在军衔徽章下方。

苏联元帅：佩"合成兵种"红色长菱形金色绲边领章，上有 6 厘米直径（大衣）或 5 厘米直径（上衣 / 作训衬衫）金色刺绣五角星；袖口处有 6 厘米直径（大衣）或 5 厘米直径（上衣 / 作训衬衫）金色五角星，其下是 3 厘米宽金色和 1.5 厘米宽的红色 V 形军衔条纹。

一级集团军级：佩金色绲边步兵式深红色领章，其上有 22 毫米直径金色五角星和 4 颗钻石形状。袖口处有 6 厘米（大衣）或 5 厘米（上衣 / 作训衬衫）金色五角星，其下是 3 厘米宽金色 V 形军衔条纹。

其他将官：佩金色绲边兵种色（仅区别步兵、骑兵、装甲兵和炮兵）领章，其上有 1 ~ 4 颗钻石；袖口处为 1 ~ 4 根 1.5 厘米宽金色 V 形军衔条纹。

校官：佩金色绲边兵种色领章，其上有兵种徽章和 1 ~ 3 条杠。袖口处，1.5 厘米宽红色 V 形军衔条纹，上下分别镶有 0.5 厘米宽金色条纹，或 1 ~ 2 根 1.5 厘米宽红色 V 形军衔条纹。

表3：红军兵种标识，1936年3月10日至1940年7月12日

兵种	饰面色	绲边色	军官领章绲边色	黄铜兵种徽章图案
苏联元帅	红色	红色	金色	无
总参谋部学院	深红色	白色	金色	无
步兵	深红色	深红色(1)	金色	无；步枪和枪靶
骑兵	蓝色	蓝色(1)	金色	交叉马刀上有马蹄铁
装甲部队	黑色(2)	红色	金色	坦克
除装甲部队外的所有摩托化部队	各兵种色	各兵种色	各兵种色	带飞翼的方向盘
摩托车部队	黑色(2)	红色	金色	齿轮上有摩托车
炮兵	黑色	红色	金色	交叉加农炮
其他兵种附属炮兵	各兵种色	各兵种色	金色	交叉加农炮
工兵	黑色	品蓝色	金色	交叉斧头
电气工兵	黑色	品蓝色	金色	闪电上有交叉斧头
浮舟工兵	黑色	品蓝色	金色	海军锚上有交叉斧头
铁道部队	黑色	品蓝色	金色	锚上有交叉斧头
军事运输服务和铁道部队军官	黑色(2)	品蓝色	金色	带飞翼锚上有红色五角星、交叉的锤子和扳手
铁道部队士官和士兵	黑色	品蓝色	—	交叉的锤子和扳手
建设工兵	黑色	品蓝色	金色	交叉的镐和铁锹
其他兵种附属土木工程工兵	各兵种色	各兵种色	金色	交叉的镐和铁锹
通信兵	黑色	品蓝色	金色	双翼和闪电上有红色五角星
其他兵种附属通信兵	各兵种色	各兵种色	金色	双翼和闪电上有红色五角星
化学部队	黑色	黑色	金色	交叉的筒上有面具
其他兵种附属化学部队	各兵种色	各兵种色	金色	交叉的筒上有面具
空军和伞兵	浅蓝色(3)	浅蓝色(1)	金色	带飞翼双叶螺旋桨
空军机场卫戍部队	浅蓝色(3)	浅蓝色(1)	金色	步枪和枪靶
军需和行政服务	深绿色	红色	红色	头盔、扳手、指南针、轮胎、齿轮
医疗部门	深绿色	红色	红色	酒杯和蛇
兽医部门	深绿色	红色	红色	白色酒杯和蛇
技术军官（作战部队）	各兵种色	各兵种色	各兵种色	交叉锤子和扳手
军法军官（作战部队）	各兵种色	各兵种色	各兵种色	交叉双剑上有盾牌
文工团（作战部队）	各兵种色	各兵种色	各兵种色	七弦琴
政工军官（作战部队）	各兵种色	各兵种色	—	无

注：
（1）政工军官和士兵的领章绲边为黑色。
（2）军官和士官生为黑色立绒饰面。
（3）M36款带檐常服帽有深蓝色帽墙。

尉官：佩金色绲边兵种色领章，其上有兵种徽章和 1～3 颗方块；袖口处为 1～3 条 0.75 厘米宽红色∨形军衔条纹。

士官：佩兵种色绲边兵种色领章，其上有兵种徽章和 2～4 颗三角形状。

士兵：佩兵种色绲边兵种色领章，上有兵种徽章。

军官学员：佩穿着军官版制服，但佩戴士官和士兵版军衔标识。

勤务和特殊军官军衔标识

3 个勤务兵种（军需和行政、医疗、兽医）以及 4 种特殊军官（技术、军法、文工团、政工），标识与战斗部队不同。他们并不被称为"指挥官"，而有自己的官方军事头衔，佩戴兵种色绲边领章而非金色绲边领章，并且没有袖口∨形军衔条纹。政治军官佩戴特别的袖口标识：一级集团军政委级是 6 厘米（大衣）或 5 厘米（上衣 / 作训衬衫）金色刺绣五角星，以下级别的政治军官则是 5.5 厘米的红色丝线镶边布质五角星，其上有金色刺绣的交叉的锤子和镰刀图案。

1941 年，西北方面军，第 2 坦克师的 BT-7 型坦克手拍照合影。（从左到右）驾驶员兼机械师，上等兵，F. 拉扎列夫；炮手，列兵，S. 卡斯金；车长，上士，N. 阿纳因。3 人都戴着 M35 款垫料黑色皮制头盔，穿着深蓝色"鼹鼠皮"夹克。拉扎列夫还——违反着装条例——佩戴了大衣款领章。他们都斜挂着防毒面具包，而从左肩上斜挂下来的支撑带则分担着挂在右臀上的左轮手枪的重量。

1941 年，秋季，一队有护卫的捷列克哥萨克辎重队。这些哥萨克戴着黑色羔羊皮帽，着黑色毛毡大衣，穿 M35 款士兵版作训服，其上有骑兵兵种领章。护卫人员装备的是 PPD-40 冲锋枪。

1941 年，一名隶属于炮兵团的大尉级政委，在一门 M39 型 F-22 USV 野战炮前留影。这名政工军官的穿着效仿同级的上尉军官着装，他穿着军官版的 M35 款冬季作战制服，戴着无绳边的士兵版船形帽，大衣上有红色绲边的黑色炮兵领章，其上有军衔徽章。另外他还佩戴了 M32 款军官横直武装带，携带了一个行军地图盒。

红军空中武装力量（空军）

1918 年 1 月 28 日，苏联成立了"工农红军航空队"（RKKVF）。其后这支部队的名称一直在持续变化中：1935 年为"工农红军空中力量"（VS-RKKA）；1936 年为"工农红军空中武装力量"（VVS-RKKA）；1939 年 9 月为"红军空中武装力量"（VVS-KA）。俄国史料中倾向于简称其为"空中武装力量"（VVS）。

红军空军是红军中的战斗部队，由国防人民委员会中的空军总局领导：1937 年 12 月为二级集团军级头衔的亚历山大·德米特里耶维奇·诺克提诺夫；1939 年 9 月为二级集团军级头衔的雅科夫·弗拉基米罗维奇·司马斯克维奇；1940 年为中将帕维尔·瓦西列维奇·雷切戈夫；1941 年 4 月为中将军衔的帕维尔·费多诺维奇·日戈夫。1941 年，诺克提诺夫、司马斯克维奇和雷切戈夫都因为作战不力而被内务人民委员会处决。

空军兵种，1936 年 3 月 10 日至 1941 年 12 月 31 日

（1）航空：包括战斗机、对地攻击机、轰炸机和夜间轰炸机团；空降（伞兵）旅；机场戍卫营。

（2）勤务：空军中也设置了军需和行政、医疗、兽医等保障兵种。

（3）特殊：空军有自己的技术、军法、政治军官和文工团军官。

空军部队编制，1939 年 4 月至 1941 年 12 月 31 日

1939 年 4 月，航空师开始作为基本战斗编制取代了原来的航空旅。13 个军区各自拥有 5 ~ 8 个航空师，另有两个独立红旗航空集团军（第 1、第 2），以及 1936 年起为了战略目的设立的 3 个特别目的航空集团军（AON1-3）。

红军空军在冬季战争中对抗芬兰部队时的糟糕表现，使其被重组为 4 个集团。其中 3 个特别目的航空集团军于 1940 年 4 月 29 日被解散，当年 11 月被扩充重建为远程轰炸航空兵（统帅部航空兵），下辖 5 个航空军团。1941 年初，在每个军区成立了一个防空区，统一协调指挥辖区内的战斗机师、防空炮及探照灯连以及气球阻拦网。另有 61 个空军师被划为方面军航空队，专职支援陆军方面军，同时 95 个集团军航空兵和军级航空兵则为野战集团军进行侦察任务。航空总局平民航空队（GVF）在 1940 年 6 月组建了空中特遣队以向波罗的海及比萨拉比亚运送部队，之后在 1941 年 6 月组建了各空军运输团。

空军的最高战术编制单位为航空军团，下辖 2 ~ 3 个航空师。1941 年 6 月时，苏联空军共有 79 个航空师——40% 为战斗机，30% 为对地攻击机，20% 为轰炸机，7% 为夜间轰炸机，3% 为混合编制——大部分师级番号为 200 以后。一个航空师下辖 4 ~ 6 个航空团。每个战斗机或对地攻击机航空团配备 2 架指挥战斗机和 4 个 15 架编制中队，合计 62 架飞机。每个轰炸机航空团也拥有 62 架飞机，包括 2 架指挥战斗机和 5 个 12 架编制中队。但重型轰炸机航空团只有 40 架飞机，分为 4 个 10 架编制中队。1941 年时，部分空军人员还按照步兵编制组建了机场戍卫营。

空军战役简介，1936 年 7 月 17 日至 1941 年 12 月 31 日

在 1936—1939 年的西班牙内战中，大约 1000 名苏联空军志愿兵加入了西班牙共和国空军。1937 年 10 月至 1941 年 4 月间，另有约 450 名苏联志愿飞行员参加了中国的抗日战争。1939 年的诺门罕战役中，第 1、第 2 独立红旗航空集团军参战对抗日军。在波兰东部战役中，苏联空军的部队几乎没有遭遇抵抗。在 1939 年 9 月 28 日进入波罗的海国家并实施占领的部队中，空军总司令诺克提诺夫指挥了一支大

1940 年 3 月 21 日，雅科夫·伊万诺维奇·安东诺夫中尉获得"苏联英雄"称号，以表彰他在 1939 年 12 月 6 日至 1940 年 2 月 19 日间对芬兰军用机场的成功突击。安东诺夫是第 7 集团军第 25 战斗机航空团的一名飞行中队副队长。他戴着卡其色的 M40 款空军军官版常服帽，帽上有蓝色帽墙和 M37 款帽徽，穿着有浅蓝色绲边的卡其色 M35 款作训服。在他的苏联英雄金星勋章旁还有列宁奖章和红旗奖章。

规模的空军参与其中——2 个航空旅另加 9 个航空团。1940 年 6 月后，苏联空军吞并了原爱沙尼亚、立陶宛和拉脱维亚的空军。但在芬兰战役中，面对只有 145 架飞机的芬兰空军，苏联空军参战的第 7—9 和第 13—15 航空集团军居然损失了 700 ～ 900 架飞机，大多数是轰炸机。在极端恶劣的气候中，苏联战斗机飞行员也无法匹敌芬兰和外国志愿飞行员（大多数是瑞典人）。

1941 年 6—7 月间，德国空军在面对准备不足、装备低劣的苏联空军时，很快就取得了制空权。后者虽然不乏勇敢搏杀的个例，但截止到 1941 年 9 月已经损失了 7500 架飞机。在莫斯科战役中，苏联空军重新证明了自己，第 6 防空区航空军团、统帅部航空军团和方面军航空兵孤注一掷地与德国空军激烈搏杀，尽管遭受了巨大的损失，但他们在冬季气候中取得了区域制空权，帮助地面部队制止了德军在 1941 年 12 月间的推进。

空军制服

1935 年 12 月 3 日至 1940 年 7 月 13 日

苏联空军穿着 M35 款深蓝色常服，有浅蓝色兵种色饰边和绲边。军官佩戴深蓝色布琼尼帽，其上有浅蓝色五角星，缀有 M22 款帽徽。或是浅蓝色绲边的深蓝色"飞行员"船形帽，同样有浅蓝色五角星，缀有 M22 款帽徽。其大衣也是深蓝色，另有装甲部队版的深蓝色开领四扣上衣，衣领和尖形袖口有绲边，袖口后方有两颗扣。深蓝色的作训服也有绲边。马裤或常服裤为深蓝色，亦有绲边。卡其色作训服和马裤一般作为战斗服。其深蓝色带檐常服帽，其上有深蓝色帽墙和浅蓝色绲边，1936 年又加上了 1922 款帽徽。1937 年，空军制服采用了新的金色刺绣帽徽，为一颗五角星及双翼形状，刻在桂冠状的扣片上，别于 1922 年帽徽上方。

1941 年的飞行服，这群隶属于海军航空兵战斗机中队的飞行员摆出姿势照相，似乎聚在他们的上尉中队长周围，听他读诵《真理报》。他们背后是老式的波利卡波夫 I-153 型"海鸥"战斗机。他们戴着 M33 款皮质无里衬飞行头盔，穿着黑色皮革外衣，只有一名飞行员身上可以看到 M24 款飞行员资质袖标。

征召士官和普通士兵穿着有浅蓝色饰边和绲边的卡其色红军标准制服，戴深蓝色 M35 款"飞行员"帽。1936 年 6 月 9 日起，红军采用了军官样式的有绲边的帽管和护耳。搭配作训服的，是卡其色的"飞行员"帽。民航总局的人员可以穿着苏联空军的制服，但佩戴的是民航总局的 1936 款金色刺绣帽徽——桂冠形状金色镶边的蓝色帽章上绣有带双翼的螺旋桨形状。见习军官和延长服役士官的穿着与军官类似，但没有兵种色绲边。

苏联空军配发的飞行服包括毛皮里衬棕色皮革冬季飞行头盔、长手套或露指手套；M33 款无里衬棕色皮革夏季飞行头盔、棕色小山羊皮手套；护目镜、鼹鼠皮面具。还有一款冬季卡其色飞行连体服，设计有宽大的棕色皮毛衣领和里衬，暗门襟下是拉链，大腿旁有方形带扣翻盖的侧袋。M35 款蓝色夏季飞行连体服与坦克手连体服类似。有时飞行员还穿着双排扣暗扣大衣，袖口有带扣袖袢。以及深蓝色双排扣及臀大衣，有宽大的棕色皮毛衣领和里衬。搭配毛皮里衬白色飞行靴或是黑色皮毛飞行靴，两者都有棕色或黑色的橡胶鞋底及饰物。

空军标识

1936 款航空兵兵种徽章是带双翼的两叶螺旋桨。技术、军法和文工团军官佩戴黑色绲边的浅蓝色领章，缀有黄铜徽章，但政治军官没有徽章。空军采用标准版的红军 1935 款军衔头衔，制服袖口和衣领处佩军衔徽章。一级集团军级是空军的最高军衔，也是唯一不用在领章上佩戴兵种徽章的人员。

另外，总共有三种"双翼"飞行资质章，这些徽章一般佩戴在深蓝色布质地面上的金色或银色刺绣章上，如 M35 款深蓝色上衣和常服衬衫、卡其色作训衬衫的左袖上半部。1924 年 8 月 8 日起，飞行员佩戴的飞行资质章是金色双叶螺旋桨以及金色剑柄的银色交叉双剑（剑身朝下），两旁缀有银色双翼；飞艇和气球操作员佩戴的徽章形状则是银色的锚和金色绳索，两旁缀有金色双翼；1925 年 11 月 6 日起，战斗机技师配搭的徽章形状是金色双叶螺旋桨以及交叉的锤子镰刀，两旁缀银色双翼。上述人员还会在左胸袋上方佩戴精心设计的镀金、镀银或是珐琅质地的军校毕业徽章，该徽章于 1936 年 8 月 28 日被首次采用，并在 1938 年 10 月 31 日重新设计。

空降兵

第一支空军伞兵单位成立于 1931 年 3 月，其后在 1932 年 12 月 11 日成立了第 3 空降旅——世界上第一支实战化的空降兵部队。空降兵部队（VDV）在此之后稳步扩张，到 1940 年时共有 6 个旅（第 201、第 202、第 204、第 211、第 212、第 214）以及 3 个团（第 1—3），都被

空军伞兵学院正在学习使用 PL-3M 降落伞。所有人都穿戴着卡其色布质飞行头盔和卡其色布面料的 M35 款深蓝色坦克/飞行连体服。包括指导者（中间）在内，都没有佩戴任何徽章。

划拨隶属于各军区。

从 1941 年 4 月起，空降兵部队扩充到 5 个军规模，配属给了各方面军，但装备的运输机却是老旧的图波列夫 TB-3 轰炸机。空降军设有军部，军部直属部队包括一个空降轻型坦克营；下辖 3 个空降旅。第 1 空降军（下辖第 1、第 204、第 211 空降旅）隶属西南方面军；第 2 空降军（下辖第 2—4 空降旅）隶属中央方面军和西南方面军；第 3 空降军（下辖第 5、第 6、第 212 空降旅）隶属南方方面军；第 4 空降军（下辖第 7、第 8、第 214 空降旅）隶属西方方面军；第 5 空降军（下辖第 9、第 10、第 201 空降旅）隶属波罗的海方面军及西北方面军。1941 年 4 月时，3000 人编制的空降旅设有旅部及旅部直属部队（通信、自行车侦察、迫击炮、防空重机枪连一级炮兵营）；下辖 4 个 458 人编制的伞兵营。1941 年 10 月，工程兵连替代了原有的迫击炮连，同时空降旅的编制人数减少到了 2557 人。

苏联红军空降兵既可以执行战斗伞降任务，也可以像步兵一样作战。1939 年，第 212 空降旅参加了诺门罕战役；1940 年 2 月 13 日起，3 个空降旅（第 201、第 204、第 214）协同第 8 步兵军在芬兰北部的拉多加湖进行作战，在芬兰防线后方的苏马、佩琴加等地实施了几次小规模的伞降行动，以期切断芬兰军队联络线；1940 年 6 月 30 日，第 201 空降旅伞降至比萨拉比亚的伊兹马伊尔，随后第 204 和第 211 空降旅也部署该地。

1941 年 6 月之后，德国空军对制空权的完全掌握，使得伞降作战只能局限于小规模的破坏行动，苏联红军的 5 个空降军因此只能作为步兵作战。1941 年 10 月前，第 1、第 3 空降军在乌克兰和基辅以西鏖战；同时第 2 空降军参加了斯摩棱斯克和基辅战役；1941 年 8 月前，第 4 空降军参加了白俄罗斯和斯摩棱斯克战役；同年 9 月前，第 5 空降军参加了波罗的海和斯摩棱斯克战役。1941 年 10 月间，为了替代上述筋疲力尽的空降军，又新成立了 5 个 10000 人编制的空降军（第 6—10）。

空降兵配发的是标准的空军制服和徽章。另有 1931 款伞兵徽章，佩戴在左胸袋上方，图案是蓝色四边形上有白色的降落伞与红色的五角星。而其后的 M33 款伞兵徽章又在此基础上加入了一个伞兵的形象。当执行伞降作战任务时，伞兵们会穿戴卡其色布质飞行头盔和一件卡其色版本的坦克/飞行员连体服，通常还会违反着装条例擅自加上领章。

海军

因为没有海外殖民地，苏联只需要建立一支防御性的海军力量来保卫红军的海岸防线。1918年2月11日，工农红海军（RKKF）成立了，1939年时重组为军事海洋舰队（VMF）。它的指挥机构为海军人民委员会，该委员会于1937年12月30日从国防人民委员会中独立出来。1937年任人民海军委员的是彼得·亚历山德诺维奇·斯米尔诺夫；1938年9月8日起为一级舰队级军衔米哈伊尔·彼得诺维奇·弗里诺维斯奇；1939年4月28日起，为二级舰队级军衔尼古拉·格拉西莫维奇·库兹涅佐夫。海军总司令、一级舰队级军衔米哈伊尔·维克托诺夫向库兹涅佐夫汇报，时年34岁的库兹涅佐夫是一名非常优秀且有着独立思想的职业军人。

海军兵种，1936年3月10日至1941年12月31日

（1）水兵：包括4支区域舰队及10支小规模舰队；海军步兵旅（海军陆战队）。

（2）海岸防卫：包括岸防炮团；海军铁道炮团和独立铁道炮组；防空炮团和独立防空炮营。

（3）海军航空兵（VVS-RKKF）：成立于1935年5月1日，1939年起指挥官为二级分舰队级军衔，谢苗·费多诺维奇·扎沃龙科夫。包括战斗机师、鱼雷攻击机师、对地攻击机师、轰炸机师和混合航空师，另有配属给舰队的航空团，截止到1941年6月共有2581架飞机。

（4）勤务：军需和行政部门、医疗部门。

（5）特殊军官：技术军官，包括机械、电子、火炮、地雷和通信工程兵，以及海军建造部门、军级军官、政治军官。

海军编制，1939年4月至1941年12月31日

北方舰队：规模最小的区域舰队，防区为大西洋、北冰洋以及巴伦支海、挪威海，共有50艘舰艇。

波罗的海红旗舰队：197艘舰艇。

黑海舰队：196艘舰艇。

太平洋舰队：297艘舰艇。

内海舰队群：亚速海舰队、里海舰队、勘察加半岛舰队、拉多加湖舰队、白海舰队。

内河舰队群：阿穆尔河舰队、多瑙河舰队、第聂伯罗彼得罗夫斯克舰队、皮纳河舰队、伏尔加河舰队。

截止到 1941 年 6 月 22 日，红军海军总共拥有 740 艘主力舰：3 艘战列舰、7 艘巡洋舰、7 艘轻巡洋舰、47 艘驱逐舰、210 艘潜艇、22 艘护卫舰、18 艘布雷舰、80 艘扫雷舰、269 艘鱼雷艇、77 艘反潜舰。

海军战役简介

1936—1939 年，海军志愿军在西班牙内战中参加了西班牙共和国海军；在 1939—1940 年的"冬季战役"中，波罗的海红旗舰队在卡累利阿地峡支援了第 7 集团军的进攻作战，占领了芬兰的波罗的海诸岛，摧毁了岸防要塞，并运输了部队；同时北方舰队防卫了摩尔曼斯克的海岸线并支援了第 14 集团军在佩琴加的登陆行动；拉多加湖舰队则协助运输部队穿越拉多加湖。在占领波罗的海诸国的军事行动中，波罗的海红旗舰队占领了爱沙尼亚、拉脱维亚、立陶宛数个重要的港口。

在对抗轴心国入侵的战争中，1941 年 6 月 29 日至 10 月 10 日，北方舰队和白海舰队负责防守摩尔曼斯克，在北冰洋和卡累利阿与德军交战。1941 年 6 月 22 日至 7 月 9 日间，波罗的海红旗舰队在掩护陆军从波罗的海诸国中撤退的行动中蒙受了巨大的损失，之后又于 1941 年 7 月 10 日至 9 月 30 日参加了列宁格勒战役。1941 年 6 月 22 日至 7 月 9 日，皮纳河海军在白俄罗斯支援西方方面军作战，在 7 月 10 日至 9 月 10 日，参加了斯摩棱斯克战役，在 7 月 7 日至 9 月 26 日，参加了基辅战役。阿穆尔河舰队参加了 1941 年 9 月 29 日至 11 月 16 日的顿巴斯—罗斯托夫战役，支援南方方面军，并在 1941 年 12 月 25 日至 1942 年 1 月 2 日间与黑海舰队一道，协助高加索方面军重新夺回了刻赤半岛。由于日本与苏联于 1941 年 4 月 13 日签订了互不侵犯条约，太平洋舰队并未投入战争。

海军步兵

由于苏联红军在德军的猛攻下节节败退，海军人员自 1941 年 7 月起，从海上作战部队转编为海军步兵（黑衫军），以期保卫海军基地。在此基础上，从 1941 年 10 月 18 日起，红军陆续组建了 37 个特别海军步兵旅和海军步枪旅。

海军步兵旅隶属于区域舰队，是临时拼凑的作战单位，设有旅部，但几乎没有

1941 年的波罗的海红旗舰队：M28 型"十二月党人"级潜艇上，军官们聚在指挥塔上。他们穿戴着军官版 M24 款黑色涂胶雨衣和防水帽，最右边一位戴有飞行员护目镜。

表4：红军军衔和军衔标识，1935年12月3日至1940年7月12日			
陆军战斗部队 （领章/V形袖标）	**空军战斗部队** （领章/V形袖标）	**海军战斗部队** 技术军官（2）（袖环和条杠）	**英国陆军/皇家海军，** **1939—1945**
高级指挥员级			**将官级**
苏联元帅 （大五角星/五角星、 金色宽条/红色中条）	—	—	陆军元帅/海军元帅
一级集团军级 （五角星、4颗钻石/ 五角星、金色宽条）	**一级集团军级** （五角星、4颗钻石/ 五角星、金色宽条）	**一级舰队级** （五角星、3根中环、2根宽环）	（资深）上将/（资深）海军上将
二级集团军级 （4颗钻石/4根金色中条）	**二级集团军级** （4颗钻石/4根金色中条）	**二级舰队级** （五角星、3根中环、1根宽环）	上将/海军上将
军级 （3颗钻石/3根金色中条）	**军级** （3颗钻石/3根金色中条）	**一级分舰队级** （五角星、2根中环、1根宽环）	中将/海军中将
师级 （2颗钻石/2根金色中条）	**师级** （2颗钻石/2根金色中条）	**二级分舰队级** （五角星、1根中环、1根宽环）	少将/海军少将
旅级 （1颗钻石/1根金色中条）	**旅级** （1颗钻石/1根金色中条）	**海军上校（3）** （五角星、1根宽环）	准将/海军准将
上级指挥员级			
上校 （3条杠/1根金色饰边红色中条）	**上校** （3条杠/1根金色饰边红色中条）	**海军中校** （五角星、4根中环）	上校/海军上校
少校 （2条杠/2根红色中条）	**少校** （2条杠/2根红色中条）	**海军少校** （五角星、3根中环）	少校/海军少校
大尉 （1条杠/1根红色中条）	**大尉** （1条杠/1根红色中条）	**海军大尉** （五角星、1根窄环、2根中环）	上尉/海军上尉
中级指挥员级			
上尉 （3个方块/3根红色窄条）	**上尉** （3个方块/3根红色窄条）	**海军上尉** （五角星、2根中环）	（资深）中尉/（资深）海军中尉
中尉 （2个方块/2根红色窄条）	**中尉** （2个方块/2根红色窄条）	**海军中尉** （五角星、1根中环、1根窄环）	中尉/海军中尉
少尉（1） （1个方块/1根红色窄条）	**少尉（1）** （1个方块/1根红色窄条）	**海军少尉（1）** （五角星、1根中环）	少尉/代理海军少尉
初级指挥员级			
大士 （4个三角形）	**大士** （4个三角形）	**海军大士** （五角星、2根中杠）	二级准尉/海军军士长
副排级 （3个三角形）	**副排级** （3个三角形）	—	中士
班级 （2个三角形）	**班级** （2个三角形）	**海军班级** （五角星、1根中杠）	下士/领班水手
列兵级			
红军战士 （素色领章）	**红军战士** （素色领章）	**红海军战士** （素色领章）	列兵/二等水兵

注：

（1）该军衔自1937年8月20日启用。

（2）技术军官列于此处，因为他们中一些人的军衔不同于红军、红军空中力量、红军内务部队中职务相同的军官。

（3）条例规定该军衔为校级军官，而非将官。

海军航空队轰炸机中队的一名士官飞行员，可以从他佩戴的白色绲边 M24 款黑色常服帽以及 M22 款帽徽上判断他的军衔。他还穿着深蓝色双排扣及腿大衣，设计有宽大的棕色毛领。炸弹上写着"送给希特勒的礼物"。

旅部直属部队，下辖 3 ~ 7 个海军步兵营。到 1941 年 12 月 31 日时，共有 7 个海军步兵旅被授予了番号：波罗的海红旗舰队的第 3、第 4、第 6 海军步兵旅，主要战斗在塔林、列宁格勒和拉多加湖；黑海舰队的第 7—9 海军步兵旅，部署在敖德萨和塞瓦斯托波尔；北方舰队的第 12 海军步兵旅则负责防守摩尔曼斯克。这些部队穿着黑色的海军制服，配备步兵装备，在水手飘带上有各自舰队的标识，但并没有特别的海军步兵徽章。

　　海军步枪旅则基本按照红军步兵旅的规格编制，设有旅部及旅部直属部队（通信连、冲锋枪连、工程连、摩托化运输连、医疗连）；下辖三个步兵营，以及轻迫击炮营、重迫击炮营、炮兵营和反坦克营。这些旅接受红军陆军的指挥并穿戴陆军的步兵制服。1941 年年底前，有两个旅（第 7、第 8）参加了芬兰前线的战斗。

海军制服

1935 年 12 月 3 日至 1940 年 7 月 13 日

　　苏联海军的 M35 款制服，从 1935 年 12 月 3 日起采用，自 M24 款发展而来，有一种英国皇家海军制服式的朴素典雅。在这款制服上，保留了许多帝国时期海军的传统元素，主色调为黑色，搭配以深蓝色和白色的补充色。标准的海军纽扣是黄铜质地，上有锚饰图案。

　　海军军官的帽子是 M24 款黑色精纺带檐常服帽，设计有黑色的皮质帽带和皮质带檐，而在夏天则是白色布质帽管。帽管和帽墙上部有白色绲边；另有 M24 款帽徽，为金色刺绣花冠中缀有金色金属锚饰，其上则是白色圆片上的红色五角星，五角星上叠有金色交叉的锤子和镰刀图案。军官版的

一名海岸警卫部队的海军中校正指挥着一营海军步兵。他戴着 M24 款白色绲边黑色常服帽，穿着深蓝色常服上衣，在袖口的军衔环之间有深棕色布条，可以用来辨识他的兵种。他的士兵戴着 M24 款海军帽或 M40 款头盔，穿着 M35 款"方帆"海军制服，配备步兵装备。坐在右下方的军官，可以从其高领上衣判断是一名二副。

1924 款"飞行员"船形帽有白色的帽管、护耳绲边，配有一款小的帽顶徽章。1931 款"芬兰"黑色羔羊毛皮帽搭配常服帽款徽章，则在冬季佩戴。

军官版的 M35 款黑色常服夹克为双排扣、开领设计，有两排金色的 4 颗前襟扣，袖口后方有两颗扣子，左侧胸袋无翻盖，两个方形无扣翻盖内置腰带。搭配穿戴白色衬衣和黑色领带。军官版 M24 款深蓝色单排扣常服上衣设计有高立领、直筒袖口后方有两颗扣子、前襟 5 颗金色大纽扣、两个扇形无扣翻盖内置胸袋、两个无盖腰部挖袋。军官版的 M24 款夏季常服剪裁与此类似，但其上只有两个无盖明贴胸袋。

军官版 M24 款黑色羊毛大衣，有开领和闭领两种设计，双排 5 颗金色大纽扣，两个方形无扣腰部挖袋、带扣后部半腰袋。军官们另配有 M24 款黑色涂胶雨衣，搭配黑色涂胶防水帽穿戴，设计有闭门下翻衣领、两排 4 颗黑色纽扣、两个无扣方形翻盖明贴腰袋、一根有黑色带扣的涂胶腰带。搭配常服穿着的是黑色的长裤和黑色皮鞋，所有的腰带、盒子和枪套也都是黑色皮质。

所有的非军官人员都穿着"方帆"制服。延长服役士官（军衔通常是上士或大士）的冬季制服包括缀有 M22 款帽徽的军官版 M24 款常服帽，夏季则是白色布质帽。应征士兵佩戴 M24 款平顶水手帽，帽管和帽墙上部有白色绲边，夏季为白色布质帽，M22 款帽徽佩戴在帽子前方，位于绣有金色的舰队名、舰船名字母的黑色丝绸缎带标签之上，装饰有金色锚饰图案。士兵们另外还有黑色的"飞行员"船形帽，白色绲边，缀有 M22 款帽徽。

深蓝色的水手服设计了宽大的蓝色衣领，衣领上有 3 根白色编织边饰条，衣袖口有两颗纽扣。水手服穿在蓝白相间条纹的背心外。白色棉质的夏季

1941年秋季，6名海军步兵操纵着 M38 型 120 毫米团级迫击炮准备发射。他们都戴着 M40 款头盔，穿着 M24 款士兵版黑色大衣，装备着黑色皮革武装腰带，挂着 M1891/30 式步枪。

版水手服有蓝色衣领，蓝色袖口上有 3 根白色编织边饰条及一颗纽扣。用于搭配穿着的黑色腰带有一个刻有锚饰的黄铜矩形带扣，另有黑色或白色长裤、黑色低帮鞋。

M24 款水手黑色羊毛双排扣大衣设计有闭门下翻衣领、一排暗扣掩藏在右襟下，另在前襟上有 5 颗装饰性的黄铜纽扣、卷翻袖口、两个方形无扣翻盖腰部挖袋。在恶劣天气中，水手们还会穿着 M24 款双排扣黑色精纺厚呢上衣，该款上衣设计有宽大的下翻衣领、两排 5 扣、胸部下方有两个无盖内置侧袋。水兵的作训服则包括一顶缀有 M22 款帽徽的海军蓝贝雷帽、一件灰白色连体服。这件连体服为开领下翻设计，袖口有纽扣，左胸有无扣明贴胸袋。在胸袋下则是浅灰色的标签，上有黑色的水兵职责编码。

兵种标识

军官的兵种标识包括在袖口军衔环上方的兵种徽章、军衔环旁的兵种色饰条，以及帽徽颜色。舰长有金色刺绣的帽徽，袖口有五角星，并有军衔编织环。水手的兵种标识为素色，医疗军官是深棕色布质徽章，海军航空队则是浅蓝色布质徽章（另有空军飞行资质臂章）。保障和特殊军官有银色刺绣帽徽，袖口五角星和军衔编织环颜色如下：军需和行政部门为素色，医疗军官是绿色，技术军官是深红色，军法军官为紫罗兰色。政治军官帽章为金色，袖口有金色边缘红五角星，金色军衔环配红色布质饰带。海军高级技术军官有不同的兵种标识。

士官和水手在水手服和厚呢上衣的左袖上部有专长臂章，为黑色底红色标识。延长服役士官的该臂章周围还环绕了金色或黄色饰边，士兵则为红色。总共有25种专长臂章图案，其中常见的如下：水手长（带链船锚）、舵手（船舵）、索具手（水手绳结）、火控员（测距仪）、炮手（交叉加农炮）、水雷手（水雷和齿轮）、水雷电气技师（水雷和闪电）、机械师（齿轮和螺旋桨）、电气技师（灯塔和闪电）、军械电气技师（加龙炮和闪电）、无线电操作员（闪电和船锚）、无线电技师（闪电和电线）、电报员（缠绕的闪电）、通信兵（交叉的旗帜）、库管员（干净的船锚）。

军衔标识

苏联海军采用了新的军衔标识来取代原有的沙皇时期肩部标识及临时政府的袖环。军官统称"指挥官"，但"一级分舰队级"军衔是校级军官，而陆军同级军衔是"少将"。在M35款黑色常服夹克和大衣，以及M24款深蓝色常服上，海军军官的袖口缀有一颗编织的金色五角星，其下是窄型（0.6厘米）、中型（1.3厘米）、宽型（3.2厘米）金色编织袖环。在M24款白色常服上衣和黑色涂胶雨衣的袖口上，有与制服颜色相同的补强片，其上有金色的编织杠。在深蓝色和白色水手服以及M24款大衣和厚呢上衣的袖口上，士官和水手有一颗红色布质五角星及0～2根红色布质杠。

NKVD 安全部队

1918年，苏联成立了人民内务委员会（NKVD）以巩固国家安全。该委员会影响最大的领导人是叶若夫和贝利亚：尼古拉·伊万诺维奇·叶若夫任期为1936年9月26日至1938年11月25日，继任者为拉夫连季·巴甫洛维奇·贝利亚，后者任期持续到1945年12月29日。1939年时，NKVD下分17个总局：国家安全、3个管理总局（经济、管理、档案）、消防、警察、内务部队（共有10个分局）以及边境军。在此主要介绍国家安全、内务部队和边境军。

以上部队穿着M35款红军卡其色制服，佩戴1937年7月15日起采用的NKVD军衔标识。但与红军战斗部队不同的是，军官的领章上并没有金色绲边。

国家安全部队

1936—1938 年间 NKVD 的指挥官是只有 5 英尺（约 1.52 米）高的尼古拉·叶若夫。

照片中的叶若夫穿着 M35 款 GUGB 卡其制服，佩戴有 M36 总政委军衔标识，另有金色衣领和袖口绲边，深红色绲边的暗红色领章，领章中间有一条金色窄条，缀有 M36 款蓝边金色五角星徽章，五角星上有红色的锤子和镰刀图案。袖笼上部是 GUGB 的将官徽章，而在袖口上方是更大的领章版五角星，其下是一条金色编织军衔杠。

国家安全总局（GUGB）负责苏联的海外间谍活动、苏联境内的反间谍活动，并负责保卫党和政府的高级官员。国家安全总局曾在 1941 年 2 月 3 日成立了自己的人民委员会（国家安全人民委员会——NKGB），但在 1941 年 7 月 20 日，其就被划归内务人民委员会。GUGB 的领导人自 1937 年 4 月 15 日起为米哈伊尔·弗里诺夫斯基中将；1938 年 9 月 8 日起为贝利亚；1938 年 11 月 25 日起为弗谢沃诺德·尼古拉耶奇·梅尔库洛夫。

GUGB 的军官穿着暗红色与深红色绲边的制服。最能识别他们身份的配件是有暗红色帽墙的深蓝色 NKVD 常服帽，帽管和帽墙上部有深红色绲边。在高级政工人员的所有制服上，都有暗红色刺绣领章，领章上部边缘为金色绲边，下部边缘为深红色绲边，领章上有边缘为浅蓝色的金色五角星，五角星上有金色刺绣的锤子和镰刀图案，在袖口上也有同样的图案。其他 GUGB 军官的军衔头衔则重在强调他们与红军军衔的匹配性：例如，团级政委对应于红军中的上校军衔。他们在深红色绲边的暗红色领章上佩戴 M35 款红军军衔徽章，但没有袖口军衔标识。在左右两个袖笼的上部，军官们都佩戴暗红色椭圆形臂章：将官的图案是银色椭圆里的银色刺绣锤子、镰刀和剑；其他军官则是金色刺绣的锤子、镰刀和剑图案，剑刃和椭圆形边缘为银色。

内卫部队

边防与内务部队总局（GUPVV）成立于 1938 年 9 月 29 日，1939 年 3 月 8 日拆分为两个部分。在师级军衔的伊万·伊万诺维奇·马斯连尼科夫（1940 年 3 月 4 日，晋升为军级军衔；1940 年 6 月，改为中将军衔）的领导下，内务部队总共设有 10 个分局：运输、监狱、劳动营（古格拉）、高速路、铁路安全、运输护卫、工厂保卫、作战部队、军需供应和国防工程建设。

过去内卫部队的编制都是效仿红军陆军，但 1939 年 3 月 8 日至 1941 年 12 月 31 日间，共成立了 30 个内卫部队作战师，包括 6 个摩托化师（第 1、第 2、第 11、第 21—23）、2 个步兵师（第 1、第 4）以及 4 个山地步

兵师（第 12、第 15、第 17、第 26）。除此之外，铁路安全局成立了 10
个铁路警卫师（第 1、第 3—10、第 18）；工厂保卫局成立了 4 个特别工
厂警卫师（第 11、第 12、第 18、第 25）以及 2 个特别工厂铁路警卫师
（第 19、第 20）。最后，运输护卫局还成立了 2 个运输护卫师（第 13、
第 14）。这些缺乏纪律而又残忍的内卫部队至少在强化红军部队对抗轴心
国入侵中多少起了一些作用。

所有的内卫部队都穿着深蓝色 NKVD 带檐常服帽，在深红色绲边的暗
红色领章上有 M35 款红军军衔标识和兵种标识。作战部队军官佩戴红色和
金色 V 形军衔臂章，政工军官则有红色袖口五角星。内卫部队中的步兵、
骑兵、装甲兵、摩托化运输部队、炮兵、工程兵、浮舟工程兵、电气工程兵、
铁路部队、建筑工程师、化学部队、通信兵以及空军都在领章上佩戴了相
应的兵种标识。当然，还有后勤和运输、医疗和兽医、技术军官、军法军
官和文工团军官的特殊军官标识。内卫部队中的海军师则是全套采用海军
制服、兵种标识和军衔标识。

边境军

1939 年 3 月 8 日起，苏联为边境军成立了一个单独的总局（边境军总
局——GUPV），领导人是一级集团军级军衔格里戈里·耶维奇·索科洛夫。
这些边境军按照红军陆军的军区划分成立了对应的 10 个边境军区，每个边
境军区管理着大约总数 6000 人的边防团部队（总共有 50 个边防团）。每
个边防团拆分为数个边防分队。

边境军部队参加了诺门罕战役和冬季战役。隶属于立陶宛、白俄罗斯、
乌克兰和摩尔多瓦方面军的边境军部队在 1941 年 6 月 22 日轴心国进攻中
首当其冲，在防守苏联西部边境和城市的战斗中损失惨重。

NKVD 边境军佩戴有深蓝色帽墙的绿色常服帽，帽管和帽墙上部有深
红色绲边。所有军衔的人员都佩戴 M35 款红军陆军军衔徽章，并且与内务
部队一样，佩戴包括空军、勤务、特殊和政治军官在内的所有兵种徽章，
兵种徽章佩戴在深红色绲边的绿色领章上。战斗部队的军官佩戴红色和金
色的袖口 V 形军衔条纹，政工军官袖口为红色五角星。海岸警卫巡逻艇旅
的军官们则穿戴海军制服和徽章。

表 5：内卫部队、保障和特殊军官军衔和军衔徽章，1935 年 12 月 3 日至 1940 年 7 月 12 日

NKVD 国家安全部队 （领章 / 袖标）(1)	NKVD 作战部队和边防部队 （领章 /V 形袖标）	红军及 NKVD 政工军官 军需和行政 / 医疗 / 兽医 / 技术 / 军法	英国陆军 / 皇家海军 1939—1945 年
高级指挥员级别(2)			**将官级**
国家安全总政委(3) （大五角星 / 大五角星）	—		陆军元帅 / 海军元帅
国家安全一级政委 （五星、4 颗钻石）	**一级集团军级** （五角星、4 颗钻石 / 五角星、金色宽条）	**一级集团军政委级**	（资深）上将 /（资深）海军上将
国家安全二级政委 （4 颗钻石）	**二级集团军级** （4 颗钻石 /4 根金色中条）	**二级集团军政委级** 集团军级 军需 / 军医 / 兽医 / 工程师 / 军法官(4)	上将 / 海军上将
国家安全三级政委 （3 颗钻石）	**军级** （3 颗钻石 /3 根金色中条）	**军政委级** 军级 军需 / 军医 / 兽医 / 工程师 / 军法官	中将 / 海军中将
国家安全上校 （2 颗钻石）	**师级** （2 颗钻石 /2 根金色中条）	**师政委级** 师级 军需 / 军医 / 兽医 / 工程师 / 军法官	少将 / 海军少将
国家安全少校 （1 颗钻石）	**旅级** （1 颗钻石 /1 根金色中条）	**旅政委级** 旅级 军需 / 军医 / 兽医 / 工程师 / 军法官	准将 / 海军准将
上级指挥员级别			
国家安全大尉 （3 条杠）	**上校** （3 条杠 /1 根金色饰边红色中条）	**团政委级** 一级 军需 / 军医 / 兽医 / 工程师 / 军法官	上校 / 海军上校
国家安全上尉 （2 条杠）	**少校** （2 条杠 /2 根红色中条）	**营政委级** 二级 军需 / 军医 / 兽医 / 工程师 / 军法官	少校 / 海军少校
国家安全中尉 （1 条杠）	**大尉** （1 条杠 /1 根红色中条）	**大尉政治指导员级** 三级 军需 / 军医 / 兽医 / 工程师 / 军法官	上尉 / 海军上尉
中级指挥员级别			
国家安全少尉 （3 个方块）	**上尉** （3 个方块 /3 根红色窄条）	**上尉政治指导员级** 一级军需员 / 主任助理军医 / 主任助理 兽医 / 一级工程员 / 军法官	（资深）中尉 /（资深）海军中尉
国家安全中士 （2 个方块）	**中尉** （2 个方块 /2 根红色窄条）	**中尉政治指导员级** 二级军需员 / 助理军医 / 助理兽医 / 二级工程员 / 初级军法官	中尉 / 海军中尉
—	**少尉**(5) （1 个方块 /1 根红色窄条）	**初级工程员**(5)	少尉 / 代理海军少尉
初级指挥员级别			
—	**大士** （4 个三角形）	**代理政治指导员**(6)	二级准尉 / 海军军士长
—	**副排级** （3 个三角形）	—	中士
—	**班级** （2 个三角形）	—	下士 / 领班水手
列兵级别			
—	**红军战士** （素色领章）	—	列兵 / 二等水兵

注：

（1）NKVD 军衔徽章于 1937 年 7 月 15 日起采用。NKVD 的海军师和岸防师采用红军海军的军衔和军衔标识。

（2）只有 NKVD、GUGB、内卫和边境军部队军官被统称为"指挥员"。

（3）国土安全 = "GB"。

（4）NKVD 没有这一军衔的保障和特殊军官。

（5）该军衔自 1937 年 8 月 20 日启用，但海军中无此军衔。

（6）该军衔自 1938 年 4 月 5 日启用。

1939 年，红军指挥官

1：苏联元帅，克里门特·伏罗希洛夫

2：二级舰队级军衔，尼古拉·库兹涅佐夫

3：二级集团军级军衔，亚历山大·诺克提诺夫

A

1：1939 年 8 月，诺门罕，第 1 集团军群，格奥尔吉·朱可夫中将
2：1939 年 6 月，诺门罕，第 57 步兵师，中士
3：1939 年，北高加索，库班哥萨克，少尉

B

1939 年 9 月，波兰东部
1：白俄罗斯方面军，第 22 坦克旅，上校
2：乌克兰方面军，第 81 步兵师，狙击手
3：波罗的海红旗舰队，海军上士

C

1939—1940 年，芬兰—苏联 "冬季战争"
1：1939 年 12 月，曼纳海姆防线，第 35 坦克旅，旅政委
2：1940 年 1 月，苏奥穆斯萨尔米，第 44 步兵师，下士
3：1939 年 11 月，列宁格勒军区，空军，代理政治指导员

D

1940—1941年，波罗的海诸国
1：1940年9月，爱沙尼亚，第22边境军，骑兵中尉
2：1941年6月，立陶宛，第5坦克师，装甲部队上士
3：1941年8月，塔林（爱沙尼亚首都），GUGB国家安全部队，国家安全上校（师级）

E

1941 年，白俄罗斯和乌克兰
1：1941 年 7 月，苏联元帅，谢苗·铁木辛哥
2：1941 年 6 月，白俄罗斯边境军区，NKVD 边境军，少校
3：1941 年 11 月，塞瓦斯托波尔，黑海舰队，海军步兵，红海军战士

F

48

1941 年，俄罗斯西部
1：1941 年 7 月，斯摩棱斯克包围圈，第 108 步兵师，炮兵下等兵
2：1941 年 8 月，乌曼包围圈，第 139 步兵师，医疗部门，二级军医
3：1941 年 11 月，雷巴奇半岛，北海舰队，中尉

G

1941 年 12 月，莫斯科

1：卡西拉，第 173 山地步兵师，工程兵，上尉

2：加里宁方面军，第 11 摩托团，下士

3：莫斯科防空区，空军飞行员

H

插图图说

A: 1939 年, 红军指挥官

A1: 苏联元帅, 克里门特·伏罗希洛夫

1934 年 6 月 20 日, 伏罗希洛夫被任命为国防人民委员, 他穿着 M35 款军官版冬季常服, 深灰色的大衣上有特殊的红色领章, 袖口和前襟有绲边, 佩戴有元帅军衔刺绣领章, 领章上有金色大五角星。他携带着一把装在枪套里的 1895 款 7.62 毫米口径纳甘 "气封" 左轮手枪。他因在 1939 年 "冬季战争" 中指挥不利, 而被解职。

A2: 二级舰队级军衔, 尼古拉·库兹涅佐夫

库兹涅佐夫在 1939 年 4 月 8 日至 1946 年 2 月 25 日间担任海军人民委员。他身上这套简朴的黑色 M24 款海军军官常服服装在苏联海军中一直沿用到 1940 年 5 月, 之后海军采用了更为奢华的军帽、领章和臂章系统。

A3: 二级集团军级军衔, 亚历山大·诺克提诺夫

作为一名军队指挥官, 诺克提诺夫在 1937 年 12 月至 1939 年 9 月间担任了航空副人民委员, 但并未建立功勋。之后他因失职而被逮捕, 并于 1941 年 10 月 28 日被处决。他穿着 M35 款深蓝色制服, 这套制服也标志着空军在苏联红军中的精英地位, 配有绲边的浅蓝色领章以及镶在五角星上的帽徽。他所佩戴的很好辨识的 "飞行员" 帽, 可以追溯到沙皇时期的空军, 从 1935 年起成为了空军唯一的常服帽。但空军军官反复游说军需部门, 需求一种带檐常服帽, 最终空军在 1936 年配发了一款带檐帽。可以看到在他左袖笼上的飞行员 "双翼" 资质徽章。

B: 1939 年, 诺门罕, 以及哥萨克

B1: 1939 年 8 月, 诺门罕, 第 1 集团军群, 格奥尔吉·朱可夫中将

朱可夫, 也许是 "二战" 中苏联军队中最有天赋与最成功的将领, 此刻正享受着他在诺门罕的首次胜利。他穿着 M35 款军官版法式上衣, 配有步兵领章。他佩戴的勋章包括两枚苏联红旗奖章, 以及工农红军建军 20 周年徽章。

B2: 1939 年 6 月, 诺门罕, 第 57 步兵师, 中士

这名排级中士穿着 M35 款士官 / 士兵版夏季战地制服, 戴有 M38 款 "巴拿马" 作战帽, 穿着轻便的棉质作训服及长裤。他的装备包括 M35 款士兵版武装腰带、腰带上的浅灰色帆布支撑带、M17 款步枪弹药袋、M38 款背包、装在袋里的 SM-1 防毒气面具, 以及卷成一捆挂在

1941 年夏季, 一名步兵中尉挥舞着 TT-33 手枪, 激励他的排进攻——因为没有佩戴钢盔, 可以判断这也许是张摆拍照片。他穿着 M35 款作训服, 配有 M41 款卡其领章, 上有步兵兵种徽章。不同寻常的是, 他的 M32 款武装携具是交叉于胸前——位于防毒面具包吊带下——而非从双肩垂直挂到臀部。

左肩上的毯子。他携带着这一时期苏联的标准步枪, 7.62 毫米 M1891/30 莫辛纳甘步枪, 另携有刺刀。

B3: 1939 年, 北高加索, 库班哥萨克, 少尉

俄罗斯和乌克兰的哥萨克骑兵曾非常忠诚于沙皇, 在高加索地区组建了独立的 "耕战一体" 的自治群体。在 1930 年代, 苏联政府虽然依然对其抱有警惕, 但却又急需他们在还不稳定的北高加索地区发挥军事上的作用, 因此谨慎地将哥萨克部队纳入了红军体系。这名库班哥萨克骑兵的穿戴基本上是传统哥萨克服装, 但又因所在区域不同而有所变通, 搭配了马刀、马鞭、高加索双刃剑, 佩戴了红军骑兵徽章。

C: 1939 年 9 月，波兰东部

C1: 白俄罗斯方面军，第 22 坦克旅，上校

这名第 3 集团军的团级指挥官，是在和纳粹达成妥协后被派往波兰东部的占领军中的一员。他穿着 M35 款"钢铁色"常服，上面有装甲部队徽章。开领上衣有红色绲边，搭配有军官版 M35 款领章和袖口军衔标识。这名上校还佩戴着军官版的常服武装带，上有五角星带扣，红军军官经常在战场上也不顾着装条例规定佩戴这款武装带；另有带枪套的 7.62 毫米 TT-30 或 TT-33 式图拉—托卡列夫半自动手枪。

C2: 乌克兰方面军，第 81 步兵师，狙击手

这名红军士兵隶属于占领波兰东部的第 5 集团军，他一定曾遭遇零散但坚决的波兰抵抗力量的攻击。他穿着冬季战地服，佩戴 1936 款钢盔。可以看到步兵的深红色领章（直到 1940 年步兵才配发兵种徽章），战地服前襟上缀有兵种色布质条纹，另有一个非官方版的皮带扣，标识着他的狙击手身份。在他的左胸袋上方佩戴着杰出红军士兵徽章和狙击手徽章，在他的臀部佩有 M1891/30 步枪的狙击镜盒子。

C3: 波罗的海红旗舰队，海军上士

在 1935 年 12 月 22 日至 1940 年 5 月 7 日间，苏联海军只有两种海军士官军衔。两者都穿着海军的"方帆"制服，搭配黑色 M35 款士兵版带檐帽，佩戴 M22 款帽徽。这名海军上士穿着有红色袖口军衔标识的深蓝色水手服，设计有宽大的深蓝色衣领，衣领上有 3 根白色编织饰边，水手服里面穿的是蓝白条纹背心，佩戴着杰出红军士兵奖章。他下身着黑色长裤，搭配黑色士兵版皮带，上有水手带扣。

D: 1939—1940 年，芬兰—苏联"冬季战争"

D1: 1939 年 12 月，曼纳海姆防线，第 35 坦克旅，旅政委

这名旅政委代表着苏联共产党在红军中的权威，军衔相当于旅级指挥官，虽然没有受过军事训练，但他会在少将旅长的所有命令上签名会署。他穿着装甲部队军官版作训服，红色绲边的钢铁色"飞行员"船形帽和作训服。他袖口的红色五角星、士兵版红色镶边无兵种徽章的领章，显示出了他的政委身份。

D2: 1940 年 1 月，苏奥穆萨尔米，第 44 步兵师，下士

在芬兰中东部的苏奥穆萨尔米战役中，苏联红军遭遇了冬季战争中最惨痛的失败。在 1 月 4—8 日的战斗中，芬兰部队歼灭了乌克兰的第 44 步兵师。芬兰军队将该师分割包围并逐个歼灭。这名步兵排长戴着 1927 款中灰色士兵版带护耳野战帽，以及 1927 款士兵版大衣，上有领章。他的装备包括 1939 款背包、水瓶和战壕锄，携带着一支很有用的 7.62 毫米捷格加廖夫 DP-28 排级轻机枪。

D3: 1939 年 11 月，列宁格勒军区，空军，代理政治指导员

这名副职政工军官，军衔相当于上士，这一编制启用于 1938 年 4 月 5 日。这名高级士官着空军 M35 款深蓝色士兵版带檐战斗帽和大衣，卡其色士兵作训服，有一根 M38 款武装腰带（但作为上士，他其实也可以佩戴军官版武装腰带）。被德军俘获的政工军官往往会去掉袖口上的五角星，以期逃脱希特勒"政委命令"下的立即处决的厄运。

E: 1940—1941 年，波罗的海诸国

E1: 1940 年 9 月，爱沙尼亚，第 22 边境军，骑兵中尉

这名前爱沙尼亚骑兵团的中尉，加入了红军部队，但还戴着爱沙尼亚军队的 1936 款带檐帽，系横直武装腰带，穿着骑兵闭领上衣、银色条纹红色马裤、鞋子，佩戴军刀。能够彰显出他的新隶属关系的，是 M22 款红军帽徽以及有骑兵兵种标识的军官衣领和袖口军衔标识。这些二线军队并不受红军信任，其中大多数人员在 1941 年 7 月的德军进攻中迅即逃亡了。

E2: 1941 年 6 月，立陶宛，第 5 坦克师，装甲部队上士

第 3 机械化军负责防守立陶宛，在 1941 年 7 月被歼灭。这名士官穿戴着 M33 款坦克手头盔，在 M35 款作训服外套着蓝色连体服。按照着装条例，他并没有在连体服上佩戴军衔标识。但在作训服的领章上可以看到有内圈金色编织饰边的军衔标识。作为一名连级高级士官，这名上士是红军薄弱的士官阶层中的重要一员。他携带着军官版的双筒望远镜以及——由于这时绝大多数红军坦克并没有配备无线电——信号旗。

E3: 1941 年 8 月，塔林（爱沙尼亚首都），GUGB 国家安全部队，国家安全上校（师级）

这名军官佩戴着深蓝色的 NKVD 带檐常服帽，帽上有暗红色帽墙和深红色绲边。另穿着深红色衣领及袖口绲边的浅灰色将官版作训服，佩戴 GUGB 将官臂章。可以看到在他的左胸袋上方有 M40 款杰出 NKVD 士兵徽章，并佩戴 TT-33 式手枪。他的深蓝色常服马裤上有深红色绲边。

一班穿着卡其色厚棉袄和"沙瓦罗里"长裤的步兵。他们装备着带剑形刺刀的托卡列夫 SVT-40 半自动步枪。

F: 1941 年, 白俄罗斯和乌克兰

F1: 1941 年 7 月, 苏联元帅, 谢苗·铁木辛哥

在 1940 年 1 月的芬兰战争中, 铁木辛哥表现出了作为一名军队指挥官应有的能力, 因此在 1940 年 5 月被任命为国防人民委员。虽然在 1941 年 7 月间, 因作战的连连失败而被解职, 但铁木辛哥继续担任高级参谋和战场指挥职务。在此图中, 他穿着浅灰色的 M40 款常服帽和苏联元帅上衣, 衣上有新的领章和袖口军衔标识, 并有自 1940 年 7 月 13 日起采用的鲜红色前襟饰边和绲边。他佩戴的勋章包括苏联英雄勋章、两枚列宁奖章、3 枚红旗奖章, 以及工农红军建军 20 周年徽章。

F2: 1941 年 6 月, 白俄罗斯边境军区, NKVD 边境军, 少校

虽然本质上是苏联内务安全部队中的一部分, 但边境军在 1941 年 6 月苏联西部防线的战斗中还是表现勇敢。这名边防分队的指挥官戴着绿色常服帽, 身穿红军 M35 款军官版作训服, 上有深红色绲边的绿色领章, 领章上是 M40 款步兵兵种徽章, 袖口处有作战部队的军官 V 形军衔条纹, 佩戴有杰出红军士兵徽章和银星运动徽章。他还佩戴着 M38 款军官野战携具, 包括 M32 款棕色皮带和 M38 款枪套、地图及支撑带。

F3: 1941 年 11 月, 塞瓦斯托波尔, 黑海舰队, 海军步兵, 红海军战士

1941 年间, 红军水手们像步兵一样作战, 保卫敖德萨、塞瓦斯托波尔以及乌克兰和克里米亚的海岸。他们在战斗中表现出来的坚韧为其赢得了"黑衫军"的美称。这名"红军水手"穿着 M35 款"方帆"制服, 军帽墙上有斯拉夫文字刺绣的"黑海舰队"。他袖口佩戴着红色布质五角星

军衔徽章, 并在厚呢上衣的袖笼上佩有枪炮手的特殊职务臂章, 另佩戴着黑色皮质的皮带, 穿着行军鞋, 携带 M37 款步枪弹药袋, 以及一个挂式的 SM-1 防毒气面具包。

G: 1941 年, 俄罗斯西部

G1: 1941 年 7 月, 斯摩棱斯克包围圈, 第 108 步兵师, 炮兵下等兵

这名炮手隶属于第 16 集团军的第 575 野战炮兵团, 被德国中央集团军群困在斯摩棱斯克包围圈中。他戴着士兵版的 M35 款"飞行员"船形帽, 身穿作训服, 上有 M40 款炮兵领章和军衔徽章。当操纵火炮时, 他只携带了最少量的装备——一个 SM-1 防毒气面具包, 一根 M38 款腰带。第 16 集团军于当年 8 月 8 日被解散。这名士兵要么阵亡, 要么被俘——后者的存活概率也高不了多少——要么就向东逃往苏联战线。

G2: 1941 年 8 月, 乌曼包围圈, 第 139 步兵师, 医疗部门, 二级军医

这名医疗营的指挥官隶属于第 24 集团军某师, 被困于乌克兰中部的乌曼包围圈。他穿着军官版的 M35 款作

海军步兵身着黑色 M24 款制服和厚呢上装, 摆出操纵 50-PM-39 轻型迫击炮的姿势。迫击炮手配有水手长的红色袖标; 后面的高级士官戴着一顶军檐常服帽, 配双通望远镜, 腰带上别着 RGD-33 式木柄手榴弹。

一名医疗军官（三级军医）正在战地医院与一位年轻士兵告别。这名军医佩戴着 M41 款领章，但没有兵种标识。年轻士兵则戴着 M40 款皮帽，穿着 M35 款大衣，护士则戴着白色护士帽，穿着白大褂。

训服，但——作为一名保障而非作战部队军官——他的领章绳边是士兵样式，而且没有袖口军衔纹章。随着他所在的部队处境越发艰难，他自己也亲自上了前线，带着一支步枪、一个医疗兵的急救挎包、一个大型的医疗水瓶和一个地图盒，还佩戴着一个红十字袖标。

G3: 1941 年 11 月，雷巴奇半岛，北海舰队，中尉

卡累利阿方面军负责防守雷巴奇半岛，以对抗向摩尔曼斯克不冻港进攻的德国—芬兰军队。该港后来成为盟军运输舰队向苏联提供军需援助的重要港口。这名低级海军军官戴着 1931 款"芬兰"黑色羔羊皮毛皮帽，缀有 M24 款军官帽徽。M24 款大衣的袖章上有 M40 款军衔徽章。另外他还佩戴了军官版的黑色皮革装备，包括一根皮带、两个弹药袋、一个带套索的 1895 款左轮手枪枪套。

H: 1941 年 12 月，莫斯科

H1: 卡西拉，第 173 山地步兵师，工程兵，上尉

第 33 集团军的部队在莫斯科南部成功地阻止了德军第 2 装甲集团军合围莫斯科的企图。这名师级工程连的副连长穿着军官版的 M35 款冬季制服，戴着 M40 款毛皮帽。在军官版的 M35 款深灰色大衣上，既有 M40 款工程兵军官领章，也有兵种标识。他的 M32 款棕色皮革战地携具包括一根皮带、两根肩章、枪套和地图盒。

H2: 加里宁方面军，第 11 摩托团，下士

1940 年，总计成立了 32 个摩托团，其中 30 个被配属给了机械化军。第 11 摩托团配属给了加里宁军区的第 30 集团军，该集团军在 1941 年 12 月将筋疲力尽的德国第 4 装甲集团军赶离了莫斯科。这名下士骑着一辆 TIZ-AM-600 型摩托车，佩戴了 M40 款钢盔和护目镜，穿着

1941 款棉衣，棉衣上有 M40 款装甲部队领章和摩托兵兵种标识。在他的 M38 款武装腰带上有一个弹药袋，里面装着他的捷格加廖夫 PPD-40 冲锋枪的弹匣。

H3: 莫斯科防空区，空军飞行员

这名空军军官的任务可能是驾驶一架早期型号的米格或雅克单翼飞机对抗支援德国第 4 装甲集团军作战的德国空军。他穿着冬季飞行员战斗服，包括：棕色皮革毛皮里衬飞行头盔和手套，有宽大棕色毛皮衣领和里衬的卡其色冬季战斗连体服，黑色皮质的"瓦伦齐"毡靴、浅卡其色的毛毡腿罩。我们可以看到他没有佩戴任何军衔或其他标识。他的军官版 M32 款横直武装腰带上有套在枪套里的 TT-33 手枪和一个地图盒，另外他还佩戴着 PL-3M 型降落伞带。

1941 年夏季，一名坐在摩托车挎斗里的军官，正率领着他麾下的一排 PMZ-A-750 式摩托车队伍过桥。他们戴着 M33 款坦克手头盔，穿着 M35 款作训服，配有黑色装甲部队领章，领章上有 M40 款摩托车兵种徽章。

苏联武装力量 1939—1945(2)

1942—1943 年

Soviet Armed Forces (2)
1942—1943

到 1941 年 8 月，斯大林已经掌握了苏联权力体系高层的所有关键军事和政治要位。此图中他戴着 M43 款将官版大檐帽，身着卡其色大衣，另有"合成军"的红色帽墙和领章。他的军阶标识则出现在金色编织肩章上。

漫长的反击

1939 年 8 月签署的《苏德互不侵犯条约》，使得苏联重新获得了大多数在俄国内战中失去的领土。到 1941 年时，苏联拥有 15 个苏维埃共和国，包括了 1917 年前沙皇俄国的所有领土以及从未属于过俄罗斯的乌克兰西部。但是，在与芬兰的冬季战争中（1939 年 11 月至 1940 年 3 月），规模庞大得惊人的苏联红军暴露了在装备和指挥上的严重不足。尽管苏联占领了芬兰的许多领土，但这个国家并没有被征服。

被苏联军队的乏力表现所怂恿的德国及其欧洲轴心国盟友，在 1941 年 6 月 22 日向苏联发起了突然袭击。到 1942 年 1 月，轴心国军队迫使红军后撤了 450 英里（约 724 千米），占领了 6 个苏维埃共和国——爱沙尼亚、拉脱维亚、立陶宛、摩尔多瓦、白俄罗斯和乌克兰。轴心国军队兵临列宁格勒（今圣彼得堡）和莫斯科城下，还腾出手来驱向南方，直指高加索地区至关重要的油田产地。

本篇所描述的两年间（1942 年 1 月至 1943 年 12 月），苏联正从 1941 年的灾难般的惨败中逐渐恢复——缓慢，并且代价沉重。列宁格勒和莫斯科防御战取得成功，轴心国的进攻步伐被阻拦在了俄罗斯西部。在 1942 年 12 月，轴心国向高加索地区发动的攻势也被成功阻挡在格鲁吉亚边境上，大多数油田依然握在苏联手中。接下来的 1942—1943 年的冬季，成为了整个战争的转折点。1943 年 2 月，德国军队在斯大林格勒战败，其后的整个 7 月间，德军在库尔斯克突出部的反击也以失败而告终，导致了轴心国军队的缓步后撤，而此时装备和指挥水平都更上台阶的红军开始向西不断发起进攻。到 1943 年 12 月，高加索、乌克兰东部和俄罗斯西部的绝大部分领土都重新回到苏联手中，最终击败德国的可能性也在与日俱增。

西方盟国从一开始就意识到，苏联如果战败，将会带来极其危险的结果。1941 年 3 月 11 日，美国颁布了租借法案，在此约定下，从 1941 年 10 月 1 日至 1945 年 9 月 2 日间，大量的美国、英国和加拿大生产的飞机、坦克及其他车辆、无线电设备、武器、弹药、服装被运往苏联，这些物资在英国舰队的护送下运往摩尔曼斯克和阿尔汉格尔斯克，而美国的太平洋运输舰队则将物资送往符拉迪沃斯托克（海参崴）。此外，在 1941 年 8 月 25 日，英国军队和苏联的外高加索方面军联合占领了伊朗，从而建立了一个"波斯走廊"，使得英国可以通过陆路将援助物资从英占伊朗输送到

1942 年 6 月，一个红军步兵班在塞瓦斯托波尔的废墟中战斗。他们身上的夏季战斗制服包括 M40 款头盔、M41 款作训服和裤子，另有绑腿和及踝鞋。他们将毯子打捆背在右肩上代替背包，装备着莫辛纳甘 M1891/30 式步枪和 PPSh-41 式冲锋枪。

苏联的阿塞拜疆。斯大林欣然接受了所有可能的援助，但从未公开提及过这些援助在红军取得胜利中的重要作用。

苏联高层指挥体系

1941 年 5 月 6 日起，斯大林担任人民委员会主席，并自 1941 年 7 月 19 日起兼任国防人民委员会主席；在 1941 年 6 月 30 日，又成立了国防委员会，以确保军民统一协调指挥；1941 年 6 月 23 日成立了苏联总统帅部并亲自领导，并在 8 月 8 日改组为苏联最高统帅部大本营（苏联统帅部）。这一大本营囊括了苏联国内的高层军队、内卫和政治领导人，有效地领导了卫国战争。从成立之初，斯大林就担任最高统帅。

1942 年 8 月 26 日，斯大林将红军中最有能力的将官，格奥尔吉·K.朱可夫大将（1943 年 1 月 18 日升任苏联元帅）任命为代理最高统帅。这使得朱可夫以斯大林左右手的身份成为了红军中的最高指挥官。在朱可夫之下，统帅部指挥红军总参谋部；1941 年 7 月 29 日起担任总参谋长的苏联元帅鲍里斯·沙波什尼科夫在 1942 年 5 月 9 日被其副手，亚历山大·华西列夫斯基上将（1943 年 2 月 16 日升任苏联元帅）所取代。朱可夫和华西列夫斯基在战火中锻造出坚定的友谊，为红军带来了一场又一场重大的胜利。

1943 年 2 月，红军在斯大林格勒战役中胜利后的常见一幕。一名表情坚毅的红军士兵穿着一件卡其色 M43 款冬季作训服，端着一把 PPSh-41 冲锋枪，后面是看不到头的一群形容枯槁的德军战俘。

红军地面武装力量

1942 年 1 月 1 日至 1943 年 12 月 31 日

列宁的"工农红军"（RKKA）在 1939 年 9 月改称为苏联红军（KA），依然分为红军陆军和空军两个部分。

苏联规定，在战争结束前，所有 18 ~ 50 周岁的男性都有服役的责任。士官在所在部队的团级军校接受训练，高阶士官则由延长服役士官充任。年满 18 岁的士官生被送往各兵种专门军校进行深造，培训时间在大战期间缩短为 4 ~ 10 个月，之后才被任命为上尉。有潜质的上尉和少校会在进一步提拔前送往各兵种专门军事学院进行学习。

在大战爆发前，女性只以志愿兵的身份在陆军和空军中服务，但在 1941 年 6 月，启用了女性征兵制度。到 1945 年 5 月，共有约 80 万名女兵服役，占全部陆军编制的 25% ~ 30%（尽管只有极少数女性军人可以成为军官）。最开始她们主要集中在军需和行政部门以及医疗部门，但之后有数量可观的女兵成为了狙击手、机枪手、坦克驾驶员，空军中的飞行员和伞兵，以及沦陷区的游击队员。

陆军兵种

1940 年 5 月 7 日起，红军（不含空军）重新编制为 6 种作战部队。步兵和骑兵被编制为"合成军"兵种；技术部队被重组，技术军官分类被划入炮兵、坦克和空军工程技术兵种内。

合成军步兵：步兵团、机械化营、摩托化步兵团 / 营、山地步兵团、雪地步兵营、机枪营、冲锋枪营 / 连、防空机枪营 / 连、防空步兵连、反坦克步兵连。

合成军骑兵：骑兵团、哥萨克骑兵团、山地骑兵团、侦察营 / 连（队）。

装甲部队：坦克团 / 营 / 连、装甲车侦察营 / 连、机动雪橇营、装甲列车营、摩托车团 / 营、装甲工程部队（1942 年 3 月 8 日成立）。

炮兵：超重炮兵团、重型炮兵团 / 营、野战炮兵团、榴弹炮兵团、自走炮兵团、火箭炮团 /

1942 年初，一队 NKL-16 型机动雪橇横穿拉多加湖抵达被围困的列宁格勒的补给线。这些雪地上的以螺旋桨推动的交通工具被用于侦察、突袭、通信、联络、医疗疏散和边境巡逻。编制很小的机动雪橇营一般配属给野战集团军的直属部队，每个营只有 100 人，有 30 辆战斗雪橇和 10 辆运输雪橇，分为 3 个 3 排制的连。

表1：红军方面军和集团军一览，1942年1月1日至1943年12月31日

方面军	战略作战行动	下属集团军
统帅部战略后备（RVGK）	多地	21、24、27、39、43、46、57、60、1G、2G、4G—6G、8G、1S、3T—5T
北方战区		
卡累利阿方面军	卡累利阿	7、14、19、26、32、2CE、7A
列宁格勒方面军	列宁格勒	4、23、42、55、67、13A
西北方面军（1943.11.20 解散）	德米扬斯克、大卢基	11、22、27、33、53、67、3S、4S、1T、6A
沃尔霍夫方面军（1942.4.23 解散；1942.6 重建）	列宁格勒	4、8、54、2S、14A
加里宁方面军（1942.10 更名为波罗的海第1方面军）	勒热夫—维亚济马、斯摩棱斯克	5、10、22、29—31、39、59、68、10G、4R、3S、3A
波罗的海方面军（1943.10 成立；1943.10 更名为波罗的海第2方面军）	—	22
中央战区		
西方方面军	勒热夫—维亚济马、奥廖尔、斯摩棱斯克	3、5、11、16、20、21、30、33、41、49、1CE、11G、1A
中央方面军（1943.2 重建；1943.10 更名为白俄罗斯方面军）	库尔斯克、奥廖尔、切尔尼戈夫—波尔塔瓦	3、10、13、50、61、70、3CE、4GT、3T、16A
布良斯克方面军（1943.10.10 解散）	沃罗涅什—伏罗希洛夫格勒、沃罗涅什—哈尔科夫、奥廖尔	3、11、38、48、63、4CE、6CE、3R、3T、2A、15A
南方战区		
沃罗涅什方面军（1943.10.20 更名为乌克兰第1方面军）	沃罗涅什—伏罗希洛夫格勒、沃罗涅什—哈尔科夫、哈尔科夫、库尔斯克、别尔哥德罗—哈尔科夫、切尔尼戈夫—波尔塔瓦、基辅	6、18、27、40、47、52、53、69、7G、3GT、R
后备方面军（1943.4.6 成立；1943.7.9 更名为大草原方面军；1943.10.20 更名为乌克兰第2方面军）	库尔斯克、别尔哥德罗—哈尔科夫、切尔尼戈夫—波尔塔瓦、下第聂伯河戈夫—波尔塔瓦、下第聂伯河	13、27、47、61、7G、5GT
西南方面军（1942.7.12 解散；1942.10.22 重建；1943.10.20 更名为乌克兰第3方面军）	沃罗涅什—伏罗希洛夫格勒、斯大林格勒、沃罗涅什—哈尔科夫、哈尔科夫、顿巴斯、下第聂伯河	6、12、21、38、40、63、64、1G、3G、2R、1T、8A、17A
南方方面军（1942.7.28 解散；1943.1.1 重建；1943.10.20 更名为乌克兰第4方面军）	沃罗涅什 - 伏罗希洛夫格勒、北高加索、顿巴斯、下第聂伯河	9、12、18、24、28、37、44、51、65、8CE、9R、4A
东南方面军（1942.8.7 成立；1942.9.28 更名为斯大林格勒方面军；1943.1.1 更名为南方方面军）	斯大林格勒	28、51、5CE、7CE
斯大林格勒方面军（1942.7.12 成立；1942.9 更名为顿河方面军；1943.2 更名为中央方面军）	斯大林格勒	21、24、62—66、1R、5R、7R、8R、4T、16A
高加索战区		
高加索方面军（1942.1.28 更名为克里米亚方面军；1942.5.20 更名为北高加索方面军；1942.9.1 并入外高加索方面军）	北高加索	9、18、44、47、51、56、海岸、方面军；8-10CE、5A
外高加索方面军（1942.5.15 成立）	北高加索	9、45、46
北高加索方面军（1943.1.24 成立；1943.11.20 解散）	北高加索、诺沃西比尔斯克—塔曼	58、海岸、10R、5S
远东战区		
外贝加尔方面军	—	17、36、12A
远东方面军	—	1RB、2RB、15、25、35、1C、9-11A

注：
A= 航空集团军；C= 骑兵集团军；CE= 建设工程集团军；G= 近卫集团军；GT= 近卫坦克集团军；
R= 后备军；RB= 红旗集团军；S= 突击集团军；T= 坦克集团军。

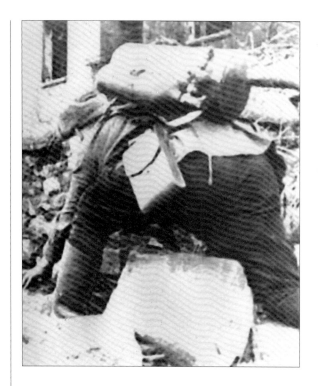

1943 年末，一名来自喷火器连的战斗工兵，装备着背上有三联体燃料和喷射剂罐的 LPO-50 喷火器，在巷战中隐蔽前进。喷火器营是集团军级的配备编制，而喷火器连则是集团军直属部队中的战斗—坑道工兵旅的组成部分。

营、防空炮团 / 营 / 连、反坦克团 / 营 / 连、火炮—迫击炮团、驮载 / 摩托化重迫击炮营、迫击炮团 / 营、驮载炮兵营、哥萨克炮兵营、探照灯团、炮兵工程部队（1942 年 3 月 4 日成立）。

工程兵：工兵营 / 连、骑兵工兵营、电气维护工兵营、军械营、浮舟工兵营、土木工程团、道路维护营 / 连。

通信兵：通信团 / 营 / 连。

技术部队：摩托化运输营 / 连、军事运输和铁道部队、化学部队——喷火营和化学连。

勤务：军需和行政勤务弹药和后勤队、通用技术服务部门（1942 年 1 月 28 日成立）、医疗营和战地医院、兽医医院。

特殊军官：军法军官、文工团、政工军官。政工军官在 1942 年 10 月 9 日后被指定为部队指挥官的政务副官，以此强调政工军官失去了之前曾在 1941 年导致许多灾难性后果的联合指挥的权力。

惩戒部队

红军的惩戒部队自 1942 年 7 月成立，组成人员包括被宣判为逃兵或懦夫的红军军人、被解救的战俘（因为"不遵守命令"投降）、来自古拉格劳动营的军人或平民犯人。一个惩戒营为 800 人，在 1942 年 11 月 26 日后削减为 360 人，都被降至列兵等级，由一名挑选出的红军校官指挥；一个惩戒连有 150～200 人，由一名最苛刻的士官领导。截至 1943 年 12 月，总共建立了约 80 个惩戒营，番号在第 1—76 中，但其中有缺号、

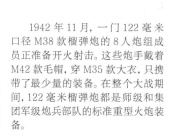

1942 年 11 月，一门 122 毫米口径 M38 款榴弹炮的 8 人炮组成员正准备开火射击。这些炮手戴着 M42 款毛帽，穿 M35 款大衣，只携带了最少量的装备。在整个大战期间，122 毫米榴弹炮都是师级和集团军级炮兵部队的标准重型火炮装备。

安德烈·弗拉索夫中将一脸沮丧，表明这张照片是在他指挥的第 2 突击集团军被歼灭并且本人在 1942 年 7 月 12 日被德军俘虏后不久拍摄的。他也许是为了掩饰自己的身份而故意穿着这件朴素的 M35 款作训服，佩戴 M32 款军官皮带。但即使当他在 1943 年春季成为德国操控的俄罗斯解放军的指挥官后，他依然不愿再在军服上佩戴军衔标识。

重号和无番号的情况，大部分被调配给了方面军或集团军直属部队；另有约 850 个惩戒连，番号为第 1—612，都被调配给了集团军或师级直属部队。一名"惩戒士兵"的惩戒服役期为 1 ~ 3 个月，如果受伤或因英勇受嘉奖，可以缩减惩戒期，但许多士兵在惩戒部队中根本无法生存这么长的时间。

陆军编制

军区和战略方向

在 1941 年 6 月前，红军共有 18 个军区，但其中 4 个——波罗的海、奥廖尔、哈尔科夫、敖德萨，都被敌军占领——在 1941 年 9 月被解散。5 个军区被转制为方面军：白俄罗斯军区（转为西方方面军）、加里宁军区（转为加里宁方面军）、基辅军区（转为西南方面军）、列宁格勒军区（转为北方方面军）、外高加索军区（转为外高加索方面军）。只保留了 9 个军区：阿尔汉格尔斯克军区、莫斯科军区、北高加索军区、中亚军区、乌拉尔军区、伏尔加军区、西伯利亚军区、外贝加尔军区、远东军区。随着轴心国军队逐渐撤退，在 1943 年 7 月 9 日，从中亚军区中分离出了大草原军区，1943 年 9 月重建了哈尔科夫军区，1943 年 10 月重建了基辅军区和白俄罗斯军区。

1941 年 8—9 月间，原有的 4 个战略方向先后被废除，但 1941 年 11 月又重建了西南战略方向，指挥官为铁木辛哥元帅，以应对轴心国向高加索地区发起的进攻，但其在 1942 年 5 月又被废除。

方面军

方面军（即集团军群），通常由从大将到少将的将官指挥，是最大的战略编制。红军方面军的数量从 1941 年 12 月的 13 个增加到了 1943 年末的 20 个，但其中大部分都经历过重建或再组。苏联统帅部还保留了一支统帅部战略后备队（RVGK）以做紧急部署。在 1943 年 10 月，几个方面军被重组并冠以"波罗的海""白俄罗斯""乌克兰"方面军的名称，以造成这些国家依靠自身力量而非苏联帮助收复国土的宣传假象。方面军可以被划分到下面五个战区：

（1）北方战区，6 个方面军：1 个方面军（卡累利阿方面军）在北极圈和卡累利阿作战；5 个方面军（列宁格勒、西北、沃尔霍夫、加里宁 / 波罗的海第 1、波罗的海 / 波罗的海第 2 方面军）防守列宁格勒并威胁波罗的海地区。

（2）中央战区，3 个集团军防守莫斯科及其侧翼：西方方面军、中央 / 白俄罗斯方面军、布良斯克方面军。

（3）南方，在这一危险的战区中，有6个方面军防守斯大林格勒及其侧翼：沃洛涅什/乌克兰第1、后备/大草原/乌克兰第2、西南/乌克兰第3、南方/乌克兰第4、东南/斯大林格勒/南方（1943年2月划归至中央战区）、斯大林格勒/顿河/中央方面军。

（4）高加索战区，3个方面军防守高加索地区：高加索/克里米亚/北高加索方面军、北高加索方面军、外高加索方面军。

1942年12月起，红军陆续成立了12个近卫坦克军。这张照片中，沃罗涅什方面军司令尼古拉·费多罗维奇·瓦图京大将，正在库尔斯克会战期间，向第5近卫军指挥官克拉夫琴科少将（左）授勋。瓦图京——1944年2月被乌克兰民族主义游击队射杀——穿着M43款将官版制服，而克拉夫琴科穿着配M42款近卫胸章的作训服。在瓦图京旁边站着的是中将军衔政委尼基塔·谢尔盖耶维奇·赫鲁晓夫（右）——后来作为斯大林的继承人成为苏联领导人（1953—1964年）——他正是出生在库尔斯克。

（5）远东战区，两个方面军驻守在远东地区，防范日军可能的进攻，并为西部提供援兵：外贝加尔军区、远东军区。

集团军

集团军的指挥官一般为中将或少将，是苏军基本的战略单位。红军共有71个集团军（番号为第1、第2红旗集团军，第3—70集团军，海岸防卫集团军），其中64个集团军部署在西线，7个集团军部署在远东。许多集团军经历了第2次或第3次重建，或是被提升为精英的近卫集团军或攻击集团军。

1941年编制的集团军直属部队通常包括3个团（补充团、工程建设团、通信团）和12~14个营（两个侦察营、保卫营、两个工兵营、道路维护营、军械营、2~4个摩托化运输营、化学营、喷火营、惩戒营），下辖1~3个军。1943年7月后的集团军级炮兵包括各混成炮兵旅以及防空、反坦克、迫击炮、火箭炮、自走炮团。同时，集团军还配属独立坦克团。1943年后，方面军或战略后备队的工兵被编组为进攻工程—坑道兵旅，以执行专门的爆破、架桥或进攻任务。一个进攻工程—坑道兵旅下辖4~6个工程—坑道兵营，另有喷火、摩托化工兵、侦察、轻型运输连。在集团军级层面，还于1942年1月成立了62个武装机动雪橇营，以在冰封的地面及湖面作战，但到1943年12月已经缩减为57个。

苏军还组建了20个"近卫""进攻""坦克"集团军作为精锐部队，通常作为统帅部后备队以充当进攻矛头。近卫集团军成立于1942年8月，共有12个步兵师和坦克军，其中许多之前就已经是近卫部队编制。10个集团军（原番号分别为后备第1、后备第2、第1近卫、第24、第66、第

21、第64、第62、第30、第16）在1943年4月被重新编号为第1—8、第10、第11近卫集团军。1941年11月起采用的进攻集团军编制，配备了更多的坦克部队，截至1942年12月，5个集团军（第19、第26、第60、第27、后备第10）被重组为第1—5进攻集团军。坦克集团军建立于1942年5月25日，截至1942年7月成立了第1—5坦克集团军。每个坦克集团军下辖两个坦克军和两个步兵师（后者在1942年9月被替换为一个机械化军或骑兵军），到1943年4月又附属9个支援炮兵团：2个反坦克炮、2个防空炮、2个迫击炮、2个自走炮、1个火箭炮。

此外，经验丰富的第1骑兵军配属给了远东方面军。而第1—10工程建设集团军则被指派（每个方面军配属了3个）修建国防工事，但在1942年10月全部被解散。后备集团军是苏联统帅部组建的额外战略后备队，1942年4—7月间先后成立了第1—10后备集团军，但很快就被重组为普通作战集团军。

步兵军

1941年7月时，除了骑兵军外，所有的军级指挥层都被废除。在野战集团军指挥部和下辖各师之间，由于缺乏中间指挥梯队，导致了苏军指挥的笨拙与缺乏灵活，因此在1942年红军又重新采用了军级编制。先后建立了200个军——这一数量几乎是1941年的2倍——军级指挥官一般为少将。

步兵军编制在1942年初就颁布，但直到1943年才开始大规模推广。到1943年12月，共有67个步兵军指挥部。其中58个隶属于野战集团军（番号为第3、第6—8、第10、第11、第13—17、第19—22、第24、第26—32、第35—42、第44—46、第49—54、第57—59、第61—70、第73、第75、第77、第82、第83、第89）；另有8个1942年以前编制的步兵军独立作战（第1、第4、第5、第9、第18、第23、第47、第48）。1942年编制的步兵军拥有26500人，原则上有4支军级直属部队（工程营、机枪营、医疗营、侦察连）、1个野战炮兵团和2～3个步兵师。另外组建了36个近卫步兵军（第1—36），作为新编或转制步兵，空降部队，通

一个近卫迫击炮师的火箭炮团的炮手正在装填132毫米口径的"喀秋莎"火箭弹，BM-13型8轨式发射器，搭载在租借法案援助的史帝庞克6×6卡车上。"喀秋莎"——因其非常有特点的啸声，被德国人称为"斯大林管风琴"——可以对目标区域实施不够精确但却具有毁灭性的弹幕攻击。这些炮手穿着夏季作训服，有M41款"飞行员"船形帽、M43款作训服和马裤、绑腿、及踝鞋，斜挂着M44款卡宾枪和防毒面具包。

常配属给近卫集团军或进攻集团军。一个近卫步兵军至少包括一个近卫步兵师。

坦克和机械化军

1942 年 3 月 31 日起，坦克军编制被重新启用。1942 年编制的坦克军拥有 5603 人，没有直属部队，只有 2 个坦克旅（每个旅 40 辆坦克）和 1 个 3 营制的摩托化步兵旅。1941 年编制的坦克旅，旅部直属部队包括 1 个防空连和 1 个后勤连，下辖 2 个 3 连制坦克营（每个营 23 辆坦克），另下辖 1 个迫击炮连、1 个机枪连、2 个步兵连的摩托化步兵营。1942 年 7 月起启用的坦克旅编制中包含 1 个轻型坦克营、1 个中型坦克营。1942 年编制的摩托化步兵旅，旅部直属部队为 3 个营（迫击炮营、野战炮兵营、防空营）和 4 个连（侦察连、冲锋枪连、反坦克步兵连、后勤连），下辖 3 个摩托化步兵营。

这种坦克军编制在实战中表现不佳，因此到 1942 年 12 月时，1 个坦克军配备了 6 支主要军部直属部队——1 个有摩托车连和装甲车连的侦察营、1 个火箭炮营和 4 个连（地雷工兵连、油料运输连、2 个道路维护连）——下辖 3 个 1038 人的 1942 年编制坦克旅（每个旅有 53 辆坦克），以及 1 个 4653 人的摩托化步兵旅。1943 年 11 月之后，启用了 1943 年编制坦克旅，旅部直属部队包括 1 个摩托化冲锋枪营、1 个防空机枪连、1 个后勤连，下辖 3 个坦克营（每个营 21 辆坦克）。

总计成立了 31 个坦克军，番号为第 1—31。此外，从 1942 年 12 月起，陆续提升重组了 12 个近卫坦克军，下辖近卫坦克旅和近卫摩托化步兵旅，番号为（括号中为原坦克军番号）：第 1（第 26）、第 2（第 24）、第 3（第 7）、第 4（第 17）、第 5（第 4）、第 6（第 12）、第 7（第 15）、第 8（第 2）、第 9（第 3）、第 10（第 30）、第 11（第 6）、第 12（第 16）。

但即便如此，这些坦克军在对抗德军装甲师时，还是显得规模太小而无法匹敌，因此自 1942 年 9 月起，红军启用了更强大的 15581 人的 1942 年机械化军编制。1942 年编制的机械化军拥有 175 辆坦克和大量的步兵支援。军部直属部队包括 3 个团（自走炮团、防空团、反坦克团）、4 个营（包括火箭炮营、摩托车营、工兵营、道路维护营）和 2 个连（地雷工兵连、油料运输连），下辖 1 个摩托化步兵旅和 3 个机械化旅。其中 1942 年编制机械化旅大体构成与摩托化步兵旅类似，但增加了一个拥有 39 辆坦克的坦克团。

1943 年 1 月 1 日后，启用了 1943 年编制机械化军，人员编制缩减到 15018 人，但坦克数量增加到了 204 辆。军部直属部队包括 1 个迫击炮团、1 个拥有 25 门火炮的混成自走炮兵团（1943 年 8 月后扩充至 3 个自走炮兵团）、1 个反坦克营（1943 年 8 月后撤除）、1 个有 20 辆坦克的后备坦克营。1943 年编制的机械化旅增加了 1 个地雷工程兵连，但将防空机枪部队降格为 1 个连。1943 年 11 月，机械化军下辖的摩托化步兵旅被1943 年编制坦克旅取代，该坦克旅旅部直属部队为 1 个摩托化冲锋枪营、1 个防空机枪营、1 个后勤营，下辖 3 个坦克营（每个营 21 辆坦克）。

　　1942 年 8 月之后，13 个老式的 1940 年编制坦克军（番号为第 1—9、第 13、第 15、第 19、第 28）被重组。此外，从 1942 年 6 月起，红军新建或提升重组了 8 个近卫机械化军，每个近卫机械化军只下辖一个近卫旅，番号为（括号内为原机械化军番号）：第 1、第 2、第 3（第 4）、第 4（第 13 坦克军）、第 5（第 6）、第 6、第 7（第 2）、第 8（第 3）。

骑兵军和炮兵军

　　这一阶段的红军曾有 19 个骑兵军，其中 7 个（第 1—7）成立于1941 年 12 月之前，12 个（第 8—19）成立于 1942 年 1 月 6 日之后。1942 年编制骑兵军有 7 支军部直属部队（迫击炮团，驮载炮兵营、反坦克营、通信营、训练营，工程和后勤骑兵连），下辖 3 个骑兵师。1943 年 2 月时，迫击炮团降格为 1 个营，并将驮载炮兵升级为反坦克团；1943 年 6月，增加了 1 个火箭炮团，使得骑兵军编制达到了 21000 人。但骑兵在面对敌军炮火、装甲部队和空袭时依然缺乏抵抗力。到 1943 年 8 月，骑兵军中的 7 个被重组为近卫骑兵军，其余——除第 15 骑兵军外——都被解散。1 个近卫骑兵军下辖 3 个近卫骑兵师，到 1943 年 2 月时共组建了 7 个，番号为（括号中为原骑兵军番号）：第 1（第 2）、第 2（第 3）、第 3（第5）、第 4（第 17）、第 5（第 10）、第 6（第 7）、第 7（第 8）。

　　1943 年 4 月，苏联统帅部后备部队成立了 5 个炮兵军（第 1—5），以管理各炮兵师。1943 年 6 月时，这些炮兵军被改组为 7 个"突破炮兵军"（第 2—8）。第 3 突破炮兵军参加了 1943 年的列宁格勒战斗，另有 5 个突破炮兵军（第 2、第 4、第 6—8）参加了 1943 年 7 月的库尔斯克战役。1 个突破炮兵军通常下辖 3 个炮兵师或其他师。

步兵师

　　在 1942 年 1 月 1 日至 1943 年 12 月 31 日间，苏联红军有各种编制的步兵师超过 600 个。其中有些步兵师因为在战斗中被歼灭，而重组了两三次。师长通常是少将或上校。

　　1941 年 12 月 6 日起采用的 1941 年步兵师编制，拥有 11626 人，增加了火力配备，但减少了运输设备。师部直属 8 支部队：反坦克营、工兵营、通信营、医疗营，侦察连、摩托化运输连、化学连，以及一个防空炮连；另有一个炮兵指挥部，指挥野战炮兵团（2 个 2 连制炮兵营）、火箭炮营、驮载重型迫击炮营、摩托化重型迫击炮营。另下辖 3 个步兵团。

每个步兵团设有团部，团部部队有团部连（侦察骑兵排、侦察步兵排、工兵排、防空排、化学排、喷火器排）、迫击炮营（3个连）、冲锋枪连、反坦克步兵连、通信连、医疗连、后勤连、野战医院、维修车间、补给站，下辖3个步兵营。每个步兵营有营部、通信排、医疗排、后勤排，一个机枪连（3个排）、3个步兵连。每个步兵连有1个医疗班、3个步兵排，每个排有4个12人步兵班。

1942年（3月）编制步兵师人数增加到12725人，在原有基础上小有变化。师级直属部队增加了1个反坦克步兵连，原有的驮载重型迫击炮营被取消，炮兵团扩充为3个营（欠编）。同时每个步兵营增加了1个反坦克步兵连。上述编制在之后的每个月都进行了修改，直到1942年7月28日，才确定了新的1942年（7月）步兵师编制，人数减少到10393人，师部直属部队增加了1个机枪营，摩托化重型迫击炮营被拆分到每个团部，成为重型迫击炮连，通信营被缩减到连级规模。步兵团团部直属部队增加了1个反坦克迫击炮排，原有的迫击炮营被分散为营级中型迫击炮连和连级轻型迫击炮排。营级反坦克步兵连被削减到排级规模，每个步兵班人数也缩减为2名士官和7名列兵。

1942年（12月）步兵师编制的人数减少到9435人，并在1943年7月15日进一步减少到9380人，但火力——特别是冲锋枪数量增强了。师级防空炮连和机枪营被取消，步兵团直属部队中取消了反坦克迫击炮排，步兵营直属部队增加了反坦克排，步兵连增加了一个机枪班。

在这一时期，共有391个步兵师：第1—9、第11—19、第21—27、第29—35、第38—42、第44—46、第48—56、第59—67、第69—78、第80—82、第84—95、第97—99、第102—172、第174—189、第191、第193、第195—209、第211—241、第243、第244、第246—301、第303—317、第319—400、第402、第404、第406—409、第411、第413—417、第421、第422、第443。在1941年12月至1942年1月间，还成立了另外30个步兵师（第424—430、第432、第434—436、第469、第473），但由于他们随后在1942年1月被重新编号，因此并没有被囊括在上述番号中。

1941年9月18日，第一个近卫步兵师成立了，在原有步兵

1942年秋季，一群正在行军的女游击队员。她们戴着各色各样的帽子，包括没有帽徽的M42款毛帽；左前方的女性——很可能是指挥官——戴着白色的M36款女性常服贝雷帽。可以看到她穿着的M38款棉衣和PPSh-40冲锋枪；她左边的同伴穿着M35款防水棉袄。总共有27名女游击队员被授予了苏联女英雄的金星奖章，但其中22人是死后追授。

师基础上配发了更多的部队和火力。1942 年 3 月，近卫步兵团增加了第二个冲锋枪连。1942 年 12 月，近卫炮兵团的第三个炮兵营达到满编状态，近卫步兵营增加了反坦克步兵连，近卫步兵连增加了机枪排。在这一时期，一共组建了 98 个近卫步兵师，番号为第 1—98，其中大部分都是从原步兵师改编而来，但其中第 32—41 近卫步兵师是改编自原第 1—10 空降师。

1941 年山地步兵师编制启用于 1941 年 10 月，有 7 支师部直属部队：4 个营（防空营、工兵营、通信营、后勤和医疗营）、3 个连（摩托化运输连、侦察骑兵连、反坦克连）。师级炮兵包括 1 个 2 营制榴弹炮团和 4 个 2 营制山炮团。1941 年时的 19 个山地师到 1942 年 1 月时被削减为 14 个（第 9、第 20、第 58、第 63、第 68、第 76、第 77、第 79、第 83、第 138、第 173、第 192、第 194、第 302）。其中一些后来又被改编为步兵师。截至 1943 年 12 月，红军只剩下 11 个山地师（第 20、第 28、第 47、第 58、第 68、第 79、第 173、第 192、第 194、第 242、第 318），另外在 1943 年 10 月，原第 83 山地步兵师被改编为第 128 近卫山地步兵师。

坦克师和摩托化师

1941 年编制坦克师通常配属给 1940 年编制机械化军，另外在 1941 年 12 月，红军将原来的 57 个坦克师中的 53 个转制为 1941 年坦克旅编制。剩下的坦克师中，第 60、第 112 坦克师于 1942 年被解散，只有第 61、第 111 坦克师被分配给了远东方面军。

1941 年编制摩托化师都被配属给了 1940 年编制机械化军，在 1941 年 7 月 15 日机械化军编制取消前一共有 29 个摩托化师。到 1943 年 12 月，25 个摩托化师（第 1—3 近卫摩托化师、第 15、第 44、第 69、第 81、第 95、第 103、第 106、第 109、第 139、第 163、第 198、第 202、第 204、第 205、第 208、第 209、第 213、第 216、第 219、第 220、第 236、第 266 摩托化师）被转制为步兵师，最后只剩下了四个（第 36、第 57、第 101、第 210）摩托化师。

骑兵师

1942 年 1 月 6 日起采用的骑兵师编制，有 4443 人，师部有 7 个连级规模的直属部队：工兵连、坦克连（3 辆坦克）、通信连、医疗连、化学连，以及弹药队和军需队。另有 1 个骑兵炮营和 3 个骑兵团。每个骑兵团有 1 个 2 排制迫击炮连、1 个骑兵炮连、1 个重机枪中队及 4 个骑兵中队，每个骑兵中队有 4 个步枪排和反坦克排。1942 年 3 月，骑兵师直属部队增加了 1 个摩托化防空连，之后又增加了 1 个工兵中队和 1 个有骑兵中队与装甲车中队的侦察营。

1943 年 2 月 6 日起采用了新的 6000 人骑兵师编制。师部直属 4 个连级部队：侦察连、工兵连、通信连、防空机枪连；1 个 3 连制坦克团；1 个火炮—迫击炮团（2 个野战炮连和 3 个迫击炮连）；下辖 3 个骑兵团。每个骑兵团有 1 个 3 排制迫击炮连、1 个反坦克连，1943 年 7 月后又增加了 1 个侦察排；下辖 4 个骑兵中队，每个都有机枪排、冲锋枪排和 3 个步枪排。

在 1942—1943 年间，共有 56 个骑兵师投入实战（第 4、第 7、第 8、第 10—13、第 15、第 19、第 23—30、第 32、第 34、第 35、第 38、第 40、第 43、第 44、第 46、第 47、第 49、第 51、第 52、第 54、第 55、第 56、第 59—64、第 66、第 68、第 70、第 72、第 73、第 74、第 76—82、第 84、第 87、第 91、第 94、第 116）。另外，在 1941 年 12 月间，巴什基尔、车臣—印古什、卡巴尔达—巴尔卡尔、卡尔梅克、吉尔吉斯、土库曼、乌兹别克等民族成立了 19 个骑兵师（番号第 97—115），但由于政治上的不信任带来的猜忌，这些民族骑兵师在 1943 年 1 月被解散。

至少有 6 个骑兵师是从哥萨克部落中招募的（第 15、第 116 来自顿河哥萨克，第 12、第 13、第 50 来自库班哥萨克，第 53 来自捷列克哥萨克），并都在 1942 年获得了近卫骑兵师称号。1942 年 1 月时，另有 7 个山地骑兵师（第 1、第 17、第 18、第 20、第 21、第 39、第 83），但 1942 年时，其中 3 个（第 1、第 17、第 18）被解散，3 个（第 20、第 21、第 83）在 1943 年转为近卫骑兵师，剩下的第 39 山地骑兵师于 1944 年 1 月被改编为普通平原骑兵师。

近卫骑兵师的编制与骑兵师相仿，总共建立了 17 个（括号内为原骑兵师番号）：第 1（第 5）、第 2（第 9）、第 3（第 50 库班哥萨克）、第 4（第 53 捷列克哥萨克）、第 5（第 2）、第 6（第 14）、第 7（第 31）、第 8（第 11）、第 9（第 12 库班哥萨克）、第 10（第 13 库班哥萨克）、第 11（第 15 顿河哥萨克）、第 12（第 116 顿河哥萨克）、第 13（第 83 山地骑兵）、第 14（第 21 山地骑兵）、第 15（第 55）、第 16（第 112）、第 17（第 20 山地骑兵）。

炮兵师

1942 年编制防空炮兵"师"启用于 1942 年 11 月，总共只有 1345 人，下辖 4 个 320 人的防空炮"团"（编制人数还不如一个营），每个团有 3 个防空炮连、1 个防空机枪炮组、1 个防空机枪连，共计 128 门防空炮。1943 年 2 月启用的 1943 年防空炮兵师编制人数为 1973 人，但只有 116 门防空炮。少了 1 个防空炮团和 1 个防空机枪炮组，但增加了 1 个防空机枪连，并增设了 1 个 490 人的 4 炮组编制防空炮团。到 1945 年 5 月，有近 70 个防空炮师，番号介于第 1—76 之间，另有 6 个近卫防空炮师，番号为第1—6。他们通常伴随野战集团军作战，或分配给西方方面军和莫斯科方面军的国土防空军。

炮兵师的设立，是为了在战斗的决定性阶段更有效地指挥数量庞大的炮兵火力。1942年炮兵师编制，启用于1942年10月31日，并在当年12月6日进行了修改。该编制下的炮兵师均为苏联统帅部后备部队编制，有9214人，下辖1个观测营和4个旅：1个有3个反坦克炮团的轻型旅（每个团有24门炮）、1个有3个团的榴弹炮旅（每个团有20门榴弹炮）、1个有2个团的野战炮旅（每个团有18门炮），以及1个有4个团的迫击炮旅（每个团20门迫击炮）。这一时期，一共成立了26个炮兵师，番号为第1—26。1943年3月，其中4个被重组为近卫炮兵师：第1（第1）、第2（第4）、第3（第8）、第5（第19）。近卫炮兵师的编制与炮兵师相同。

1943年4月，突破炮兵师编制被采用了。这一编制与1942年炮兵师编制类似，但增加了1个4营制重型榴弹炮旅（32门炮）和1个4营制超重型榴弹炮旅。这一编制可以提供压倒性的防御或进攻炮火。15个炮兵师（第2、第3、第5—7、第9、第12、第13、第15—17、第20、第22、第23、第25）转为该编制，剩下的7个保持了普通炮兵师编制、4个近卫炮兵师也改编为了近卫突破炮兵师，3个保持了原有的番号（第1、第3、第5），另设第4近卫突破炮兵师。

1942年编制的近卫迫击炮师，其实是一种火箭炮部队，有2～3个1942年编制近卫炮兵旅以及2～3个1942年编制近卫炮兵团，都装备从卡车上发射的毁灭性的"喀秋莎"火箭。这种师一共成立了7个，番号为第1—7，通常分别被配属给各突破炮兵军。1942年5—6月间，还成立了5个反坦克炮兵师，番号为第1—5，由1942年编制反坦克旅组成（番号第1—43），配属给方面军直属部队。每个反坦克旅有1个反坦克团、2个反坦克步兵营以及迫击炮营、坦克营、布雷营，另加1个冲锋枪连。此外还有一些1943年编制的8炮组制反坦克旅（番号第1—42），在1943年7月的库尔斯克战役中发挥了重大作用。

"帕提森"（游击队员）

"帕提森"是东欧国家——并不一定是共产主义国家——对游击队员的称谓。1941年7月29日，斯大林颁布了游击分队的编制命令。游击队员最初主要从俄罗斯族中征召，白俄罗斯人和乌克兰人较少，并且一直很少有波兰人、波罗的海人以及其他的非斯拉夫人。为了统一指挥，1942年5月30日，在苏联统帅部中成立了游击运动最高指挥部，并在轴心国占领区内成立了各地方指挥部。游击队员包括掉队的红军士兵、与大部队失去联系的内卫部队破坏营，以及共产主义支持者或是普通的自卫民兵。这些部

一名即将与地方游击队踏上未知征程的农民，正在与他的妻子吻别。他穿戴着平民的帽子和大衣，装备了一支缴获的德国 Gew98 式毛瑟步枪。游击队员们搜集情报、破坏铁路线，并实施小规模的区域进攻。他们对苏联卫国战争的贡献非常明显，但他们的活动也导致了当地平民受到德国安全部队的野蛮报复。就连他们自己，也在搜寻食物或其他物资时粗暴对待平民。而且交战双方的活动将某些地区——特别是白俄罗斯，其人口数量大幅减少了——变为了中世纪式的荒凉之地。

队通常由军事军官、当地共产党组织和苏联共产主义青年团的年轻官员指挥，后来则由红军和内卫部队军官，以及伞降到轴心国防线后方的特种部队指挥。

游击队通常力量薄弱。规模最大的游击队编制是类似于师级的"游击联合战线"，有 10000 ~ 19000 人，下设 10 个游击旅或是更少见地分为游击团和游击营。1 个游击旅大概有 1000 人，由 3 ~ 7 个游击分队组成，1 个营级规模的游击分队有 100 ~ 500 名男女，分为 3 ~ 5 个连，每个连有 3 个 3 班制的排。1941 年时游击队员大约只有 9 万人，但到 1943 年时已经激增为 55 万人。

陆军战役简介

北方战区

这一战区相对平静，苏联红军成功地防守了摩尔曼斯克和列宁格勒，但也无力向西推进。

德米扬斯克包围战（1942 年 2 月 8 日至 1943 年 3 月 8 日）：西北方面军将德国军队围困在德米扬斯克，并在 1943 年 1 月 15 日成功夺回了大卢基。

柳班—丘多沃攻势（1942 年 1 月 7 日至 4 月 30 日）：沃尔霍夫方面军和列宁格勒方面军向德国北方集团军群发动进攻，但未能打破列宁格勒之围。

列宁格勒攻势（即"火花行动"，1943 年 1 月 12—30 日）：沃尔霍夫方面军和列宁格勒方面军推进了 40 英里，并占领了拉多加湖南岸，打破了德军的封锁。

中央战区

勒热夫—维亚济马攻势（1942 年 1 月 8 日至 4 月 20 日）：西方方面军和加里宁方面军推进了 50 ~ 150 英里，迂回包抄了德国中央集团军群并迫使其退出了莫斯科地区。

库尔斯克战役（1943 年 7 月 5—23 日）：沃罗涅什方面军、中央方面军、大草原方面军在库尔斯克突出部成功防御了由德国中央集团军群和南方集团军群的装甲部队发起的德国在东线战场的最后一次进攻。

奥廖尔攻势（即库图佐夫行动，1943 年 8 月 12—18 日）：库尔斯克会战结束后，中央方面军和布良斯克方面军发动进攻，夺回奥廖尔，推进了 90 英里，从德国中央集团军群手中夺回了主动权。

斯摩棱斯克攻势（即苏沃洛夫行动，1943 年 8 月 7 日至 10 月 2 日）：

瓦西里·伊万诺维奇·崔可夫中将是最成功的苏联将领之一，被认为是斯大林格勒胜利的缔造者，在此战役中，他指挥着第62集团军。崔可夫发明了"紧逼战术"——让苏联部队始终高度贴近轴心国防线，使敌人的空军或炮兵不敢冒误伤友军的风险放手攻击。在这张照片中，他身着M40款将官版卡其色上衣，在M41款卡其色领章上，有3颗镀金军衔五角星。他佩戴着两枚红旗勋章和一枚红星勋章，下方是工农红军建军20周年勋章。

加里宁方面军和西方方面军推进了 150 英里，夺回了斯摩棱斯克，并将德国中央集团军群赶到了白俄罗斯东部。

南方战区

南方是战斗最激烈的战区，斯大林格勒战役的最终胜利是整个战争的转折点。

沃罗涅什—沃罗希洛夫格勒防御战，1942 年 6 月 28 日至 7 月 24 日。沃罗涅什方面军、西南方面军、南方方面军和布良斯克方面军的部分部队在德国 B 集团军群（原南方集团军群）的进攻下被迫后撤了 250 英里，丢掉了沃罗涅什，但在顿河河畔建立起了一条防线。

斯大林格勒防御战（1942 年 7 月 17 日至 11 月 18 日）：斯大林格勒/顿河方面军、东南/斯大林格勒方面军被德国 B 集团军群驱赶了 90 英里，退入斯大林格勒，并在此城中防御德国和罗马尼亚军队的进攻。

斯大林格勒攻势（即天王星行动、小土星行动、木星行动，1942 年 11 月 19 日至 1943 年 2 月 2 日）：西南方面军、顿河方面军和斯大林格勒方面军的大约 110 万名红军战士穿过下顿河地区和斯大林格勒南部，将德国第 6 集团军困在城中，并随后由斯大林格勒方面军全面攻占。

沃罗涅什—哈尔科夫攻势（1943 年 1 月 13 日至 3 月 3 日）：为了配合斯大林格勒攻势，布良斯克方面军、沃罗涅什方面军、西南方面军向德国 B 集团军群发起进攻，从顿河河畔推进了 300 英里，直抵顿涅茨河，收复了沃罗涅什、库尔斯克、别尔哥德罗和哈尔科夫。

哈尔科夫防御战（1943 年 3 月 4—25 日）：德国 B 集团军群发动反击，迫使西南方面军和沃罗涅什方面军从顿涅茨河北部后退了 90 英里，又丢掉

这张照片反映了 1942 年 7 月间，斯大林格勒激烈巷战的情形，一个侦察班正在被摧毁的建筑中与德军交战。他们戴着 M40 款钢盔，穿着 M41 款伪装罩帽衫和长裤，肩上背着打成捆的毛毯，所有人装备的都是 PPSh-41 式冲锋枪。

了哈尔科夫。

别尔哥德罗—哈尔科夫攻势（即鲁缅采夫行动，1943年8月3—23日）：沃罗涅什方面军、大草原方面军在成功防守库尔斯克后向德国南方集团军群发动反击，推进了100英里，夺回了别尔哥德罗，之后又推进至乌克兰东部，夺回了哈尔科夫。

顿巴斯攻势（1943年8月13日至9月22日）：西南方面军和南方方面军从乌克兰东部的海岸地区进攻德国南方集团军群，推进了200英里，夺回了塔甘罗格和顿巴斯工业区，并抵达第聂伯河畔。

一群疲惫但兴高采烈的士兵在一栋公寓大楼的阳台上挥舞苏维埃旗帜，以庆祝城市巷战的胜利。（这张照片被推测是拍摄的1943年2月在斯大林格勒战役中的顿河方面军部队，但中间的士兵手中握着的像是PPS-43冲锋枪的武器，表明这张照片要么拍摄于大战更晚的时期，要么——如果这把武器是一支在围城期间生产的原版PPS-42s冲锋枪——是在列宁格勒地区）他们戴着M42款毛帽，穿着M40款雪地伪装罩帽衫和长裤，很可能里面还穿着棉衣。

切尔尼戈夫—波尔塔瓦攻势（1943年8月26日至9月30日）：中央方面军、沃罗涅什方面军、大草原方面军穿越乌克兰东部，推进了200英里，夺回了切尔尼戈夫和波尔塔瓦，并迫使德国南方集团军群退过了第聂伯河。

下第聂伯河攻势（1943年9月26日至12月20日）：大草原/乌克兰第2方面军、西南/乌克兰第3方面军和南方/乌克兰第4方面军对德国南方集团军群发起进攻，推进200英里，夺回了第聂伯河左岸并解放了乌克兰东部。

基辅攻势（1943年11月3—13日）：乌克兰第1方面军穿过乌克兰北部，推进了90英里并解放了基辅。

高加索战区

德国A集团军群（从德国南方集团军群中分出）向高加索南部的战略油田发起进攻，但被阻挡在格鲁吉亚边境，随后被逼退。

北高加索防御战（1942年7月25日至12月31日）：德国A集团军群穿过高加索地区西北部，占领了迈科普油田，迫使北高加索方面军和外高加索方面军后撤500英里，退至捷列克河，但德军并未能进抵巴库油田和其他油田。

北高加索攻势（即顿河行动，1943年1月1日至2月4日）：外高加索方面军（原北高加索方面军）、重建的北高加索方面军、南方方面军向北发动反击，推进了350英里，将德国A集团军群赶出了高加索地区西北部。

诺沃西比尔斯克—塔曼攻势（1943 年 9 月 10 日至 10 月 9 日）：北高加索方面军夺回了高加索地区西北部，推进了 100 英里，解放了诺沃西比尔斯克，并迫使德国 A 集团军群撤退至克里米亚。

陆军军服

1940 年 7 月 13 日至 1943 年 1 月 5 日

在冬季战争（1939—1940 年）之后，红军颁布了新的着装条例。将官可以穿戴 M40 款将官版军礼服，1941 年 6 月后，又采用了其他军官、士官生、士官、士兵穿戴的军礼服，但很少见到。将官版的 M40 带檐帽上有两个同轴镀金环，其上是 M22 款红色珐琅帽徽。而低阶人员则依然佩戴原有的 M22 款普通帽徽。将官的 M40 款黄铜纽扣上刻印有苏联印章图案，低阶人员则是采用 M35 款纽扣。冬季制服包括从深棕色到泛绿卡其色等各种颜色，夏季制服则采用了浅卡其色。

头部穿戴

将官版 M40 款浅灰色带檐军礼帽上有兵种饰边色帽墙和 M40 款帽徽、一根配有 M40 款镀金扣的金色托带，夏季穿戴时另有白色罩帽。将官版 M40 款卡其色带檐常服帽也有一根金色托带，而同款作战帽则搭配黑色专用皮革托带。其他军阶军官佩戴 M35 款带檐常服帽。1941 年 8 月 1 日起采用的军官版 M41 款卡其色带檐作战帽，有布质托带和帽舌；将官版在其基础上另有卡其色 M40 款帽扣和 M40 款帽徽，其他军官则采用 M35 款帽扣和 M22 款帽徽。

M39 款（SSh-39）钢盔也许是抄袭的意大利 M33 款头盔，在 1940 年开始配发，有由 3 颗铆钉固定的皮质（后来改为布质）里衬。该款头盔在 1942 年被有 6 颗铆钉的 M40 款头盔取代。头盔通常涂装为卡其色，有时还会涂上一个红色五角星轮廓。1941 年 1 月 18 日之后，军官版的 M41 款毛绒飞行员船形帽取消了兵种色绳边和帽徽下的五角星。

在冬季，将官们戴 M40 款顿河哥萨克灰色羔羊毛皮帽，搭配 M40 款帽徽，在红色布质帽冠顶部有横贯的金色编织带。其他军官则戴 M40 款毛帽，衬有天然灰色羊毛质地的向上折叠的帽舌和护耳（或是自行购买的更好的羔羊毛）。士官和战士戴的毛帽则是采用了人造灰色羊毛。在 1942 年 6 月 25 日后，这种毛帽被配有 M41 款帽徽的 M42 款深灰色羊毛帽所取代。另外有 M38 款棉质"巴拿马"热带作战帽，配有 M41 款帽徽，并取消了帽徽下的兵种色饰片。

表2：红军着装表，1940年7月13日至1943年1月6日

将官	军官（1）（2）（3）	军士和士兵
礼服（阅兵和庆典场合）		
M40 款礼服大檐帽或 M40 款毛帽；M40 款礼服或白色上衣或大衣；M35 款常服或 M40 款礼服马裤；骑兵靴；M40 款礼服腰带	M35 款常服大檐帽或 M40/42 款毛帽；M41 款礼服上衣，M35 款常服大衣；M35 款马裤；骑兵靴；M40 款礼服腰带	M35 款常服大檐帽或 M35 款船形帽；M41 款上衣，M35 款大衣；M35/41 款作训马裤；M35/40 款腰带（4）；行军鞋
便服（庆典场合）		
M40 款礼服大檐帽；M40 款礼服或白色礼服上衣；M35 款常服或 M40 款礼服长裤；鞋	M35 款常服大檐帽或 M40/42 款毛帽；M41 款礼服上衣，M35 款常服大衣；M35 款马裤；鞋	1M35 款常服大檐帽或 M35 款船形帽；M41 款上衣，M35 款大衣；M35/41 款作训马裤；行军鞋
冬季常服（日常勤务及随队操课）		
M40 款常服大檐帽或 M40 款毛帽；M40 款常服或白色常服上衣；M40 款常服大衣；M35 款马裤；骑兵靴；手套；M35 款常服腰带和斜肩章	M35 款常服大檐帽或 M40/42 款毛帽；M35/40 款常服上衣或 M35/41 款冬季作训服；M35 款常服大衣；M35 款马裤；骑兵靴；手套；M35 款常服腰带和斜肩章	M35 款常服大檐帽或 M40/42 款毛帽；M35/41 款冬季作训服；M35/41 款大衣；M35/41 款作训马裤；行军鞋；M35/40 款士兵版腰带（4）（5）；手套
冬季常服（便装）（勤务外会议、学习、休假、不随队操课）		
M40 款常服大檐帽；M40 款常服上衣；M40 款服大衣；M35 款长裤；鞋；手套	M35 款常服大檐帽或 M40/42 款毛帽；M35/40 款常服上衣或 M35/41 款冬季作训服；M35 款常服大衣；M35 款长裤；鞋；手套；可选 M35 款常服腰带和斜肩章	同上 延长服役士官也戴 M35 款常服大檐帽（5）
夏季常服（日常勤务及随队操课）		
M40 款常服大檐帽；M40 款常服或白色上衣；M35 款马裤；骑兵靴；手套；M35 款常服腰带和斜肩章	M35 款常服大檐帽或 M41 款船形帽；M35/40 款常服上衣或 M31/41 款夏季作训服和长裤；M35 款常服大衣；M35/41 款浅卡其色夏季作训服；M35 款马裤；骑兵靴；M35 款常服腰带和斜肩章	M35 款卡其色船形帽；M31/41 款浅卡其色作训服；M35/41 款大衣；M35/41 款作训马裤；行军鞋；M35/40 款士兵版腰带
夏季常服（便装）（勤务外会议、学习、休假、不随队操课）		
M40 款常服大檐帽；M40 款常服或白色上衣；M35 款马裤；骑兵靴；手套；M35 款常服腰带和斜肩章	M35 款常服大檐帽或 M41 款船形帽；M35/ 40 款常服上衣或 M31/41 款夏季或白色作训服；M35 款常服大衣；M35 款马裤；马裤搭配骑兵靴或 M35 款长裤搭配鞋可选；M35 款常服腰带和斜肩章	同上
冬季和夏季戍卫制服（巡逻、站岗、阅兵，向高级军官汇报）		
—	头盔、M35 款作训大檐帽或 M41 款船形帽；M35/41 款冬季或 M31/41 款夏季作训服；M41 款作训大衣；M35/41 款马裤；骑兵靴；手套；M35 款常服腰带和斜肩章、枪套，或 M32 款作训腰带和支撑带、枪套；军官作战装备	头盔、M40/42 款毛帽或 M35 款船形帽；M35/41 款冬季或 M31/41 款夏季作训服和长裤；M35/41 款大衣；M35/41 款作训马裤；行军鞋或绑腿配鞋；手套；M35/40 款士兵版腰带；一个弹药袋
冬季和夏季作训服（行军、演习、野外操课、作战）		
头盔，M41 款作训大檐帽或 M40 款毛帽；M40 款上衣或 M35/41 款作训服；M40 款作训马裤；骑兵靴；手套；M32 款作战装备	头盔，M40 款常服大檐帽，M40/42 款毛帽；M41 款船形帽或 M38 款巴拿马帽；M35/41 款冬季或 M31/41 款夏季作训服；M31/38/41 款棉衣和棉裤；M41 款作训大衣；M41 款作训马裤；骑兵靴；手套；M35 款常服腰带和斜肩章、枪套，或 M32 款作训腰带和支撑带、枪套；军官作战装备	头盔，M40/42 款毛帽，M35 款船形帽，M38 款巴拿马帽；M35/41 款浅卡其色夏季作训服和长裤；M35/41 款大衣；M31/38/41 款棉衣和棉裤；M35/41 款作训马裤；行军鞋或绑腿配鞋；手套；M35/38 款作训腰带；支撑带；士兵版作战装备

注：

（1）装甲部队原来穿着的铁灰色制服在 1941 年 10 月 1 日被废除。

（2）空军部队原来穿着的深蓝色制服在 1941 年 10 月 1 日被废除。

（3）军官生穿着军官版制服搭配部分士兵版制服配件。

（4）军官生另有特别的皮带。

（5）大士穿戴军官版的 M32/38 款腰带和斜肩章。

上衣和作训服

将官版的 M40 款军礼上衣为浅灰色、闭领、无袋设计，有 6 颗镀金前襟扣，在前襟、衣领、袖口上有兵种色绲边（衣领上另有金色向内穗带绲边）；还有长菱形领章和袖口 V 形军阶标识。另还会佩带 M40 款镀银剑或短剑。军官版 M41 款卡其色军礼上衣有 5 颗纽扣，衣领和袖口有兵种色绲边、平行四边形领章（士官生为立领）。士兵版军礼上衣为立领设计，无绲边。这款上衣搭配有黄铜五角星带扣的 M40 款棕色军官版军礼皮带，或是士兵版的常服皮带。

将官版 M40 款卡其色（也有深灰色）常服上衣有 5 颗镀金纽扣、扇形无扣翻盖内置胸袋，衣领和袖口有兵种色绲边。军阶标识则包括长菱形领章和袖口 V 形纹章。白色的夏季常服则没有衣领和袖口绲边。

所有军阶都穿着 M35 款卡其色毛绒（夏季为 M28/M31 款浅卡其色棉布）作训服，搭配 M40 款军阶标识，军官能例外穿着一件白色的无绲边版作训服。1941 年 2 月 1 日后，红军还启用了肘部加厚的 M41 款冬季羊毛作训服和夏季棉布作训服。

大衣

将官版 M40 浅灰色双排扣军礼大衣有两排 6 颗镀金纽扣，衣领有开领和闭领两种设计，衣领、前襟和袖口上有兵种色绲边，内置三角腰袋的翻盖上有兵种色绲边，并有一根带扣后置半腰带。军阶标识为长菱形领章和袖口 V 形纹章。将官版 M40 深灰色常服大衣为直筒袖口设计。其他军官从 1941 年起穿着 M35 款深灰色常服大衣，搭配 M40 款军阶徽章，两排 5 扣，或是穿着从 1941 年 2 月 1 日起采用的单排扣卡其色大衣。可选的替代衣着为 M31 款"贝克萨"大衣、M31 款羊皮大衣或 M35 款浅卡其色防水双排扣棉袄。士官和战士则穿着 M35 款中灰色双排扣大衣，搭配 M40 款军阶徽章，其后在 1941 年 8 月 1 日被替换为一件卡其色大衣。

在寒冷气候中，军人们也会穿着 M31 款骑兵棉衣或是带扣立领的 M38 款棉袄。或是 1941 年 8 月 25 日后启用的 M41 款棉袄，设计改为下翻领、4 颗棕色角质前襟扣、两个开口腰袋、带扣袖口，搭配平行四边形

一名资深的大尉军衔炮组指挥官正指着自己的野战炮上的"坦克击杀"五角星拍照。他戴着 M36 款"库班卡"哥萨克帽——这种帽子在非哥萨克军人中也非常流行——上面缀有 M22 款帽徽。他的 M43 款冬季作训服上有按照 1943 年 1 月着装条例规定的金色编织常服臂章，红色绲边、红色中央条纹，但没有炮兵兵种徽章。在右胸上，他佩戴着红星奖章、卫国战争奖章，而在左胸上则有两枚红旗奖章、一枚战役奖章。

3名炮兵穿戴着 M40 款头盔和 M43 款冬季作训服,端着 PPSh-41 冲锋枪,正在拍照。衣服上的常服肩章为炮兵的黑色兵种底色,有红色绳边。可以看到下士(正中)的肩章上有 2 根金色编织军阶杠和一颗黄色金属质地交叉加农炮图案的兵种徽章。3 个人都骄傲地佩戴着自己的勋章,特别是光荣勋章。这种勋章有一个沙皇俄国式橙黑相间条纹的勋带,在 1943 年 11 月 8 日设立,用于表彰士官和士兵的英勇表现。

军阶领章。另外,用途广泛的卡其色 M38 款防水罩帽披风也可以用作防潮布或是帐篷部件,10 件披风就可以搭成一个帐篷。

腿部和脚部穿戴

当搭配军礼服穿着时,将官穿有兵种色绳边和条纹的 M40 款浅灰色马裤,其他军官则穿有兵种色绳边的 M41 款卡其色马裤。所有的马裤都是按照传统的"沙罗瓦力"马裤样式裁剪。当搭配常服时,军官穿 M35 款有兵种色绳边的海军蓝马裤或长裤、普通白色夏季常服裤、绳边或无绳边版 M40 款卡其色长裤。士兵最初穿着 M35 款普通卡其色马裤,自 1941 年 2 月 1 日后,所有军阶都开始穿戴膝盖加厚的 M41 款冬季卡其色羊毛马裤和夏季浅卡其色棉质马裤。军官和骑兵中的士官、战士都穿黑色皮质骑兵靴,除骑兵之外的战士穿黑色行军靴或卡其色羊毛裹腿搭配黑色低帮鞋。在寒冷季节,所有军阶都穿高帮"瓦伦西"毡靴。

伪装服

在这一阶段,作为雪地伪装服,陆军继续穿着 M40 款白色棉质罩帽大衣,或是罩帽衫加长裤。从 1941 年起,红军也为狙击手、斥候、侦察部队、摩托化步兵及进攻工兵设计了温暖季节的伪装服。包括 M41 款带扣罩帽连体服、一种宽大的带帽及踝长大衣,或是有前襟拉链和袖口拉带的及腰罩

1942 年间,在俄罗斯森林中,一排士兵正在聚精会神地听取命令。大部分人都戴着 M40 款毛帽,穿着 M35 款大衣,或是在作训服外披着罩帽披风。

表 3: 红军兵种标识，1940 年 7 月 13 日至 1943 年 1 月 5 日

兵种	饰面色	绲边色	军官领章绲边色	领章上的黄铜兵种徽章图案
合成军将官	红色	红色	金色	无
步兵	深红色	深红色(1)	金色	枪靶上的交叉步枪
骑兵、哥萨克和侦察兵	蓝色	蓝色(1)	金色	交叉马刀上有马蹄铁
装甲部队	黑色(2)	红色	金色	坦克
摩托车部队	黑色(2)	红色	金色	齿轮上有摩托车
装甲工兵(1942.3.8)	黑色(2)	红色	金色	交叉的锤子和扳手
炮兵	黑色(3)	红色	金色	交叉加农炮
反坦克炮兵	黑色(3)	红色	金色	交叉加农炮; 另有袖章
炮兵工兵(1942.3.4)	黑色(3)	红色	金色	交叉的锤子和扳手
其他兵种附属炮兵	各兵种色	各兵种色	金色	交叉加农炮
工兵将官	深红色	深红色	金色	交叉斧头
工兵	黑色	品蓝色	金色	交叉斧头
电气工兵	黑色	品蓝色	金色	闪电上有交叉斧头
浮舟工兵	黑色	品蓝色	金色	海军锚上有交叉斧头
建设工兵	黑色	品蓝色	金色	交叉的镐和铁锹
其他兵种附属建设工兵	各兵种色	各兵种色	金色	交叉的镐和铁锹
通信将官	深红色	深红色	金色	双翼和闪电上有红色五角星
通信兵	黑色	品蓝色	金色	双翼和闪电上有红色五角星
其他兵种附属通信兵	各兵种色	各兵种色	金色	双翼和闪电上有红色五角星
技术将官	深红色	深红色	金色	交叉的锤子和扳手
除装甲部队外的摩托化运输部队	各兵种色	各兵种色	各兵种色	带飞翼的方向盘
军事运输和铁道部队军官	黑色(2)	品蓝色	金色	带飞翼锚上有红色五角星、交叉的锤子和扳手; 另有袖章
铁道部队士官及士兵	黑色	品蓝色	—	交叉的锤子和扳手
化学部队	黑色	黑色	金色	交叉的筒上有面具
其他兵种附属化学部队	各兵种色	各兵种色	金色	交叉的筒上有面具
军需和行政将官	深红	深红	金色	红星, 金色锤子和镰刀
军需和行政(1942.3.30 前)	深绿	红色	红色	头盔、扳手、指南针、轮胎、齿轮
军需和行政(1942.3.31 起)	深绿	红色	红色	红星, 金色锤子和镰刀
医疗	深绿	红色	红色	酒杯和蛇
兽医	深绿	红色	红色	白色酒杯和蛇
技术军官(战斗部队)	各兵种色	各兵种色	各兵种色	交叉锤子和扳手
军法军官(战斗部队)	各兵种色	各兵种色	各兵种色	交叉双剑上有盾牌
文工团(战斗部队)	各兵种色	各兵种色	各兵种色	七弦琴
政工军官(战斗部队)	各兵种色	各兵种色	—	所在部队兵种徽章; 另有袖章
空军和伞兵	浅蓝	浅蓝(1)	金色	带飞翼双叶螺旋桨
空军保障	浅蓝	浅蓝(1)	金色	步枪和枪靶
空军工程(1942.4.10 起)	浅蓝	浅蓝(1)	金色	红星, 带翼星形发动机, 螺旋桨

注:

(1) 政工军官和士兵的领章绲边为黑色。

(2) 将官、军官和士官生为黑色天鹅绒饰面。

(3) 将官为黑色天鹅绒饰面。

1942年11月19—23日间的"天王星"行动中，西南方面军的冲锋枪手向罗马尼亚第3集团军发起冲锋，以期打破轴心国军队对斯大林格勒的包围。他们在制服外穿戴着M40款雪地伪装罩帽衫和长裤。

帽衫。搭配的裤子通常在踝部裤腿处有拉带设计，同时也可以配发搭配的头盔罩和网状面罩。被称为"圆锯"的伪装服，是在浅绿色上附加了许多深绿色的粗麻条和酒椰绳，专为狙击手设计。除此之外还有六种形状各异的伪装补丁：深绿色底上印浅绿色图纹；浅绿色底上印深棕色图纹；卡其色底上印黑色图纹；灰色上印浅棕色；浅棕色上印深棕色；白色上印深棕色。

兵种特殊制服

装甲部队：1941年10月1日后，原有的M35款铁灰色军官版常服、作训服被废除，但可以继续穿戴到1942年12月（灰色的M35款布琼尼帽在1940年7月5日就已经被废除）。替代的是标准的卡其色制服，有M34款皮质或M37款"鼹鼠皮"上衣。坦克手及其他装甲车辆乘员穿戴M34款垫料坦克手头盔和M35款连体服。

骑兵和炮兵：这两个兵种的军官都穿着长款的深灰色M35款大衣。骑兵军官还是穿着为骑兵和骑兵炮兵设计的1929年7月19日启用的深蓝色骑兵马裤、1929年1月12日启用的大檐帽、1931年1月31日启用的棉衣。

哥萨克骑兵：原有的M36款捷列克、库班、顿河哥萨克骑兵军礼服，自1941年10月1日被废除，但仍可穿着到1942年12月，而且事实上从来没有真正消失过。除了穿着标准的骑兵制服外，哥萨克骑兵还会佩戴配有M41款帽徽的M36款哥萨克羔羊皮帽——捷列克和库班哥萨克的矮一点的"库班卡"帽，和顿河哥萨克的高一点的"帕帕丘卡"帽。

山地部队：配发的深灰色防风服，是一款双排扣及腿上衣，两排5颗灰色衣扣，带扣衬衣式袖口，左胸有一个明贴袋，腰部有两个挖袋，均有方形无扣翻盖。另外此款上衣还有一种取消了腰袋，长度及腰的版本和搭配的长裤。这种服装通常搭配M40或M42款绒毛帽、厚呢袜，以及有金属防滑钉的黑色及踝登山靴。

女性军人：军队为她们专门配发了从右向左扣的服装，但在战时情形下，她们经常穿着男性的军服。1936年12月17日，一种带M22款帽徽的深蓝色贝雷帽被采用，同时还有一款卡其色作训服和深蓝色呢料（或棉布）裙，搭配深灰色长袜和行军鞋。在夏季则可穿着白色棉布贝雷帽和作训服。M40款毛帽、1941年8月3日启用的M41款飞行员船形帽，和M41款深灰色大衣也都是条例许可的制服。1941年8月3日起，保障部门的女性军人还配发了一套卡其色呢质连衣裙，有4颗镀金前襟扣，下翻衣领上有四边形领章，方形带扣翻盖胸部挖袋，带扣衬衣式袖口，卡其色内置腰带，搭配深灰长袜和及踝鞋。另外还有一款灰色（后来改为棕色）双排扣大衣。

1942年秋季，两名炮兵观察员正在前沿观测点用无线电进行汇报。他们戴着M41船形帽而非头盔，以便于使用耳机。他们身上穿的M41款伪装罩帽衫和长裤使用了6种变色"变形虫"伪装图案中的一种。

1942 年 8 月 9 日后，红军启用了新的女性制服，包括一顶带 M41 款帽徽的卡其色呢质贝雷帽、一条卡其色裙子、一件没有胸袋的作训服以及一件棉衣。

兵种识别

这一阶段的红军在 1936 年 3 月 10 日的兵种识别系统上进行了修改：

五种贴面色（红色、深红色、蓝色、黑色、深绿色）涂装在大檐帽的帽墙、大衣、装甲部队的皮衣、将官版上衣的长菱形领章，以及军官版军礼服、大衣、作训服的四边形领章上。

五种缅边色（红色、深红色、蓝色、品蓝色、黑色）出现在帽顶缝线、大檐帽帽墙上沿，将官版上衣、军官版礼服和冬季作训服的衣领和袖口，政工军官和士兵的领章，将官版大衣的袖口、衣领和前襟沿，士兵大衣领章，军官常服马裤和长裤上。

原有的 21 种铜制（兽医为白色合金）兵种徽章增加了一种：1942 年 3 月 31 日起，军需和行政部门将其 M36 款帽徽替换为红星、金色锤子和镰刀的帽徽（将官版自 1940 年 7 月 13 日就采用）。同时炮兵和坦克工程部门采用了技术军官（即现在的技术部门）的帽徽——镀金金属交叉虎头钳和扳手图案，1942 年 9 月 14 日后，校官的该款帽徽为银色。

每个骑兵侦察中队有 5 ～ 6 名侦察员，1936 年 2 月 20 日至 1941 年间，他们的帽徽是交叉马刀和经纬仪上的双筒望远镜图案（取代了之前佩戴的马靴—马刀骑兵兵种帽徽）。其中一等侦察员帽徽为镀金金属，二等侦察员为镀银金属质地。反坦克炮兵在作训服和大衣的左袖上部佩戴臂章，臂章为红色绲边的黑色布质钻石形状，其上有交叉加农炮图案的镀金金属质地兵种徽章。

作战部队军衔标识

作战部队原有的 M35 式军衔和军阶标识系统在 1940 年进行了修改。1940 年 7 月 13 日修改了将官军衔和标识；1940 年 7 月 26 日修改了校级军官和尉官的标识；1940 年 11 月 2 日修改了士兵的军衔；1941 年 1 月 1 日修改了士兵的标识。将官在所有制服的衣领上佩戴长菱形领章；其他军官和士官以及战士在大衣和装甲部队皮衣衣领上佩戴长菱形领章，但在 M41 款军礼服上衣、装甲部队铁灰色常服上衣及作训服上佩戴四边形领章。作战部队的军官还在袖口上佩戴金色编织带和红色布条组成的 V 形军阶纹章。

1943 年夏季，一名担任坦克营营长的中校神情坚毅地和一名坦克组员站在一辆 T-34 坦克前。这名军官戴着 M34 款垫料坦克手头盔，穿着 M43 款夏季作训服。他的金色编织常服肩章上有红色绲边和中央条纹，上有金色的坦克兵徽章和两颗中等尺寸的军衔银星。左胸上佩戴着红旗勋章，该勋章自 1943 年 2 月后搭配了一款沙皇俄国样式的 V 形红白相间勋带。有胸上则是卫国战争勋章。他的坦克组员在作训服外穿了一件卡其色 M35 款坦克手连体服。

一名红军将官穿着M34款常服，佩戴全套勋章，正在检阅一群库班哥萨克骑兵。陪伴他的哥萨克军官（左）穿戴着重新恢复使用的M36款哥萨克军礼服，包括一顶"库班卡"帽、一件红色上衣、一件有红色袖口的深蓝色哥萨克礼服大衣。他的M43款金色编织肩章上有蓝色绲边和中央条纹，并有银色的骑兵徽章。照片中的哥萨克士兵则穿着标准的冬季作训制服，戴"库班卡"帽。

苏联元帅：金色绲边红色长菱形领章，上有刺绣交叉月桂叶图案和刺绣大五角星，在底部有刺绣的锤子和镰刀图案。袖口处为54毫米直径的金色大五角星，边缘有2毫米红色绲边，其下是58毫米的红色∨形条，搭配15毫米金色∨形条，再下方是有金色刺绣交叉月桂叶的22毫米红色∨形条，最下方又是一根15毫米金色∨形条。1940年9月2日后，还有一条红色波纹绸勋带，其下挂着白金质地的金星和五颗钻石图案徽章。

大将：金色绲边红色领章，有5颗20毫米直径镀金金属五角星；袖口有54毫米直径金星，边缘2毫米红色绲边，其下是10毫米红色、32毫米金色、3毫米红色∨形条。

其他将官：金色绲边兵种色布质或天鹅绒领章，缀镀金兵种徽章以及2～4颗20毫米镀金金属五角星。制服袖口缀有44毫米直径金星，边缘2毫米兵种色绲边，其下是32毫米金色、3毫米兵种色∨形条。（大部分旅级军衔军官自1940年5月7日被废除旅级军衔，降为上校军衔。）

校官：金色绲边兵种色领章，缀镀金兵种徽章及1～4根红色珐琅条杠。袖口缀有金色和红色∨形条，上下外侧各镶有3毫米红色饰条，依军衔从高到低分别为6毫米金色、7毫米红色、6毫米金色、7毫米红色、10毫米金色；或6毫米金色、10毫米红色、10毫米金色（中校）；6毫米金色、10毫米红色、6毫米金色。

尉官：金色绲边兵种色领章，缀镀金兵种徽章及1～3个珐琅方块。袖口缀有金色和红色∨形条，上下外侧各镶有3毫米红色饰条，依军衔从高到低分别为：4毫米金色、5毫米红色、4毫米金色、5毫米红色、4毫米金色；4毫米金色、7毫米红色、4毫米金色；10毫米红色（含饰条在内）、4毫米金色。

军官生：兵种色领章，红色宽镶边，上部兵种色绲边，下部金色绲边，缀兵种徽章，0～4颗珐琅三角。

士官：兵种色领章缀有兵种色绲边（大士另有金色内绲边），中央有红色条纹，黄色大金属三角，兵种徽章及1～4颗珐琅三角。

士官生：兵种色领章缀有兵种色绲边，中央有红色条纹、红色大三角、兵种徽章。

战士：上等兵——兵种色领章缀兵种色绲边，中央有红色条纹、黄色大金属三角、兵种徽章；红军战士——兵种色领章缀兵种色绲边、兵种徽章。

自1941年8月1日起，为避免过于醒目，军官和政工军官取消了作训服上的袖口标识。所有军阶都在卡其色无绲边四方形和长菱形作训服领章上佩戴深棕色（有时是深绿色）珐琅质地兵种和军阶标识（但将官还是经常不按条例自行在领章上增加金色绲边）。士官和上等兵领章上的黄色大金属三角被去掉，这使得上等兵和红军战士难以分辨。M40款彩色领章还会被佩戴在军礼服和常服上，而且许多军人——特别是将官——继续将

一名女上士狙击手以静候敌人的姿势拍照，她的观测员正在辨识目标。两名女军人都戴着 M42 款毛帽，身着 M41 款棉衣。狙击手的深红色绲边卡其色 M43 款作训肩章上，有一根宽大的暗红色布质军阶杠，同时她还佩戴了有棕色扣的 M43 款卡其色领章。她端着一支 7.62 毫米莫辛纳甘 1891/30g 式狙击手步枪，上有 3.5 倍狙击镜。据说红军保持着狙击的最高水准，米哈伊尔·苏尔科夫有 709 次狙杀纪录，而柳德米拉·帕夫里琴科也有 309 次狙杀纪录。

其佩戴在作训服上。

从 1942 年 5 月 21 日起，所有近卫师、近卫旅和近卫团，但不包括近卫集团军和近卫军（这两者都下辖了非近卫部队）人员的军衔都加上了"近卫军"的前缀，如近卫军中将。近卫部队人员的薪水和装备都更好，并有更大的提拔可能。

勤务和特殊军官军阶标识

医疗、兽医和军法军官佩戴 M35 款领章军阶标识（包括将官版的红色珐琅钻石标识），但另有"非战斗"军衔，并且没有袖口 V 形条。原来的"一级军医"等级别军衔，如今只相当于中校，而非原来的上校。但是，军需和行政军官及技术军官采用了战斗部队式的领章军阶标识（包括将官版的五角星）、袖口 V 形条以及有"勤务"后缀的军衔——IS（军需）、TS（通用技术）、IAS（火炮或航空工兵）、ITS（坦克工兵）。

政工人员的地位下降。一级集团军政委级被废除，同时启用了旅政委级和营政委级（相当于中校）两个军衔，但许多"一钻政委"继续穿戴着他们的老式军阶标识。1942 年 10 月 9 日后，政工军官佩戴兵种徽章，但没有袖口五星，并且军衔集体下降一级，一个师级政委原来相当于师级职衔（即中将），现在只相当于少将。

其他标识

红军另有几种徽章，佩戴在右胸上方。负伤嘉奖采用自 1942 年 7 月 14 日，为与制服同色的布质矩形上的几根 43 毫米长、五六毫米宽的水平布条，上方是黄色布条，一根代表一次重伤，下方是深红色布条，一根代表一次轻伤。1942 年 5 月 21 日起，还配发了 46 毫米 × 36 毫米的近卫徽章，为白色珐琅质地，中间有珐琅红星，周围环绕金色月桂叶，上面有红色珐

一名很有可能来自作战部队的女性军官，戴着深蓝色 M36 款贝雷帽拍照——在苦寒的俄国冬季里，这几乎是一种毫无用处的头部装备。她穿着流行的有羊皮衣领的 M31 款羊皮里衬大衣，M35 款常服腰带上的两根支撑带交叉佩戴，另有一把套在枪盒里的 TT-33 手枪。

表4: 红军陆军、NKVD、空军、海军军衔和军衔标识，1940年7月13日至1943年1月5日			
陆军战斗部队和 NKVD 内卫与边防部队 各兵种将官军衔 炮兵和装甲工兵 / 工兵校官军衔 （领章 / V 形袖标）	空军战斗部队 航空兵和工兵校官军衔（军衔标识与陆军相同）	海军战斗部队（7） 海岸警卫部队和海军航空兵 （袖环和条杠）	英国陆军 / 皇家海军， 1939—1945
高级指挥员级			**将官级**
苏联元帅（1） （大五角星和花冠 / 五角星、金色 V 形条、花冠、金色 V 形条）	—	—	陆军元帅
大将（1） （5 颗五角星 / 五角星、红色中条和金色宽条 V 形条）	—	**海军主帅（8）** （五角星、4 根中环、1 根宽环）	上将 / 海军上将
上将 装甲 / 炮兵 / 工兵 / 通信兵 / 技术（2）上将 炮兵 / 装甲 上将工程师（3） （4 颗五角星 / 五角星, 金色宽条 V 形条）	**空军上将** 空军上将工程师（5）	**海军上将** 海岸炮兵上将（9） 海军航空兵上将（10） （五角星、3 根中环、1 根宽环）	中将 / 海军中将
中将 装甲兵 / 炮兵 / 工兵 / 通信兵 / 技术中将 炮兵 / 装甲 中将工程师 （3 颗五角星 / 五角星, 金色宽条 V 形条）	**空军中将** 空军中将工程师	**海军中将** 海岸炮兵中将 海军航空兵中将 （五角星、2 根中环、1 根宽环）	少将 / 海军少将
少将 装甲兵 / 炮兵 / 工兵 / 通信兵 / 技术少将 炮兵 / 装甲 少将工程师 （2 颗五角星 / 五角星, 金色宽条 V 形条）	**空军少将** 空军少将工程师	**海军少将** 海岸炮兵少将 海军航空兵少将 （五角星、1 根中环、1 根宽环）	准将 / 海军准将
上级指挥员级			
上校 炮兵 / 装甲 上校工程师（4） （4 根军衔杠 /2 窄 1 中金色 V 形条）	**空军上校** 空军上校工程师	**海军上校** 上校 （五角星、1 根宽环）	上校 / 海军上校
中校 炮兵 / 装甲 中校工程师 （3 根军衔杠 /1 窄 1 中金色 V 形条）	**空军中校** 空军中校工程师	**海军中校** 中校 （五角星、4 根中环）	中校 / 海军中校
少校 炮兵 / 装甲 少校工程师 （2 根军衔杠 /1 窄 1 中金色 V 形条）	**空军少校** 空军少校工程师	**海军少校** 少校 （五角星、3 根中环）	少校 / 海军少校
大尉 炮兵 / 装甲 大尉工程师 （1 根军衔杠 /1 窄 1 中红色 V 形条）	**空军大尉** 空军大尉工程师	**海军大尉** 大尉 （五角星、1 根窄环、2 根中环）	上尉 / 海军上尉
中级指挥员级			
上尉 技术上尉 （3 个方块 /3 根金色窄条）	**上尉** 技术上尉	**海军上尉** 上尉 （五角星、2 根中环）	（资深）中尉 /（资深）海军中尉
中尉 技术中尉 （2 个方块 /2 根金色窄条）	**中尉** 技术中尉	**海军中尉** 中尉 （五角星、1 根中环、1 根窄环）	中尉 / 海军中尉
少尉 （1 个方块 /1 根金色窄条）	**少尉**	**海军少尉** 少尉 （五角星、1 根中环）	少尉 / 代理海军少尉

陆军战斗部队和 NKVD 内卫与边防部队 各兵种将官军衔 炮兵和装甲工兵／工兵校官军衔 （领章／V 形袖标）	空军战斗部队 航空工兵和工兵校官军衔（军衔标识与陆军相同）	海军战斗部队 (7) 海岸警卫部队和海军航空兵 （袖环和条杠）	英国陆军／皇家海军， 1939—1945
初级指挥员级			
大士 （1 大 4 小三角形）	**大士** （4 个三角形）	**海军大士** 大士 （金／红五角星、4 根窄环）	二级准尉／海军士官长
上士 （1 大 3 小三角形）	**上士**	**海军上士** 上士 （金／红五角星、3 根窄环）	上士／海军军士长
中士 （1 大 2 小三角形）	**中士**	**海军中士** 中士 （金／红五角星、2 根窄杠）	中士／海军军士
下士 （1 大 1 小三角形）	**下士** （2 个三角形）	**海军下士** 下士 （金／红五角星、1 根窄杠）	下士／领班水手
列兵级			
上等兵 （1 颗大三角形）	**上等兵**	**上等红海军战士** 上等兵 （金／红五角星）	一等兵／一等水兵
红军战士 （素色领章）	**红军战士** （素色领章）	**红海军战士** 红军战士 （红五角星）	列兵／二等水兵

注:

(1) NKVD 内卫和边境军无此军衔。

(2) 装甲兵 =TaV; 炮兵 =A; 工兵 =IV; 通信兵 =VS; 技术 =TeV。

(3) 炮兵工兵 =IAS, 军衔自 1942 年 3 月 4 日启用; 装甲工兵 =ITS, 军衔自 1942 年 3 月 8 日启用。

(4) 炮兵工兵和装甲工兵的此军衔，为 1942 年 9 月 14 日启用，仅授予接受过中等军事培训的军官。

(5) 航空工兵 =IAS, 军衔自 1942 年 4 月 10 日启用。

(6) 航空工兵此军衔，为 1942 年 9 月 14 日启用，仅授予接受过中等军事培训的军官。

(7) NKVD 海军师和 NKVD 边防部队的海岸警卫部队使用海军军衔和标识。

(8) NKVD 无此军衔。

(9) 海岸炮兵 =BS。

(10) 海军航空兵 =Aviatsii。

琅旗帜图案，旗帜上有金色的"近卫"字样。

专长精通盾章启用于 1942 年，为红色珐琅盾形，周边是银色金属镶边，另有镀金金色花冠，盾上有红色珐琅质圆圈，圈中为镀金锤子和镰刀。这些盾章还用金色标注了专长的名称，位于镀金的兵种徽章图案下的白色珐琅圆圈内。这样的专长名称往往会有"杰出"的前缀：如"杰出坦克驾驶员"等。红军中总共有 19 种这样的盾章：狙击手、机枪手、迫击炮手、炮手、坦克驾驶员、坑道兵、排雷手（1942 年 5 月 21 日增加）、医疗员（1942 年 11 月 4 日增加）、铁道兵（1942 年 12 月 21 日增加）、侦察兵（1943

年 3 月 10 日增加）、通信兵（1943 年 4 月 3 日增加）、浮舟工兵（1943 年 4 月 5 日增加）、防空炮手（1943 年 4 月 30 日增加）、司机、道路工兵、厨师、面包师（1943 年 7 月 8 日增加）、拖拉机手（1943 年 9 月 10 日增加），以及最后加入的消防员（1944 年 11 月 22 日增加）。

军事运输和铁道部队（VOSO）在左袖上部佩戴有 M36 款臂环——红色布质，边缘为金色，上有带翼铁锚和红星、交叉的锤子和扳手图案——但这一臂环于 1941 年 3 月 22 日被废除。

红军空中武装力量

1942 年 1 月 1 日至 1943 年 12 月 31 日

1942 年，红军空中武装力量（VVS-KA）更名为红军航空兵（AKA）。1941 年 4 月起，总司令为空军中将帕维尔·费多诺维奇·日戈夫。1942 年 4 月 11 日，他被空军中将亚历山大·亚历山德罗维奇·诺维科夫（后任空军上将，并在 1943 年 3 月 17 日获空军主帅军衔）替代，后者是一位杰出的军事家，大大提升了红军航空兵的战斗力。

空军兵种

空军作为红军的战斗部队，在这一阶段的兵种划分如下：

航空兵：包括航空团、空降（伞兵）旅，及其他地面部队。航空队中也有惩戒部队，包括惩戒航空中队等，通常配属给处境最危险的方面军，这些机组成员往往会持续服役直到阵亡。

勤务：军需和行政勤务弹药和后勤队、从 1942 年 1 月 28 日起设立的通用技术部门、从 1942 年 4 月 10 日起设立的航空工程部门，以及医疗部门、兽医部门。

特殊军官：军法军官、文工团、政工军官。政工军官在 1942 年 10 月 9 日后，被确定为部队指挥官的行政副职。

空军中的女性通常被分配到保障单位，但也有部分女飞行员、女机组成员和女伞兵。

1942 年春，5 名轰炸机航空团的军官在一架图波列夫 Tu-2 飞机前合影。他们都佩戴着勋章，脸上表现出空军每天直面生死的淡定从容之情。他们戴着 M40 款空军军官版卡其色常服大檐帽，有浅蓝色帽墙和绲边，缀 M37 款帽徽。其中 4 人穿着 M35 款冬季作训服，而中间一位则穿着颜色更浅的夏季布质作训服。他们下身穿着 M35 款深蓝色或 M40 款卡其色马裤，搭配 M32 款作训腰带或 M35 款配斜肩章的常服腰带。

空军编制

1942 年 4 月 11 日，诺维科夫将军完成了空军的重要重组工作，将其分为 5 个部门（另加伞兵）：

远程轰炸机部队（DBA）在 1942 年 3 月被重组为远程航空队（ADD），受苏联统帅部直接指挥，原有 7 个轰炸机师，到 1943 年 5 月扩充为 16 个。但由于红军对战术空军的需求和偏好强过战略轰炸，阻碍了这支部队的进一步发展。

方面军航空队（FA）和集团军航空队（AA）自 1942 年 5 月 5 日起被重组为 17 个番号按序排列的航空集团军。这种编制是由诺维科夫在 1941 年的列宁格勒防卫战中建立的 10 个空中突击集群（UAG）模式发展而来。航空集团军的指挥官为中将或少将军衔，全权指挥 150 ～ 1000 架飞机，通常下辖 5 个航空师，分编为航空团和航空中队。但是，第 1 航空集团军最后下辖了 13 个航空师。每个方面军都配属了 1 个或 2 个航空集团军。

苏联统帅部战略后备队中还有 13 个航空军，每个航空军有 120 ～ 270 架飞机，可以作为航空集团军的增援进行战略部署。

国家防空战斗机航空队（LA-PVO）为包括莫斯科（1942 年有 40 个战斗机团）、列宁格勒、斯大林格勒在内的重要城市提供空中保卫。

航空集团军的下级编制是数量众多的航空军，分为轰炸（BAK）、战斗（LAK）、混成（SAK）或对地攻击（ShAK）航空军。再次一级为航空师，分为轰炸（BAD）和战斗（LAD）航空师。航空师的下属部队是航空团，分为轰炸（BAP）、远程轰炸（DRAP）、战斗（LAP）、炮火侦察（KRAP）、侦察（RAP）、医疗疏散（SANAP）、混成（SAP）、对地攻击（ShAP）或运输（TRAP）航空团——许多运输航空团的飞机是由平民航空队（GVF）的人员驾驶。一个航空团下辖 4 个 15 架制航空中队。航空队的战术编组方式有两机组、四机组以及 6 ～ 8 架飞机组成的战斗机群。

到 1943 年，苏联空军基本上在战线的每一处空域都处于攻势地位，同时新一代的飞行员和指挥官也在实战中增长了经验，并填补了 1941 年灾难般的人员损失。德国空军在东线战场的力量，因为大量战斗机部队被抽调至德国本土应对盟军轰炸而实力大减。在 1943 年 7 月的库尔斯克会战之后，苏联空军的空中优势得到了最终的确定。

空军制服

1940 年 7 月 13 日至 1943 年 1 月 5 日

空军在此阶段配发了 M40 款军礼服，包括浅灰色的将官版制服，另有卡其色的 M41 款军官和士兵制服。很有特色的 M35 款深蓝色制服

VDV 伞兵在 1942—1943 年间进行了很多次成建制的战斗伞降行动，另外还在轴心国战线后方进行了许多小规模伞降，以支援当地游击队。

1942 年 1 月 2—3 日，在维亚济马东部，第 1、第 201 空降旅占领了梅登西北方的一座桥梁，并于 1 月 11 日与从东北开进而来的第 43 集团军部队成功会合。在他们南面，另外两支伞兵部队的部分兵力也进行了伞降，希望占领一座机场以机降后续部队，但遭到了顽强抵抗，大雪天气和运输飞机的短缺，使得这次尝试以失败告终，只有 87 名幸存者得以在 1 月 20 日回到第 43 集团军的部队中。

随后，第 4 空降军的大约 10000 名伞兵在 1942 年 1 月 27 日至 5 月 29 日间被空投到维亚济马地区，这也是大战期间红军最大规模的伞降行动。第 7、第 8 空降旅与苏联地面部队成功会合，但第 214 空降旅却被德军歼灭。在 4 月 15 日至 5 月 29 日间，第 1 空降军的第 23、第 211 空降旅也伞降到了维亚济马地区。

自 1941 年 12 月 23 日至 1942 年 10 月 24 日间，有 3 个连兵力的第 1 海军特别伞降分队，在北高加索的刻赤地区投入了实战。而在大战期间的最后一次成规模空降行动，由第 1、第 3 和第 5 空降旅在 1943 年 9 月 24 日实施，是红军的下第聂伯河攻势的组成部分。

从 1941 年 10 月 1 日起被废除，但可继续穿着至 1942 年 12 月（M35 款布琼尼帽在 1940 年 7 月 5 日之后就不再采用）。在原有的飞行服和装备的基础上，另增加了 M40 款毛绒里衬冬季皮质头盔，设计有内置黑色耳机，还有无里衬的夏季版本；M42 款毛绒里衬棕色皮革飞行夹克，设计有宽大的棕色毛绒衣领。女性军人穿着 M36 款深蓝色和卡其色制服，均搭配深蓝色裙子。

1942 年 1 月，4 名轰炸机的机组成员正在与一位地勤军官讨论任务。机组成员戴着 M33 款毛绒里衬飞行员头盔和护目镜，穿着 M42 款飞行夹克和带里衬长手套，而飞行员（左一）穿着有毛绒衣领的 M40 款冬季连体服。地勤军官（左二）穿戴 M42 款冬季帽和 M36 款皮质大衣。

空军标识

空军同样佩戴红军 M40 款军阶标识，饰面颜色和绲边均为浅蓝色空军兵种色。但政工军官、士官和士兵的绲边为黑色。3 个将官军衔有中号尺寸的金色袖口五角星，边缘亮蓝色绲边，其下是 32 毫米金色和 3 毫米浅蓝色 V 形条。

M24 款飞行员和 M25 款机师资质徽章继续佩戴在左袖上方，同时航空工程部队的军官佩戴金色刺绣版本的兵种领章。1942 年 5 月 21 日后，近卫航空师与近卫航空团的人员在军衔前加上了"近卫"前缀，并佩戴 M42 款珐琅近卫徽章。

空降部队

1942 年 1 月时，空降部队（VDV）下辖第 1—10 空降军，每个军都有军部直属部队并下辖 3 个空降旅。在经历了惨重的战斗减员后，这些空降军在 1942 年 6—8 月间被改编为 10 个近卫步兵师。番号为第 32—41，每个师有师部直属部队、1 个近卫炮兵团和 3 个近卫步兵团。在 1942 年 12 月，这些师又被重组为第 1—10 近卫空降师，接着在 1943 年 9 月又成立了第 11—16 近卫空降师，这 6 个近卫空降师下辖第 1—30 空降旅。

1942 年春，伊留申 II-2（伊尔 -2）对地攻击机的飞行员和机尾炮手。他们戴着 M40 款无里衬皮质夏季头盔，配黑色内置耳机、护目镜，穿没有军衔标识的蓝色夏季飞行连体服，戴着 PL-3M 降落伞带。装甲厚实的伊尔 -2 攻击机在东线战场上扮演着重要的角色，也是历史上生产数量最多的飞机。

近卫空降师有师部是直属部队，下辖 3 个空降旅。每个空降旅编制为 3353 人，包括直属部队（通信连、自行车侦察连、工兵连、防空机枪连，以及 1 个两炮组的反坦克营）和 4 个 715 人编制的伞降步兵营。在 1943 年 10 月末，直属部队增强为 1 个 4 炮组制反坦克营和 1 个 2 炮组制炮兵营，防空机枪连变为防空营，同时新的 699 人编制的步兵营主要装备冲锋枪和狙击步枪。

空降旅中接收的补充兵一般佩戴陆军的标识，但伞兵则保留了他们的空军制服，包括卡其色的布质飞行头盔、卡其色飞行连体服、绿白相间的带罩帽式跳伞装。M33 款伞兵资质徽章佩戴在左胸上。

海军

1942 年 1 月 1 日至 1943 年 12 月 31 日

这一阶段的苏联海军（军事海洋舰队 -VMF）由海军上将尼古拉·格拉西莫维奇·库兹涅佐夫领导，他时任海军人民委员和海军总司令。

海军兵种和编制

此阶段的苏联海军保持了 1941 年的编制体系，分为 5 个兵种、4 个海洋舰队以及——不同时期存续的——13 个内海及内河分舰队：

（1）舰艇：北方舰队，领导白海分舰队和奥涅加湖分舰队；波罗的海舰队，领导楚德湖分舰队（1941 年 8 月解散）、皮纳河分舰队（1941 年 10 月 5 日解散）、伊尔门湖分舰队（1943 年 4 月重建）、拉多加湖分舰队；黑海舰队，领导亚速海分舰队、里海分舰队、多瑙河分舰队、第聂伯河分舰队（1943 年 9 月重建）、伏尔加河分舰队（1941 年 10 月 27 日建立）；太平洋舰队，领导勘察加分舰队和阿穆尔河分舰队；这一兵种还包括了至少 15 个陆地作战的海军步兵旅和 2 个海军步枪旅。

1943 年夏，一名护士和一名医疗员在飞行员的协助下，将一名伤员搀扶进波利卡波夫 S-3 救护飞机中。S-3 型飞机是波利卡波夫 U-2 教练机的改版。这名护士戴着白色的护士帽，着 M36 款卡其色女性作训服和 M42 款卡其色裙，佩戴 M35 款士兵版皮带和急救包。

一名海军步兵旅中的亚裔狙击手，端着一把配了长款 PT4 倍狙击镜的 M1891/30g 步枪。他的 M34 款海军帽的饰带上用金色丝线绣有北方舰队的斯拉夫文字。

（2）海岸部队：海岸炮团、海军铁道炮旅和独立炮组、防空炮团和独立营。

（3）海军航空兵（VVS-VMF）：由空军中将（1943年5月1日升任空军上将）谢苗·费多诺维奇·扎沃龙科夫指挥，共有 16 个航空师（番号为第 3、第 4、第 6—8 战斗机航空师；第 9—13 对地攻击机航空师；第 14—16 混成航空师；第 2、第 5 鱼雷轰炸机航空师），加强配属给各舰队并协助空军作战。

（4）勤务：军需和行政部门；海军技术部门，分为线路工兵（1940 年 7 月 13 日成立）、海军建设工兵（1942 年 6 月 27 日成立）和航空工兵（1942 年 4 月 10 日成立），另有火炮工兵、扫雷工兵、通信工兵，以及海军建造部门；医疗部门、兽医部门。

（5）特殊军官：军法军官、政工军官。

海军战役简介

北方舰队和太平洋舰队主要承担护航任务，在租借法案援助的物资分别运往摩尔曼斯克和海参崴的航线后半段护卫盟军运输船队。波罗的海舰队被德军布设在赫尔辛基—塔林一线的水雷场围困在喀琅施塔得基地里，其水上部队无法挑战在这一区域内的德国海军。黑海舰队则对陆军的战略行动提供了极大的帮助。亚述海分舰队的顿河分队参加了 1942 年 6 月 28 日至 7 月 24 日的沃罗涅什—沃罗希洛夫格勒防御战；1942 年 7 月 25 日至 12 月 31 日间，黑海舰队和亚述海分舰队协助陆军防守了北高加索地区；同时，1942 年 6 月 25 日至 1943 年 2 月 2 日，伏尔加河分舰队的炮艇协助防守和封闭斯大林格勒；1943 年 1 月 1 日至 2 月 4 日间，黑海舰队又支援了陆军的北高加索攻势；1943 年 9 月 10 日至 10 月 9 日，在诺沃西比尔斯克—塔曼战役期间，黑海舰队和亚述海分舰队协助陆军荡平了高加索地区的德军。

海军制服

1935 年 2 月 15 日至 1941 年 1 月 24 日

1934 年 4 月 16 日起，原有的 M24 款海军制服被更换为 M34 款式。这款制服主要是黑色，但有深蓝和白色的制服配件，其中一些自 1941 年 1 月 24 日启用。舰队军官采用了红军的 M40 款黄铜纽扣，其上有苏联印章，而其他军人则保留了有缠锚图案的纽扣。

军官制服

舰队级以下军官佩戴自 1939 年 10 月 20 日采用的黑色 M39 款大檐帽，有黑色皮质帽带和帽檐，夏天则是白色布质帽冠，帽冠和帽墙上沿装饰有白色绲边。M24 款帽徽上的图案是一个金色的缠锚，其外是两个镀金金属质地同心环，再外是金色刺绣花冠，其上是金边红色珐琅五角星，星上有交叉锤子和镰刀。M41 款舰队级军官常服帽有金色帽带，配 M40 款帽扣，帽檐上有金色编织条和刺绣橡树叶。在寒冷天气中，军官佩戴 M34 款黑色羔羊皮帽，配 M24 款镀金金属帽徽。另有黑色 M34 款"飞行员"船形帽，白色绲边，搭配无花冠的 M24 款帽徽。

M41 款舰队级军官黑色双排扣军礼服上衣设计有闭门立领，金色编织饰边的黑色布质领章，领章上有金色刺绣五角星和缠锚图案。另有两排 6 颗 M40 款纽扣，无袋。M40 款袖扣上方有 M41 款军阶标识，同时还有一条金色编织带式的 M41 款军礼服腰带，其上有两根悬带，用于佩戴 M40 款海军短剑。在半正式场合，指挥官可以穿 M34 款军官版黑色开领常服上衣，佩戴海军短剑。但在日常勤务时，指挥官会穿 M34 款深蓝色闭领单排扣常服上衣，或夏季时穿着白色布质版 M34 款上衣。冬季或潮湿天气中，可以穿黑色的 M34 款军官版大衣、灰色雨衣或黑色涂胶雨衣。同期，M41 款黑色呢质裤取代了原有的 M34 款"鼹鼠皮"长裤。

非军官制服

随着 1940 年 11 月 30 日新的军阶标识的采用，终于在 1940 年 12 月 3 日间，苏联军队完成了士官阶层的配备。高级士官，如海军大士或海军上士，佩戴军官版制服配 M24 款帽徽。低级士官和水手穿戴水手版"方帆"制服。海军中士和海军下士戴 M39 款军官大檐帽，配 M22 款帽徽，夏季配有白色布质帽罩。上等海军战士和海军战士佩戴水手版 M34 款水手帽，夏季配有白色布质帽罩，配 M22 款帽徽，帽上有黑色丝带，印有金色斯拉夫字母标注的舰队名字、舰艇或设施名字。另一种选择是戴无绲边 M34 款船形帽，配 M22 款帽徽。水手的其他制服包括 M34 款深蓝色冬季（夏季为白色棉布）水手服、蓝白条纹海魂衫、黑色长裤、有长方形黄铜带扣的黑色士兵版腰带、黑色及踝鞋、黑色 M24 款水手版大衣、黑色 M34 款厚呢上衣、灰白色 M34 款帆布作训服和作训裤。

海岸炮兵、海军戍卫部队士兵以及海军航空兵的人员，自 1941 年 4 月起一度采用了陆军制服，但从 1943 年 3 月 27 日起，又重新使用了海军制服。

一名岸上服役的海军大尉正在仔细检视一枚 F-1 碎片手雷。他戴着 M39 款军官版常服大檐帽，缀有 M24 款帽徽，但穿着一件 M34 款装甲部队黑色皮夹克以及马裤和骑兵靴。我们可以看到两边袖口上的金色编织五角星和军阶杠。

兵种识别

海军军官主要通过金色（作战指挥官）或银色（保障部队军官）帽徽来识别兵种；舰队级军官则要看帽檐刺绣、帽带，以及袖口的军阶标识和袖口军阶环中间的兵种色布质条纹来进行区别。海军航空兵将官的裤子上有两条浅蓝色的边带。士官和水手则会在水手服或厚呢上衣的左袖上方佩戴红色特别徽章，该徽章为黑色底，高级士官或延长服役的初级士官的徽章有金色或银色镶边。

军衔标识

舰队级军官的军衔和标识在 1940 年 7 月 13 日做了修改。在 M41 款舰队级军官版军礼服上衣、M34 款军官版常服上衣、大衣和深蓝色闭领上衣的衣袖上，水兵兵种的军官配有一颗五角星，其下是窄条（0.6 厘米）、中条（1.3 厘米）和宽条（3.2 厘米）的金色穗带袖环，另在 M34 款白色常服上衣、雨衣和涂胶雨衣的袖口上有制服同色贴面，其上有金色穗带横杠。具体如下：

舰队级军官：50 毫米直径黑色布质五角星，边缘镶金丝，另有金色丝线的锤子和镰刀图案，其下有 1 ～ 4 根中环，1 根宽环。

校官：30 毫米直径金色五角星，其下有 1 根宽环，3 ～ 4 根中环，或 1 根窄环加 2 根中环。

尉官：30 毫米直径金色五角星，其下有 2 根中环，1 根窄环加 1 根中环，

表5：海军军官兵种识别，1941 年 1 月 24 日至 1943 年 2 月 15 日				
兵种	金属色（1）	袖环上方五角星	兵种布色（3）	军衔种类及举例
水兵军官和海军步兵	金色	金色	—	海军，如"海军少将"
海军航空兵	金色	金色	浅蓝色	陆军，如"空军少将"
技术—舰艇工兵	金色	金色	深红色	海军，如"海军少将工程师"
技术—海军建设	银色	银色	深红色	陆军，如"陆军少将工程师"
技术—航空工兵	银色	银色	浅蓝色	陆军，如"空军少将工程师"
军需和行政	银色	银色	—	陆军，如"少将工程师"
医疗	银色	银色	绿色	非战斗部队，如"师级军医"
兽医	银色	银色	绿色	非战斗部队，如"师级兽医"
军法	银色	银色	紫罗兰色	非战斗部队，如"师级军法官"
政工军官（1942.9.13 前）	金色	红色，边缘为金色（2）	红色	政工军官，如"师级政委"

注：
（1）包括军官的丝线或金属质地帽徽、袖口编织环和袖口军衔杠。
（2）海军将官级政委有一颗布质大红星，金色丝线绲边，外加金色丝线的锤子和镰刀图案。
（3）海军上校和海军少尉（及同等军阶）在唯一的一根袖环上下都有兵种色绲边。

或 1 根中环。

军官生：金色缠锚图案，其下有 0 ～ 4 根窄环。

非军官军阶标识在 1940 年 11 月 30 日做了修改，具体如下：

海军大士和海军上士：布质小红星，黄色绳边，其下有 3 ～ 4 根金色窄环。

低级士官：布质小红星，黄色绳边，其下有 1 ～ 2 根金色窄杠。

水手：布质小红星，黄色绳边或无绳边。

其他标识

水兵可以在左袖上方的专长臂章下佩戴延长服役 V 形条，每一条代表 5 年服役期。还可以佩戴 M42 款受伤嘉奖章。水兵们也可以获得许多种类的精通盾章，特别是海军步兵。但两种精通盾章——1942 年 5 月 21 日设立的鱼雷兵和潜艇水手章——只有潜艇人员有资格获得。海军飞行员佩戴 M24 款飞行资质臂章，而航空工兵技术军官佩戴 M25 款技术臂章。1942 年起，潜艇军官在其左胸上方佩戴专门的潜艇勋章，为红色珐琅五角星和银色潜艇图案。

1942 年 1 月 18 日起，苏联恢复了给战舰和海军部队授予近卫称号的传统，北方舰队的 4 支部队被授予近卫称号，并在 1942 年 6 月 19 日获颁近卫军旗帜。因此他们的所有军阶人员都可以在军衔加上"近卫"前缀。军官和士官获得了一条有 3 根垂直黑色条纹（罗曼诺夫王朝的颜色）的橙色水波纹绸勋带，而水手则在他们的 M34 款水手帽上加上了两根橙色条纹，并在丝质帽墙上加上了橙色绳边。

海军步兵

海军步兵旅的编制大约为 4000 人，这一时期至少有 15 个海军步兵旅投入了战斗。第 12、第 254 海军步兵旅在北方舰队的指挥下参加了摩尔曼斯克防御战，另有 3 个旅——番号第 3、第 4（后改为第 260）、第 6——在波罗的海舰队指挥下参加了列宁格勒战役。在 1941 年 10 月 30 日至 1942 年 7 月 4 日的塞瓦斯托波尔战役中，海军步兵有着出色的表现，黑海舰队指挥下的 6 个旅（番号为第 7—9、第 79、第 138、第 142）参加了战斗。第 83 海军步兵旅在 1942 年 8 月间参加了诺沃西比尔斯克防御战，然后又在 1943 年 9 月间参加了夺回该地的战斗。1942 年 7 月间，第 66、第 154 旅随第 64 集团军在顿河河湾进行了战斗。而第 92 海军步兵旅作为伏尔加河分舰队的一部分，参加了 1942 年 12 月的斯大林格勒保卫战。

海军步枪旅则是一种更"永久性"的部队编制，参加这些部队的海军人员归陆军指挥并穿戴陆军步兵制服。但这一阶段只有两个旅（番号为第 7、第 8）投入过实战，在 1942—1943 年间，部署在列宁格勒前线。

一名海军上尉潜艇指挥官正在眺望远方的海平面，他戴着在恶劣天气中使用的 M34 款涂胶罩帽。在他的 M34 款深蓝色常服上衣上可以看到 M34 款袖口和肩章军衔标识，以及红旗勋章。

一名红军陆军士兵正向一群海军步兵军官指出地图上的某点。后者戴着有 M41 款伪装罩的 M40 款头盔，身穿有金色编织袖口五角星和军阶袖环的 M34 款深蓝色常服上衣。我们可以看到海军大尉连长佩戴的红旗勋章，以及陆军士兵手中的 PPSh-40 冲锋枪（左）。后边的哨兵穿戴着水兵制服，戴着头盔，以及随处可见的防毒面具包，并在腰带上挂了 2 枚 RG-33 手雷。

NKVD 安全部队

1942 年 1 月 1 日至 1943 年 12 月 31 日

这一时期的内务人民委员会（NKVD）由国家安全总政委拉夫连季·帕夫诺维奇·贝利亚领导。下属人员穿戴红军的 M40 款制服和 M35 款大檐帽，同时 NKVD 内卫部队和边防部队采用了 M41 款领章和军阶标识。

国家安全部队

国家安全总局（GUGB）负责指挥境外间谍活动和境内反间谍活动；清除"反苏联"组织，同时负责党和政府的高级官员的保卫工作。1943 年 4 月 14 日，它从 NKVD 中剥离出来，成立了单独的国家安全人民委员会（NKGB），由国家安全一级集团军级军衔，任国家安全人民委员的弗谢沃诺德·尼古拉耶维奇·梅尔库洛夫领导——他和斯大林、贝利亚一样，都是格鲁吉亚人。

GUGB/NKGB 军官在 1943 年 2 月 18 日之前，都保留了原有的 M37 式军衔和军阶识别系统。但军阶的匹配关系进行了调整。一名国土安全少校在 1937 年时的军衔相当于红军旅级，但在 1940 年已经降到了上校级别。军官戴 M35 款品蓝色大檐帽，有暗红色帽墙和暗红色领章，深红色绲边。军官生佩戴普通无绲边领章。军官佩戴 1935 年 10 月 23 日启用的有锤子、镰刀和刀剑图形的椭圆形臂章，1935 年 12 月 22 日起佩戴在左臂上部，1937 年 7 月 15 日起，两臂同时佩戴。军官中流行的穿着是 M37 款双排扣黑色大衣，有的会有棕色皮毛或毛绒领，搭配灰色布质 M35

款"庄园"帽，设计有浅棕色羔羊毛上翻帽檐和护耳。夏季制服中，1935年12月27日启用了一款白色棉质带檐帽，另有一件M37款白色作训服。

1943年4月15日，NKVD的特勤部重组为反间谍总局，其更出名的称谓是SMERSH——"锄奸局"——由国土安全二级集团军级军衔，维克托·阿巴库莫夫领导。锄奸局的特工穿着平民服饰或方便的军服，可以审问、逮捕和处决"卖国贼"——叛徒、逃兵、奸细、破坏者和反苏维埃的军事或准军事力量。GUGB/NKGB和锄奸局都在师级部队中成立了"军法队"，以保证战斗纪律。

NKVD 内卫部队

NKVD内卫部队共有10个分局，统一归中将军衔（1943年1月30日升为上将）伊万·伊万诺维奇·马斯连尼科夫指挥。马斯连尼科夫与一些其他的NKVD军官后来被指派到红军序列中指挥部队，与普通红军军官并无太大区别。NKVD内卫部队采用了红军的组织体系，在这一时期共有53个NKVD作战师投入过实战，详细如下（括号中为部分师重建后的新番号）：

13个步兵师与各野战集团军协同作战，其中4个后来重建为陆军步兵师：第1（第46）、第3、第4（第184）、第5、第6、第9、第10（第181）、第11、第12、第18、第20（第92）、格罗兹尼师、马哈奇卡拉师。1942年10月组建的5个步兵师，以陆军步兵师的身份加入了红军的第70"NKVD"集团军：远东师（第102）、外贝加尔师（第106）、西伯利亚师（第140）、中亚师（第161）、乌拉尔师（第175）。第70集团军参加了1943年7月的库尔斯克会战。另外，1941年6月29日红军成立了4个山地步兵师，之后转制为陆军步兵师：第12（第268）、第15（第257）、第16（第262）、第26。9个摩托化师被配属到各方面军，其中4个被重建为陆军步兵师：第1、第2、第4、第6（1942年2月11日，番号改为第8摩托化师）、第7、第8（第63）、第9（第31）、第13（第95）、第21（第109）。

14个铁道警卫师以独立编制进行部署。1942年2月11日，新建或重新授予了番号的师（括号中为新番号）有10个：第2—8（第23—29）、第18（第30）、第19（第31）、第23；1942年3月26日又新建了4个：第32—34、第41（第10）。1942年1月31日红军还成立了7个特别工厂保卫师，以保卫工厂和重要建筑——第15（原第11和第12）、第16、第17、第18（原第25）、第19——后来又新建了第20和第21师。这些师中，至少有一个——第19师曾经参加前线战斗。另外还有第31特别工厂和铁道保卫师。在各个战线上还有5个运输护卫师：第35（原

第13）、第36（原第14）、第37—39师。

NKVD 内卫部队佩戴 M35 款品蓝色和深红色的 NKVD 大檐帽，或是有品蓝色帽墙和绳边的 M40 款卡其色大檐帽。将官在金色绳边领章上有 2～4 颗金星，同时袖口上有一颗 2 毫米品蓝色绳边的 44 毫米金星，其下是 32 毫米金色和 3 毫米品蓝色 V 形条。低阶人员有 M40 款红军军衔标识和兵种徽章，作战部队的军官把这两者佩戴在金色绳边的暗红色领章上，并有袖口 V 形条，同时士官和战士以及保障部门的军官的领章绳边为深红色。

一群第 70 "NKVD" 集团军的 NKVD 高级军官，其中包括中将军衔副司令员弗拉基米尔·马克西莫维奇·沙拉波夫（右）和上校军衔政治部主任雅科夫·叶菲莫维奇·马斯洛夫斯基（中间）。军官们穿戴着红军陆军的制服和标识，有 M41 款作训大檐帽和作训服。沙拉波夫佩戴着 M43 款 NKVD 版金色编织常服肩章，而其他军官则佩戴卡其色作训服肩章，都有蓝色绳边和中央条纹，并缀有银色五角星。马斯洛夫斯基佩戴着红星勋章和红旗勋章。

NKVD 边境军

边境军最初是由格里戈里·格里戈里耶维奇·索科夫中将指挥，1942 年后由尼古拉·帕夫洛维奇·斯达汉诺夫中将指挥，索科夫中将被任命为中央方面军参谋长，并很快调为第 26 集团军总司令。边境军编制为边境军区、边防团和边防分队；在这一时期他们主要负责巡逻远离战区的边境，或是作为红军补充队参加战斗。

NVKD 边境军佩戴 M35 款绿色和品蓝色大檐帽，空军部队另佩有 M37 款空军标识。将官们的金色绳边绿色领章上缀有 2～4 颗金星，袖口上有 2 毫米绿色绳边的 44 毫米金星，其下是 32 毫米金色和 3 毫米绿色袖口 V 形条。低阶人员在金色绳边的绿色领章上搭配 M40 款红军军衔标识和兵种徽章，作战部队军官的袖口有 V 形条，士官和士兵以及保障部队军官的领章绳边为深红色。边境军海岸警卫部队穿戴全套海军制服和标识。

1942 年，苏联武装力量指挥官

1: 1942 年 8 月，西方方面军，伊万·斯捷潘诺维奇·科涅夫，上将

2: 1942 年 4 月，波罗的海舰队，弗拉基米尔·菲利普波维奇·特里布茨，海军中将

3: 1942 年，内务人民委员，国家安全总政委，拉夫连季·帕夫诺维奇·贝利亚

A

1942 年，俄罗斯中部和北部

1：1942 年 3 月，季赫温，第 2 突击集团军，安德烈·安德烈耶维奇·弗拉索夫，中将

2：1942 年 1 月，第 257 步兵师，步兵中尉

3：1942 年 4 月，维亚济马，第 214 空降旅，红军战士

B

1942 年，高加索和克里米亚
1：1942 年 8 月，第 63 骑兵师，中士
2：1942 年 11 月，第 1 山地分遣队，红军战士
3：1942 年 6 月，塞瓦斯托波尔，第 9 海军步兵旅，海军大士

3　　　　　　　　2　　　　　　　　1

C

1942 年，俄罗斯南部
1：1942 年 6 月，卡斯托尔诺耶，第 40 集团军，师政委
2：1942 年 5 月，第二次哈尔科夫之战，第 76 步兵师，二级军医
3：1942 年 5 月，沃罗涅什，第 207 战斗机航空师，大尉

D

1942—1943 年，斯大林格勒之战
1：1942 年 12 月，塔特辛斯卡亚机场，第 16 近卫坦克旅，近卫上尉
2：1942 年 11 月，第 112 步兵师，上尉
3：1942 年 11 月，第 291 "基辅" 对地攻击航空师，中校工程师

E

F

1943 年，库尔斯克和哈尔科夫
1：1943 年 7 月，库尔斯克突出部，中央方面军，战斗—坑道兵旅，红军战士
2、3：1943 年 8 月，哈尔科夫，第 183 步兵师，上等兵

1943 年，乌克兰和高加索
1: 1943 年 6 月，黑海舰队，近卫海军下士
2: 1943 年 10 月，诺沃西比尔斯克，第 290 NKVD 步兵团，中校
3: 1943 年 11 月，基辅，第 13 集团军，第 3 惩戒营，红军战士

H

插图图说

A: 1942 年, 苏联武装力量指挥官

A1: 1942 年 8 月, 西方方面军, 伊万·斯捷潘诺维奇·科涅夫, 上将

科涅夫, 在 1943 年 7 月的库尔斯克会战中大获全胜（之后在 1956 年 11 月又快速平息了匈牙利革命）。他穿着将官版作战制服, 大檐帽上有红色的"合成军"帽墙。上衣上有 M40 款将官版领章, 以及在 1941 年 2 月已经被官方废除了的袖口标识。搭配穿戴的是 M40 款作战马裤和骑兵靴。

A2: 1942 年 4 月, 波罗的海舰队, 弗拉基米尔·菲利普波维奇·特里布茨, 海军中将

海军中将特里布茨执掌了波罗的海舰队很长时间, 从 1939 年 4 月一直持续到 1947 年。由于他指挥的水面舰艇被轴心国的水雷困在了喀琅施塔得和列宁格勒, 因此他派出了潜艇部队攻击敌方舰只, 同时他的海军航空兵和海军步兵也参加了列宁格勒的保卫战。他戴着舰队级军官版的黑色 M40 款大檐帽, 穿 M34 款深蓝色常服上衣, 其上配有 M40 款舰队级军官版袖口军衔标识。

A3: 1942 年, 内务人民委员, 国家安全总政委, 拉夫连季·帕夫诺维奇·贝利亚

贝利亚在 1920 年时成为一名外高加索地区的秘密警察, 并在 1926 年成为斯大林的盟友, 在 1934 年至 1945 年 12 月间, 他始终是 NKVD 的重要领导人。他戴着 M35 款大檐帽, 但没有将官应佩戴的识别标识; 他穿着一件配有 M37 款领章和袖口标识的 M40 款卡其色上衣, 另在两边袖笼的上部都佩戴了 M35 款 GUGB 徽章。可以看到他穿的 M35 款骑兵马裤有深红色绲边。

B: 1942 年, 俄罗斯中部和北部

B1: 1942 年 3 月, 季赫温, 第 2 突击集团军, 安德烈·安德烈耶维奇·弗拉索夫, 中将

这名很有天赋的中将, 在列宁格勒东部的柳班—丘多沃攻势中指挥命运不济的第 2 突击集团军[①]。弗拉索夫穿着 M40 款将官版军礼服: 一顶灰色的羔羊毛帽、一件配有 M40 款军阶标识的礼服大衣、一件（图中看不见）礼服上衣, 以及一条在将官版条纹中间有红色绲边的 M35

1942 年, 两名装甲部队团级指挥官正在一辆经过伪装的坦克前交谈。上尉军衔营政委（左）穿着非制式的黑色皮衫, 在红色绲边的黑色布质领章上有 3 颗红色珐琅质地的方块。而上校团长则穿着通常配给空军飞行员的 M26 款黑色皮大衣。他的黑色天鹅绒领章有金色绲边, 缀有 1 颗坦克兵徽章和 4 根红色珐琅质地军阶杠。两人都戴着缀有 M22 款帽徽的 M40 款毛帽。

款深蓝色马裤。他的 M40 款皮带上挂着盖在大衣下的 M40 款将官佩剑。

B2: 1942 年 1 月, 第 257 步兵师, 步兵中尉

这名排长隶属于第 948 步兵团, 该部队正在进攻霍尔姆包围圈中的德国第 19 军。他戴着军官版的 M41 款大檐帽, 配有 M41 款帽徽, 另有 M31 款羊皮里衬冬季大衣、"瓦伦齐"毡靴和毛皮里衬皮手套。他的军官战地装备包括一根 M32 款军官版皮带、一把套在枪套里的 7.62 毫米口径 M1895 式纳甘"气封"左轮手枪、双筒望远镜、帆布肩包里的 SM-1 防毒面具。另外他还携带了一支早期版本的 PPSh-41 冲锋枪。

B3: 1942 年 4 月, 维亚济马, 第 214 空降旅, 红军战士

1942 年 1—5 月间, 第 214 空降旅空投至维亚济马, 并在这一地区坚持战斗。这名伞兵穿戴着布质飞行帽和飞行员连体服, 佩戴有（左胸）M33 款伞兵资质徽章。另有图中看不到的缀在 M41 款无绲边领章上的空军兵种徽章。在他的 M38 款士兵腰带上, 携带有一柄刺刀和一个布质弹匣袋, 用以装他使用的 DP-28 式 7.62 毫米班用轻机枪的弹匣。

[①] 第 2 突击集团军后来被德军包围歼灭, 弗拉索夫被俘后投降德国。

C: 1942 年，高加索和克里米亚

C1: 1942 年 8 月，第 63 骑兵师，中士

这名隶属于混成骑兵师的哥萨克班长戴了一顶有 M41 款帽徽的 M36 款捷列克哥萨克羔羊毛帽。他的 M31 款骑兵棉衣上配有 M41 款卡其色领章和标识，深蓝色马裤上有蓝色绲边。M38 款腰带上挂着望远镜盒及 M1917 款弹药袋和毒气面具包。他携带着一根哥萨克马鞭，配备了一柄哥萨克剑和一支莫辛纳甘 M38 款骑兵步枪。

C2: 1942 年 11 月，第 1 山地分遣队，红军战士

尽管红军的山地步兵师并没有为高山战斗进行特别训练或配发装备，但依然为高加索战役（1942 年 7 月至 1943 年 10 月）组建了几支小规模的高山部队，包括连级规模的第 394 步兵师别动队、第 1 山地分遣队，以及配属于厄尔布鲁士峰的高山班。这名山地兵穿戴着深灰色防水上衣和长裤，配缀有兵种标识的 M41 款卡其色领章；一顶 M40 款毛帽；太阳护目镜；厚呢袜以及有金属防滑钉的山地靴。他携带着一把早期版本的 PPSh-41 冲锋枪，在 M35 款腰带上有一个 PPD-40 款弹匣袋和一个装着两枚 RGD-33 款手雷的帆布包。他还携带了一根民用的登山杖。

C3: 1942 年 6 月，塞瓦斯托波尔，第 9 海军步兵旅，海军大士

这名排长混搭穿戴着军官版和士兵版制服：一顶有 M34 款军官徽章的 M39 款大檐帽，有 M40 款袖口军阶标识和机械师专长徽章的 M34 款上衣，里面穿着海魂衫，搭配 M34 款黑色长裤和及踝鞋。M24 款腰带上挂着 PPD-40 弹匣袋、一枚 RGD-33 手雷，另有毒气面具包。

D: 1942 年，俄罗斯南部

D1: 1942 年 6 月，卡斯托尔诺耶，第 40 集团军，师政委

这名隶属于顿河方面军的师级政工军官戴着有将官版帽徽的 M41 款作战大檐帽，并穿着有棕色 M41 款将官版衣扣的 M35 款防水上衣。在 M41 款领章上有两颗 M41 款深棕色军衔钻；而政工军官袖口上的五角星已在 1941 年 8 月 1 日之后被下令废除。他搭配穿着的是 M35 款作战马裤、一根 M32 款军官版作战皮带，上有纳甘左轮手枪的枪套。

D2: 1942 年 5 月，第二次哈尔科夫之战，第 76 步兵师，二级军医

这名担任医生助手的中尉军衔军医穿着女性制服，包括一顶缀 M41 款帽徽的 M36 款深蓝色贝雷帽、一件有棕色纽扣的 M41 款连衣裙，M41 款领章上有棕色兵种和军

1943 年，两名隶属于战斗—坑道工兵营的士兵正在市区的废墟中激战。两人都戴着 M40 款头盔，穿着 M41 款伪装罩帽衫和长裤。右边的工兵配有 SN-42 款防弹甲和一把 PPSh-41 冲锋枪，而他来自喷火器连的同伴正用 LPO-50 "轻型步兵喷火器"进行瞄准。SN-42 防弹甲被采用于 1942 年间，包括一块卡其色涂装的铁质胸甲和腹股沟挡板，另有里衬和领子，以及一根棕色帆布腰带。

衔标识。可以看到她左臂上方佩戴的红十字臂环，另外还佩戴着军官版 M32 款作战腰带，穿着行军鞋，携带一个急救包。

D3: 1942 年 5 月，沃罗涅什，第 207 战斗机航空师，大尉

这名隶属于第 2 航空集团军的战斗机飞行员，戴着无里衬的夏季皮质飞行头盔和护目镜。M35 款作训服上有棕色衣扣；M41 款领章上有深绿色的军衔横杠和非官方的镀金兵种徽章。从图中角度看不到的，应该还有左臂上的 M24 款飞行员资质徽章。他穿着 M35 款作战马裤，搭配骑兵靴，M38 款军官版武装腰带上有手枪枪套，另外还穿着 PL-3M 款降落伞带。

E: 1942—1943 年，斯大林格勒之战

E1: 1942 年 12 月，塔特辛斯卡亚机场，第 16 近卫坦克旅，近卫上尉

这名第 24 坦克军的坦克连副连长，戴着有深棕色 M41 款帽徽的 M41 款船形帽，皮质 M34 款坦克手夹克上有棕色衣扣和 M41 款领章，其下应该穿着 M41 款作训服。可以看到 M42 款近卫胸章。M35 款常服腰带上挂着一顶 M34 款垫料坦克手头盔。

E2: 1942 年 11 月，第 112 步兵师，上尉

这名保卫斯大林格勒的第 62 集团军狙击手戴着 M40 款头盔，穿着一件 M41 款伪装罩帽衫和长裤，在浅棕色

底色上有深棕色"云朵"伪装色块。在伪装服下，他可能穿了一件 M41 款作训服，其上应有标识和白色金属质地狙击手徽章的 M41 款领章。他携带了一把有狙击镜的托卡列夫 SVT-40 半自动步枪、一个双筒望远镜盒、皮质托卡列夫弹药袋，还有可能在 M38 款武装腰带上挂了一个帆布的狙击镜包。

E3: 1942 年 11 月，第 291 "基辅"对地攻击航空师，中校工程师

这名航空兵工程师隶属于第 16 航空集团军，戴着 M40 款空军军官版卡其色和浅蓝色常服帽，配 M37 款徽章。这件很少见的军官版 M41 款礼服上衣配有兵种色领章，领章上有 M42 款航空工兵徽章，另有 M35 款军阶标识和袖口 V 形条。我们可以看到在衣领、前襟沿和袖口上有兵种色绲边。他佩戴了列宁奖章、红旗奖章和红星奖章，以及 M42 款航空工兵臂章，搭配穿着的有 M41 款礼服马裤和 M40 款礼服腰带。第 16 航空集团军会同第 8 航空集团军、国土防空航空军以及加配的远程航空军部队，对斯大林格勒地区行将灭亡的德国第 6 集团军进行了有效的空中狙击。

F: 1943 年，俄罗斯中部和北部

F1: 1943 年 2 月 10 日，克拉斯内博尔，第 45 近卫步兵师，中士

这名班长隶属于第 55 集团军，参与了对西班牙第 250 "蓝色"师[①]的未能成功的突袭。他穿着 M40 款雪地伪装罩帽衫和长裤，戴着 M40 款头盔，另有一顶呢质巴拉克拉法帽。在这些衣着下面，他很可能穿着 M41 款棉衣，其上有旧式的 M41 款领章和棕色军阶标识，另搭配棉裤和"瓦伦齐"毡靴。他携带着一把 PPSh-41 冲锋枪，并很可能用他的 SM-1 防毒面具包来携带更多的弹匣。

F2: 1943 年 4 月，白俄罗斯，普里皮亚季沼泽，游击队军官

躲藏在白俄罗斯森林里的游击队员，身上混穿着德国和苏联的、警察和平民的衣服。这名掉队的红军乘员，还用他的军官版 M35 款常服皮带，搭配平民的帽子和长裤，他还穿着一件 M41 款棉袄，上面配着旧式的 M41 款领章和一枚值得他夸耀的红星勋章，另外还有一双行军鞋。他装备了缴获的德国 MP40 冲锋枪，及帆布弹匣袋。

---

① 在"二战"中，佛朗哥的西班牙政府宣布"中立"，但为了报答德国在西班牙内战期间对其的支持，成立了一支由志愿人员组成的远征军，即第 250 "蓝色"师，有 17046 人编制，参加了苏德战争。该师人员自 1943 年 10 月起，分批回到西班牙。

F3: 1943 年 8 月，斯摩棱斯克，第 33 集团军，坦克兵中将

这名装甲部队指挥官穿着 1943 年 1 月 13 日开始启用的 M43 款制服。这款 M43 制服中恢复了 M40 款大檐帽，有黑色天鹅绒帽带、红色绲边、金色颏带，缀有 M40 款将官版徽章。军官版上衣有镀金 M40 款衣扣，衣领和袖口红色绲边，金色编织常服肩章上也有红色绲边，上有一颗银色金属制军衔五星。他的 M35 款常服马裤上则有红色绲边和将官版条纹。

G: 1943 年，库尔斯克和哈尔科夫

G1: 1943 年 7 月，库尔斯克突出部，中央方面军，战斗—坑道兵旅，红军战士

这名精锐战斗工兵戴着 M40 款头盔，穿着 SN-42 款防弹甲，另有 M41 款伪装罩帽衫和长裤，其浅绿底色上均有深绿色伪装色块。他装备了一具 LPO-50 喷火器，有一个步枪状的喷枪，和装在帆布背包里的三联体燃料罐。

G2 和 G3: 1943 年 8 月，哈尔科夫，第 183 步兵师，上等兵

这名亚裔上等兵戴着 M35 款"飞行员"船形帽，穿着有 M40 款衣扣的 M43 款夏季作训服，上有深红色绲边的卡其色野战服肩章，肩章上有暗红色军衔杠。下身着 M41 款夏季马裤、绑腿和及踝鞋。所有的帆布及棉布装备都是卡其色或青黄色。

从正面（G2）可以看到 M39 款背包的肩章和胸带，两者以"Y"字形交叉绑定，同时肩章底端套住了士兵版 M38 款武装腰带，交合点正在棕色皮质 M37 款步枪弹药袋后。装 SM-1 防毒面具的包斜挂在左胯部。装额外子弹的袋子和带刀鞘的 SVT-40 刺刀挂在腰前。此图中还省略了本应从他左肩头挂下的帆布制步枪弹药袋。在这一时期，另有 M35 款棕色皮带和 M1917 款弹药袋也经常被使用。

从背面（G3）可以看到 1939 年 7 月开始采用的 M39 款帆布背包，里面应该有卡其色涂装的军用饭盒，背包周围是捆好的大衣，背包下则是捆好的 M38 款斗篷/帐篷组片。一个装 RGD-33 手雷的帆布袋挂在他左胯前，右胯上则有战壕铲和用浅灰色或卡其色布包住的水壶，另有一个帆布野战包挂在腰带后部。1936 年 4 月开始采用的 M36 款浅灰色背包也经常被士兵们使用，当行军时头盔一般会挂在这款背包下。这名上等兵手中的武器是 SVT-40 半自动步枪。

H: 1943 年，乌克兰和高加索

H1: 1943 年 6 月，黑海舰队，近卫海军下士

这名士官穿着 1943 年 1 月 15 日后改进的 M34 款水兵制服。军阶展示在配 M22 款帽徽的 M34 款海军帽上。他的夏季水手服上有白色布质肩章，其上有黄色的 M43 款军阶杠，另佩戴了通信兵臂章和一枚红星奖章。他的 M24 款腰带上挂载了 M37 款弹药袋和 M1930 莫辛纳甘步枪的刺刀刀鞘，另有常规佩挂的毒气面具包。他的黑色帽带上有两根橙色的条纹和橙色的边缘，还有胸前的橙黑相间的别针胸章，都是他作为近卫部队成员的身份象征。

H2: 1943 年 10 月，诺沃西比尔斯克，第 290NKVD 步兵团，中校

这名营长隶属于猛攻诺沃西比尔斯克的第 18 集团军。他穿着红军的 M43 款常服，戴配有 M22 款帽徽的内务委员会 M35 款大檐帽。这件军官版常服上衣有蓝色的衣领和袖口绲边；昙花一现的 NKVD 版 M43 款"瓶子"形金色肩章上有品蓝色绲边和中央条纹，缀有珐琅质地步兵徽章和银色军衔五角星。他的 M35 款军官版马裤也是品蓝色绲边。有斜背带支撑的 M35 款常服腰带上有套在枪套里的 TT-33 款手枪。

H3: 1943 年 11 月，基辅，第 13 集团军，第 3 惩戒营，红军战士

步兵惩戒部队总是被部署在前线，被强令突破敌人的坚固防线，承受敌军优势兵力的反击，像诱饵一样为正规部队吸引火力，或是执行危险的侦察巡逻任务。这名惩戒士兵很幸运地被配发了一具 VIM-203 地雷探测器。他戴着 M35 款士兵版"飞行员"船形帽，上有棕色的 M41 款帽徽，穿着去掉了 M43 款肩章的 M38 款棉衣、棉裤和"瓦伦齐"毡靴。他的 M38 款武装腰带上有一把 SVT-40 刺刀和一个 M37 款弹药袋，另外还有一个 SM-1 防毒气面具包。

苏联武装力量 1939—1945 (3)

1944—1945 年

Soviet Armed Forces (3)
1944—1945

向胜利进军

本篇主要讲述从 1944 年 1 月——红军在波罗的海诸国和白俄罗斯东部，以及乌克兰中部取得平衡战势——到 1945 年 9 月 2 日日本投降为止，苏联在"二战"中最后的 21 个月。

1944 年 8 月，红军越过 1941 年的苏联国境线，开始追击疲乏不堪但依旧保有战力的德国军队。对于德国而言，战争的天平早已偏向对手：相继失去了盟友罗马尼亚、保加利亚、芬兰，只剩下斯洛伐克、匈牙利和克罗地亚。阿尔弗雷德·约德尔大将于 1945 年 5 月 7 日在法国的兰斯正式宣布德军投降，并于 5 月 8 日生效，但斯大林坚持要求于 5 月 8 日当天在柏林举行第二次投降仪式，并于 5 月 9 日生效。事实上，在捷克斯洛伐克地区，交战直到 5 月 11 日才彻底平息。

苏联军队占领中欧地区，给斯大林带来了两个重要的政治机遇：第一，他重新恢复了苏联 1941 年的边境线，拥有 15 个苏维埃加盟共和国，不仅拥有旧沙皇俄国 1917 年时的所有领土，还占据了乌克兰西部，但并未能获得芬兰。第二，他成功向外输出共产主义，在东德、波兰、捷克斯洛伐克、匈牙利、罗马尼亚、保加利亚、阿尔巴尼亚和南斯拉夫建立起了共产主义政权，从而在苏联和西德以及西方强国之间建立起了一个缓冲地带。他还将东普鲁士的北部囊括进苏联版图，改为加里宁格勒省，剩下的东普鲁士南部则划给了波兰。这种安全体系在冷战期间被正式确认，并一直延续到 1989 年 4 月间东欧剧变和 1991 年 12 月的苏联解体。

当稳固了西部边境后，斯大林掉过头来处理东方战场。1945 年 8 月，在红军的助力下，日本军队被赶出亚洲大陆。

红军地面武装力量（陆军）

1944 年 1 月 1 日至 1945 年 9 月 2 日

斯大林，作为苏联党和政府的最高领袖，在此阶段继续掌握了 4 个对战争进行有着关键意义的政府机构：人民委员会、

红军中大约有 2000 名女性狙击手，相较男性而言，她们被认为更有耐心、更冷静，但最终只有约 500 人在大战中幸存。罗莎·叶戈罗娜·沙丽娜的这张照片摄于 1944 年 11 月，她穿着配发给女兵的 M43 款卡其色呢质作训裙和深蓝色 M36 款呢质作训服，以及长筒袜和行军靴，手里是一把安装了狙击镜的 7.62 毫米口径莫辛甘纳 1891/30g 式步枪。她佩戴着金星奖章和有橙黑相间勋带的光荣二级勋章、三级勋章。作为第一名获得此殊荣的女性狙击手，沙丽娜在白俄罗斯、立陶宛和东普鲁士取得了 54 次狙杀记录，但随后她于 1945 年 1 月 28 日在东普鲁士阵亡，年仅 20 岁。

大将军衔，阿列克谢·因诺肯季耶维奇·安东诺夫，自1945年2月17日起担任总参谋长。此图中他身着新的 M45 款深绿色将官版阅兵礼服，其上有"诸兵种合成"的红色上衣缧边、衣领（以及袖口）的月桂叶图案刺绣，以及红色缧边的俄罗斯编织纹路肩章，上缀四颗银色将星。安东诺夫作为参谋军官的天赋胜于其担任一线指挥官的才能，但这并不妨碍他获得了一大堆荣誉。在左胸的苏联战役奖章下，是法国的英勇十字勋章、捷克斯洛伐克的英勇十字勋章，在外侧则是苏联胜利勋章、捷克斯洛伐克白狮勋章、波兰十字勋章。他右胸上的勋章则包括苏沃洛夫勋章和法国荣誉军团勋章。

国防人民委员会、苏联国防委员会（GKO）以及以红军总参谋部作为办事机构的苏联最高统帅部大本营。

1945年6月27日，已经是苏联元帅、苏联统帅部最高统帅的斯大林，任命自己为苏联大元帅。他将苏联元帅 K. 朱可夫任命为自己的副手，辅之以总参谋长——1945年2月17日前为苏联元帅亚历山大·华西列夫斯基，之后为大将阿列克谢·安东诺夫。

此时的红军（KA），依然分为地面武装力量和空中武装力量两个部分。但在1946年2月25日后，改称苏联军队（SA）。

苏联境内18～50周岁的男女都有应征服役的义务，直到1945年7月9日开始陆续复员。士官从行伍士兵中提拔。有潜力的士官被指派为候补军官，在提拔任用之前必须在各军种专科学院进行进修。从1943年9月21日开始，14～18周岁的男子，特别是战争孤儿，被统一送至苏沃洛夫军事学院进行军事学习，然后应征入伍。从1938年起，非俄罗斯民族的学生要参加炮兵或空军，必须送往特殊军事中学进行培训，由此提高他们对多民族的苏联的国家认同感和忠诚度。

陆军兵种

从1940年5月7日起，陆军的主要战斗兵种包括诸兵种合成步兵、诸兵种合成骑兵、装甲部队、炮兵、通信兵和技术部队。在此之外则还有保障部门和特别军官。在1944—1945年间，骑兵部队规模缩减，但炮兵、战斗工兵和技术部队有所增加。军事院校毕业的工程军官被加强配属到各个军中，专注于装甲和炮兵工程服务，另外还有由校官和接受过中等培训的士官担任主力的炮兵和装甲技术部门。原先拥有无上权威的政委，如今只是一名政工军官，作为部队首长的副职出现，并不佩戴特别的徽章。

陆军编制
军区

1944年1月1日至1945年5月8日间，存在过17个军区：阿尔汉格尔斯克军区（1944年12月15日成立）、白海军区、波罗的海军区（1945年7月9日前存续）、白俄罗斯军区（1944年12月31日成立）、白俄罗斯－立陶宛军区、哈尔科夫军区、基辅军区、利沃夫军区（1944年5月成立）、莫斯科军区、奥廖尔军区、北高加索军区、敖德萨军区（1944年4月23日成立）、南乌拉尔军区（1944年6月废除）、乌拉尔军区（1944年6月废除，1945年7月9日重建）、伏尔加军区、中亚军区和西伯利亚军区。3个位于俄罗斯欧洲区域的方面军——波罗的海第1方面军（即波罗的海军区）、列宁格勒方面军和外高加索方面军——在1945年5月后改建为军区。同时，远东第1、第2方面军和外贝加尔方面军在1945年9月分别改建

1944 年 1 月，红军步兵身着污迹重重的雪地伪装连体服，搭乘 T-34 坦克，执行列宁格勒—诺夫哥德罗攻势，最终解除了列宁格勒之围，并将德国北方集团军群赶回了波罗的海诸国。当遭遇敌人时，这些"坦克骑手"会下车步行伴随坦克作战。

为滨海军区、远东军区和外贝加尔军区。在 1945 年 7 月 9 日后，大部分军区都被临时细分，形成 29 个军区，以分别组织复员工作，但在冷战期间，又恢复到 18 个大军区的格局。

战略方向

1945 年 8 月 9 日至 9 月 3 日间，为了进行满洲战役，红军设立了远东战略方向，下辖远东第 1、第 2 方面军和外贝加尔方面军，由原总参谋长、苏联元帅华西列夫斯基指挥。

方面军

在 1944 年间，由于红军开始向西推进，战线较之前缩短，因此野战集团军也集中到 14 个方面军中，并且在 1945 年进一步减少到 9 个方面军另加 1 个骑兵—机械化集群，此外还有 3 个准备满洲战役的方面军。此时方面军的司令官通常是大将—少将军衔，拥有包括坦克和骑兵军在内的强大的方面军直属部队，还有反坦克 / 坦克歼击车旅、火箭炮旅、坦克旅、战斗—坑道工兵旅、浮舟工兵旅和营、防空炮团和通信团，下辖数量不等的野战集团军和 1 ~ 2 个航空兵集团军。两个波罗的海方面军被降格为集群：部署在东普鲁士的"泽姆兰"集群和部署在拉脱维亚西部的"库尔兰"集群。苏联统帅部还是保留了一支战略后备队以作紧急部署。这些方面军可以归到以下五个战区：

（1）北方战区，6 个方面军：1944 年 11 月前，有 1 个（卡累利阿方面军）在北极圈和卡累利阿地区战斗，5 个（列宁格勒方面军、沃尔霍夫方面军、波罗的海第 1—3 方面军）在俄罗斯西北部和波罗的海诸国战斗。

（2）中央战区，3 个方面军：白俄罗斯第 1—3 方面军，在波兰第 1

集团军的协助下，从白俄罗斯一直打到德国东北部。

（3）南方战区，4个方面军：乌克兰第1—4方面军，在罗马尼亚和保加利亚军队，以及南斯拉夫游击队的支援下，在乌克兰、波兰、罗马尼亚、奥地利、德国东南部和捷克斯洛伐克地区战斗。

（4）高加索战区：外高加索方面军解放了外高加索地区，并占领了伊朗西北部。

（5）远东战区，3个方面军：外贝加尔方面军、远东第1—2方面军在内蒙古、满洲和朝鲜北部击败了日本关东军。

集团军和集群

集团军的指挥官为中将—少将军衔，依然是红军的基本战略编制。在这一时期，共有76个集团军：53个诸兵种合成集团军、11个近卫集团军、5个突击集团军、6个坦克/近卫坦克集团军和1个骑兵集团军。集群则是一种临时设立的编制，下辖2～3个军，有集群指挥部，但没有直属部队。

截至1942年，有71个集团军（番号为第1—2红旗集团军、第3—70集团军和独立海岸集团军），后期被改编为"诸兵种合成集团军"，许多经历了数次重建。但到1943年，有7个集团军（第9、第11、第12、第29、第41、第44、第68）被永久解散；1944年又有6个集团军（第20、第34、第54、第55、第58、第63）被永久解散。他们的人员被重新分配到其他集团军或充任后方戍卫。另有5个集团军（第24、第30、第62、第64、第66）被改建为近卫集团军。因此到1945年5月，共有53个诸兵种合成集团军（番号为第1—2红旗、第3—9、第10、第13—19、第21—23、第25—28、第31—33、第35—40、第42、第43、第45—53、第56、第57、第59—61、第65、第67、第69、第70和独立海岸集团军）。诸兵种合成集团军有指挥部，并有14个特别营，另有防空师/团、炮兵师/旅/团、自走火炮团/营、反坦克或坦克歼击旅/团、火箭炮团、迫击炮团、通信团、战斗—坑道工兵旅、坦克旅/团，作为直属部队，下辖一个坦克军或机械化军，3～4个步兵军。编制人数和实力强弱在各个集团军中大不相同。

16个诸兵种合成集团军被指定为精英的"近卫"或"突击"称号。一个近卫集团军有额外的部队和更好的武器，到1943年5月，已有10个近卫集团军（番号为第1—8、第10、第11），接着在1944年12月，红军又将原独立空降集团军的伞兵改编为第9近卫集团军。突击集团军也有更好的装备，并且往往在重要地区被委以先锋突破的重任。截至1942年12月，组建了第1—5突击集团军。

从1942年5月起，红军组建了6个坦克集团军（番号为第1—6）。1944年早期，坦克集团军下辖1个机械化军和2个坦克军，1个轻型自走

苏联元帅康斯坦丁·康斯坦丁诺维奇·罗科索夫斯基是1943年7月的库尔斯克会战的英雄。作为白俄罗斯第1方面军的指挥官，在1944年6—8月的"巴格拉季昂"行动中，他将德国中央集团军群赶出了白俄罗斯，将红军带到了华沙大门前。此图中，在M43款常服外，罗科索夫斯基穿了一件黑色皮大衣，搭配红色绳边的金色常服肩章和金色绳边的红色领章。在大战结束后，波兰血统的罗科索夫斯基负责指挥波兰境内的苏联军队，并被晋升为波兰元帅。

表1: 红军方面军和集团军一览, 1944年1月1日至1945年5月9日

方面军	战略作战行动	下属集团军
统帅部战略后备（RVGK）	多地	5—7、9、19—22、26、28、32-34、39、42、47、51、52、54、61、69、70、海岸、2—4G、11G、2S、5S、2T、4T、1GT、3GT、5GT、6—8A、14A、18A
独立集团军	多地	7、14、37、海岸、4A
北方战区		
列宁格勒方面军（1945.5.9 解散）	列宁格勒—诺夫哥德罗、维堡—彼得罗扎沃茨克、波罗的海	8、21、23、42、51、54、59、67、6G、10G、1S、2S、4S、13A、15A
沃尔霍夫方面军（1944.2.15 解散）	列宁格勒—诺夫哥德罗	8、54、59、14A
卡累利阿方面军（1944.11.15 解散）	维堡—彼得罗扎沃茨克、佩琴加—希尔科内斯	7、14、19、26、32、7A
波罗的海第1方面军（1945.2.24 改编为泽姆兰集群；1945.4.2 解散）	白俄罗斯、波罗的海、东普鲁士	39、43、50、51、61、2G、11G、4S、5GT、3A
波罗的海第2方面军（1945.4.1 改编为库尔兰集群；1945.5.9 解散）	列宁格勒—诺夫哥德罗、波罗的海	22、42、51、1G、6G、10G、1S、3S、4S、14A、15A
波罗的海第3方面军（1944.4.21 成立；1944.10.16 解散）	波罗的海	42、54、61、67、1S、14A
中央战区		
白俄罗斯方面军（1944.2.24 更名为白俄罗斯第1方面军；1944.4.5 重建为白俄罗斯方面军；1944.4.16 又更名为白俄罗斯第1方面军，1945.5.9 解散）	白俄罗斯、维斯瓦河—奥得河、东波希美尼亚、柏林	3、8、10、28、33、47、48、50、61、63、65、69、70、8G、3S、5S、1GT、2T/GT、6A、16A、1P
白俄罗斯第2方面军（1944.2.24 改编自原西北方面军；1944.4.5 解散；1944.4.24 重建；1945.5.9 解散）	第聂伯河—喀尔巴阡山脉、白俄罗斯、东普鲁士、东波希美尼亚、柏林	3、19、33、43、47-50、61、65、70、2S、5GT、4A、6A
西方方面军（1944.4.24 更名为白俄罗斯第3方面军；1945.5.9 解散）	白俄罗斯、波罗的海、东普鲁士	3、5、10、11、28、31、33、39、43、48—50、2G、11G、5GT、1A、3A
南方战区		
乌克兰第1方面军（1945.5.11 解散）	第聂伯河—喀尔巴阡山脉、利沃夫—桑多梅日、东喀尔巴阡山、维斯瓦河—奥得河、柏林、布拉格	6、13、18、21、27、28、31、38、40、47、52、59、60、1G、3G、5G、1T/GT、2T/GT、3GT、4T/GT、6T、2A、8A、2P
乌克兰第2方面军（1945.5.11 解散）	第聂伯河—喀尔巴阡山脉、雅西—基什尼奥夫、贝尔格莱德、布达佩斯、西喀尔巴阡山脉、维也纳、布拉格	27、37、40、46、52、53、57、4G、5G、7G、9G、2T、6T、5GT、6GT、CM/GCM、5A、1R、4R
乌克兰第3方面军（1945.5.9 解散）	第聂伯河—喀尔巴阡山脉、雅西—基什尼奥夫、贝尔格莱德、布达佩斯、维也纳	6、26—28、37、46、57、4G、8G、9G、5S、6GT、17A、1B
乌克兰第4方面军（1944.5.31 解散；1944.8.5 重建；1945.5.11 解散）	第聂伯河—喀尔巴阡山脉、克里米亚、东喀尔巴阡山脉、西喀尔巴阡山脉、布拉格	18、28、38、51、60、海岸、1—3G、5S、8A、CC
高加索战区		
外高加索方面军（1945.8.25 解散）	—	4、45
远东战区（1944年1月1日—1945年9月2日）		
外贝加尔方面军（1945.8.9 成立；1945.9.3 解散）	满洲	17、36、39、53、6GT、CM、12A
滨海集群（1945.8.9 更名为远东第1方面军；1945.9.3 解散）	满洲	1RB、5、25、35、9—11A 9A
远东方面军1945.8.9 更名为远东第2方面军；1945.9.3 解散）	满洲	1RB、2RB、15、16、25、35、9—11A 10A

注：A= 航空集团军； B= 保加利亚集团军, CC= 捷克斯洛伐克军； CM= 骑兵—机械化集群； GCM= 近卫骑兵—机械化集群；
GT= 近卫坦克集团军； P= 波兰集团军； RB= 红旗集团军； R= 罗马尼亚集团军； S= 突击集团军； T= 坦克集团军。

1944 年 8 月，在"巴格拉季昂"行动中刚被俘虏的德国战俘列队穿越莫斯科红场，旁边戒卫的是 NKVD 内卫部队。截至 1945 年 5 月，大约有 330 万德国人被红军俘虏。直到 1955 年 10 月 7 日，在联邦德国总理康拉德·阿登纳访问莫斯科后，最后一批德国战俘才得以获释。

火炮旅和 1 个炮兵旅，并有火箭炮团、摩托车团、重型坦克团、装甲工兵团、地雷工兵团和 2 个反坦克团、2 个防空团、2 个迫击炮团。6 个坦克集团军后来都被改编为近卫坦克集团军，番号及时间如下：1944 年 4 月 25 日，第 1 近卫坦克集团军；1944 年 11 月 20 日，第 2 近卫坦克集团军；1943 年 5 月 14 日，第 3 近卫坦克集团军；1945 年 3 月 18 日，第 4 近卫坦克集团军；1943 年 2 月 25 日，第 5 近卫坦克集团军；1944 年 9 月 12 日，第 6 近卫坦克集团军。大部分坦克集团军都隶属于乌克兰第 1、第 2 方面军。

资深的第 1 骑兵集团军依然保留在远东方面军中，并未投入实战。同时，骑兵军被临时与坦克或机械化军混编成为"骑兵—机械化集群"，通常以数字或指挥的将官的名字命名，被分配为方面军或集团军的直属部队以执行特殊任务。在这一时期，总共组建了 10 个这样的集群，其中最重要的是由伊萨·佩列夫中将指挥的集群，成立于 1944 年 9 月 29 日，隶属于乌克兰第 2 方面军，并在 1945 年 1 月 26 日重命名为第 1 近卫骑兵—机械化集群。下辖坦克军、机械化军和近卫骑兵军。为了执行满洲战役，佩列夫中将在 1945 年 8 月将其重组为"蒙古苏维埃骑兵—机械化集群"，有 4 个蒙古骑兵师、5 个苏联旅和一些辅助团。

这一时期，外国军队也成为红军的有力补充，包括成立于 1944 年 4 月的捷克第 1 军（5 个旅），成立于 1944 年 7 月的波兰第 1 集团军（4 个师），成立于 1945 年 1 月的波兰第 2 集团军（4 个师），成立于 1944 年 9 月的罗马尼亚第 1 集团军（6 个师）、罗马尼亚第 2 集团军（9 个师）和保加利亚第 1 集团军（6 个师）。

步兵军和山地步兵军

1942—1943 年间，当红军逐渐遏制轴心国攻势并开始重新装备以准备反击时，红军的军和师级部队经历了大量的快速重组，但从 1944 年 1 月后，终于趋于稳定。此时的红军，共有 244 个军：135 个步兵军、41 个近卫步兵军、25 个坦克军、12 个近卫坦克军、6 个机械化军、8 个近卫机械化军、1 个骑兵军、7 个近卫骑兵军和 9 个突击炮兵军。

1942 年 4 月起，步兵军这一编制重新启用，作为野战集团军指挥部和各师之间的中间指挥层级。1942 年编制的步兵军，人数为 26500 人，指挥官为少将，其军部直属单位通常包括工兵营、通信营、军医营和机枪营以及 1 个侦察连、1 个炮兵团（后期扩充为 1 个 2 团制的炮兵旅），下辖 3 个步兵师或海军步兵旅。红军一共组建了 135 个步兵军：1942 年 4 月 27 日至 1943 年 12 月 6 日间，组建了 121 个（番号为第 1—101、第

103—119、第 121—123）；1944 年 1 月 12 日至
9 月 1 日间，又组建了 14 个（第 102、第 120、第
124—135）。近卫步兵军则至少下辖 1 个近卫步兵
师。共组建了 41 个近卫步兵军：1941 年 9 月 27 日
至 1943 年 12 月 31 日间组建了 37 个（番号第 1—
36、第 40），1944 年 1 月 1 日至 9 月 1 日间又组
建了 3 个（第 37—39）。另外在 1945 年 6 月 28 日，
红军将原第 8 步兵军改编为第 41 近卫步兵军。

1943 年 6 月 21 日，第 3 步兵军被改编为第 3
山地步兵军，下辖 3 个山地步兵师。1944 年 2 月
27 日，红军组建了第 1、第 2 轻装步兵军，在 3 月 8 日改编为轻装山地步
兵军，部署至卡累利阿地区并战斗到 1945 年 5 月。轻装步兵军下辖 2 ~ 3
个海军步兵旅或雪地营，而轻装山地步兵军则下辖 2 ~ 3 个海军步兵旅或
山地步兵旅。

一名欢悦的女交通调度员戴着
M42 款深灰色毛帽，身着毛皮里衬
的皮大衣，正用她的红黄两色信号
旗指挥红军运输车队穿过波兰—德
国边境。她身后的指路牌上醒目地
标识着——此地距离柏林仅有 165
公里（约 102 英里），已远离莫斯科
1535 公里（约 954 英里）。在指路
牌下是一个军医点的标识，而在远
处则是一块提醒苏联军队已经进入
德国领土要倍加小心的牌子。

坦克军和机械化军

红军中的坦克军、机械化军和骑兵军通常被独立指派给方面军、诸兵种
合成集团军和近卫集团军的直属部队，组建为坦克或近卫坦克集团军或骑
兵—机械化集群。1944 年编制的坦克军，是在 1942 年编制坦克军的基础
上进行了加强，拥有 10980 人，下辖 3 个摩托化步兵旅和 3 个坦克旅，另
有重型自走炮团、中型自走炮团、轻型自走炮团（每个团 21 门自走炮）；
轻型炮兵团（1944 年 8 月起）、防空团、反坦克团、迫击炮团；摩托车和
装甲车侦察营、火箭炮营（8 门火箭炮）、工兵营、通信营、军需营。4653

1945 年 1 月，一辆 ISU-152 型
自走火炮，它强大的 15.2 厘米口径
ML-20S 火炮甚至可以匹敌德国的
虎王坦克。这辆自走火炮正经过 2
辆从居民已经逃亡的德国小镇中缴
获的马拉车。驾驶员们戴着 M34 款
垫料坦克头盔或是 M40 款毛帽，身着
M43 款垫料帆布罩衣；路边的步兵则
在冬季作训服外套着 M41 款棉袄。

人编制的摩托化步兵旅和 1038 人编制的坦克旅则分别保持了 1942 年和 1943 年的编制。

1942—1943 年间，红军成立了 31 个坦克军，但到 1944 年 11 月，因解散或重组为近卫坦克军，坦克军的数量减少到 25 个（番号为第 1、第 3—13、第 17—20、第 22—25、第 27—31）。近卫坦克军下辖的近卫坦克旅和摩托化步兵旅，在 1943 年以前组建了 11 个（番号为第 1—8、第 10—12），1944 年 11 月，红军又将原第 3 坦克军改编为第 9 近卫坦克军。

机械化军混合了坦克、机械化步兵和自走火炮，最初这一编制是用来取代 1942 年编制的坦克军。1944 年编制机械化军拥有 16370 人，在 1945 年 5 月编制增加到 16438 人，设有军部，直属部队包括反坦克团、防空团、迫击炮团和两个自走火炮团；摩托车侦察营、反坦克营、火箭炮营、工兵营、通信营；下辖一个 1943 年编制坦克旅，3 个 1942 年编制机械化旅。1940—1941 年间成立的 30 个机械化军大部分都被解散或从新改编为近卫军。由于 1944 年编制的坦克军要优于机械化军编制，到 1944 年 8 月红军只剩下了 6 个机械化军（第 1、第 5、第 7—10）。一个近卫机械化军只下辖一个近卫旅。1942—1943 年间共成立了 8 个（番号为第 1—8），1944 年 7 月成立了第 9 近卫机械化军（原第 3 机械化军）。

骑兵军和炮兵军

1941 年 12 月至 1943 年 2 月间，成立了 19 个骑兵军（番号第 1—19），但到 1943 年 8 月，除了第 15 骑兵军——隶属于外高加索的第 4 集团军直属部队——都已经被解散或改为近卫部队。近卫骑兵军沿用了 1942 年的编制，但有 3 个近卫骑兵师。1941 年 11 月至 1943 年 2 月间，红军组建了 7 个骑兵军，其中更包括第 4 库班哥萨克军和第 5 顿河哥萨克军。

到 1944 年晚期，红军共有 9 个突破炮兵军（番号第 2—10），作为方面军或集团军的直属部队以统一指挥突破炮兵师和普通炮兵师。在 1945 年 4 月间，5 个突破炮兵军（第 3、第 4、第 6—8）被用于柏林战役以提供毁灭性的火力。每个突破炮兵军通常下辖 3 个火箭炮旅和 3 个突破炮兵师。

此外，各防空区（PVO）共指挥了 79 个 1943 年编制的防空师，每个师只有 1973 人，另有拦阻气球师，每个师各有一定数量的气球分队。

步兵师

在这一时期，红军共有各种编制、类型的步兵师合计 679 个。师级指挥官通常是少将或上校，许多师级单位经历了 2 次或 3 次重建。

1945 年 2 月，一队摩托化步兵正搭乘从美国租借来的 M2 半履带车，小心翼翼地穿越泥泞不堪的德国东部乡村。在车辆的散热栅栏装甲上，喷涂着："向柏林进军！"指挥官（左边，持双筒望远镜）戴着一顶浅灰色的 M40 款毛帽，身着 M31 款羊皮里衬大衣。他的部下戴着 M42 款深灰色毛帽，身着有 M43 款作训肩章和领章的 M41 款卡其色大衣。

1943 年 8 月 22 日启用的 1943 年（8 月）步兵师编制，有 9380 人。师级直属部队包括 NKVD 安全排、侦察和通信连、反坦克营和 2 连制的工兵营，3 个 2017 人编制的步兵团和 1 个野战炮兵团。步兵团有团部和直属部队（骑兵侦察排、步兵侦察排、工兵排、化学排）、通信连、冲锋枪连、反坦克步兵连、军医连和军需连，反坦克营、步兵炮营、兽医医院、军械和运输工具维修车间，下辖 3 个步兵营。每个步兵营有反坦克步兵派、反坦克排、军医排和军需排，1 个 2 排制的机枪连、1 个 2 排制的迫击炮连，下辖 3 个步兵连。每个步兵连有 1 个军医班和 1 个机枪班，以及 3 个步兵排。每个步兵排有 3 个 11 人的步兵班。野战炮兵团也有团部，直属炮组，下辖 2 个炮兵营，每个炮兵营设营部、观测排、通信炮、弹药排和军需排，另有 1 个榴弹炮组和（连）和 2 个野战炮组（连）。

1944 年间，为了保持步兵师的数量，人力编制有所下降。每个师缩减到 7189 人，取消了团级的骑兵侦察排，营级的机枪连和迫击炮连则缩小了规模，同时取消了步兵连的迫击炮排和步兵排的第 3 个步兵班。另有 6245 人编制的步兵师，减少了师级反坦克炮组（连），步兵连则取消了第 3 个步兵排。5327 人编制的步兵师有 3 个 2 营制的团，但每个步兵连保持了 3 排编制。而最小的 4400 人编制的步兵师（其实只相当于 1 个旅），只有 3 个 2 营制的团，且每个营只有 2 个连，每个连只有 2 个排。1944 年 10 月 25 日，师级工兵营扩充到 3 个连编制，而通信连也扩充为规模较小的通信营。

1944 年 12 月 18 日颁布了新的 1944 年步兵师编制，但在欧洲战区很少见到，而是从 1945 年 6 月起通用于满洲地区。该编制将步兵师人数扩充到 11706 人，并将团级反坦克步兵连替换为 1 个防空机枪排和第二个冲锋枪连。师级防空营被恢复，并将野战炮兵团扩充到拥有 1 个野战炮团、1 个榴弹炮团和 1 个迫击炮团的野战炮兵旅，其每个炮团都有 2 个营 5 个炮组。

这一时期，通过将 8 个山地步兵师（第 20、第 28、第 47、第 58、第 79、第 173、第 192、第 194）和 2 个机械化师（第 101、第 210）改编为步兵师，以及陆续重建所有被解散了的师（除了一些番号为 400 以上的步兵师之外），并缩减步兵师的人数，红军步兵师的数量持续增长，达到了 407 个（番号为第 1—35、第 37—56、第 59—67、第 69—241、第 243—317、第 319—400、第 402、第 404、第 406、第 407、第 409、第 413—417、第 418—420）。

近卫步兵师在后期被指派了更强大的火力。从 1942 年 12 月起，它有 2 个团级的冲锋枪连、1 个满编的第三炮兵营，步兵营的反坦克步兵连，以及连级的冲锋枪排。1944 年编制的近卫步兵师将反坦克营替换为自走炮

步兵们小心翼翼地进入柏林中东部的法兰克福街地铁站，准备把任何还敢于抵抗的德国人驱赶出来。在柏林地铁中的某些隧道里，此时还在发生着激战。这些士兵穿戴着船形帽和 M43 款浅卡其色棉布夏季作训服。在台阶底部的士兵（左起第二），看上去拿着一把挖壕铲——这在近战中是一种威力惊人的武器。车站入口上方的提示牌上，写着指引德国平民前往附近防空避难所的提示。

营。到 1945 年 6 月，这些变化最终普及到了所有的步兵师编制中（至少在纸面计划上如此）。近卫步兵师的数量从 1944 年 12 月的 98 个增加到 1945 年 6 月的 122 个（番号为第 1—122），其中既有新建的师，也有改编的步兵师、山地步兵师和空降师。

为外高加索地区而建立的山地步兵师，在 1943 年后开始显得多余。因此，到 1944 年 1 月仍存在的 11 个山地步兵师（番号为第 20、第 28、第 47、第 58、第 68、第 79、第 173、第 192、第 194、第 242、第 318），到 1945 年 5 月已缩减为 3 个师——第 68、第 242、第 318，另有第 128 近卫山地步兵师。1943 年编制的山地步兵师有防空营、工兵营、通信营、弹药军需营和军医营；摩托化运输连和骑兵侦察连；1 个反坦克炮组（连）、1 个 2 营制的榴弹炮团、1 个 2 营制的山地炮团；下辖 4 个 2 营制的山地步兵团。1945 年 1 月，红军成立了 6 个山地步兵旅（番号为第 3、第 31、第 32、第 69、第 70、第 72），并以此成立了 2 个轻装山地步兵军。

坦克师和摩托化师

1944 年 1 月，还有 4 个坦克师和摩托化师被分派到远东，隶属于外贝加尔方面军，直到 1945 年 9 月。M41 编制坦克师已经过时，在 1942 年时，除了第 61 和第 111 坦克师，都已经被改建为坦克军和坦克旅。M41 编制摩托化师和近卫摩托化师的编制也被取消，只剩下第 36 和第 57 摩托化师。

1945 年 4 月 30 日，柏林。第150 步兵师，第 756 步兵团的步兵，骄傲地在德国国会大厦上升起苏联旗帜。两人都戴着船形帽，在 M43 款卡其色作训服外穿着 M41 款棉衣。

骑兵师

6000 人的 1943 年骑兵师编制，启用于 1943 年 2 月 6 日，一直沿用到 1945 年 9 月。在 1944 年 1 月至 1945 年 5 月间，共有 9 个骑兵师（番号为第 1、第 8、第 23、第 30、第 32、第 39、第 59、第 63、第 84）。近卫骑兵师的编制与骑兵师相同，共成立了 17 个（第 1—17）。这些近卫骑兵师和 7 个骑兵师，按照每个军 3 个师的编制，构成了 1 个骑兵军和 7 个近卫骑兵军，同时第 59 骑兵师和第 84 骑兵师则保持了独立编制。另有 6 个哥萨克近卫骑兵师：第 3、第 9 和第 10 库班哥萨克骑兵师，第 11、第 12 顿河哥萨克骑兵师，第 4 捷列克哥萨克骑兵师。

炮兵师

团级规模的 1944 年防空炮兵师和近卫防空炮兵师编制，共有 2280 人：师部 134 人；3 个 518 人的防空炮团，每个团有 4 个 6 门制防空炮组（连）及 2 个防空机枪连；1 个 490 人的重型防空炮团，有 4 门重型防空炮；另有 102 人的维护部队。共有 73 个防空炮兵师（番号为第 2—15、第 17—74、第 76）和番号为第 1—6 的 6 个近卫防空炮兵师。其中 60 个防空炮兵师和 5 个近卫防空炮兵师单独或成对编入方面军或集团军直属部队，同时 16 个师（第 50—63 防空炮兵师、第 1 近卫防空炮兵师）隶属于莫斯科特别防空区以拱卫首都。

1942 年的炮兵师编制，在 1942 年 12 月 6 日进行了修改。另有 1943 年 3 月 1 日启用的近卫炮兵师编制。两者都有 9214 人，下辖观测营、轻型炮兵旅、榴弹炮旅、加榴炮旅和迫击炮旅。27 个炮兵师的番号为第 1—第 27，5 个近卫炮兵师的番号为第 1—5。1943 年 4 月后，它们大部分都转制为了突破炮兵师，到 1944 年 1 月，只剩下 11 个普通炮兵师（第 2、第 10、第 11、第 14、第 22、第 24、第 26、第 27，第 1、第 2、第 5 近卫）。之后又有 7 个普通炮兵师陆续转为突破炮兵师，到 1945 年 5 月，只剩下了 5 个普通炮兵师，番号为第 10、第 11、第 17（从突破炮兵师转制而来）、第 26 和第 27。

此外还成立了 3 个重型炮兵师。第 4 近卫炮兵师被改编为 5063 人的近卫重型加农炮兵师，之后又新成立了第 6 近卫重型加农炮兵师。这 2 个师都有 1 个观测营和 4 个加榴炮旅。1943 年 10 月，第 8 加农炮兵师成立了，有 4 个混成轻型加榴炮旅。所有的炮兵师都被部署为方面军或集团军直属部队。

突破炮兵师编制和近卫突破炮兵师编制都启用于 1943 年 4 月，下辖观测营、轻型炮兵旅、榴弹炮兵旅、加榴炮兵旅、重型榴弹炮兵旅、超重型榴弹炮兵旅、迫击炮旅。1944 年 9 月，其中的加榴炮旅被替换为 1 个重型迫击炮旅，并增加了 1 个火箭炮旅。1944 年 1 月，红军共有 15 个突破炮兵师（第 3、第 5—7、第 9、第 12、第 13、第 15—17、第 20、第 21、第 23、第 25），以及 4 个近卫突破炮兵师（第 1—3、第 5）。到 1945 年 5 月，第 17 突破炮兵师被解散，但改编了 7 个普通炮兵师，又新建了 5 个，使得这一可怕的炮兵力量增长到了 26 个师（第 1—7、第 9、第 10、第 12—16、第 18—25、第 28—31，以及第 1—3、第 5、第 6 近卫）。

1942 年编制的近卫迫击炮师其实是火箭炮兵师，装备了从卡车载具上发射的"喀秋莎"火箭炮。最初的 7 个师（第 1—7）一直被保留下来，并部署作为方面军或集团军直属部队。

1945 年 5 月 2 日，占领柏林后，一群红军步兵的合影。所有人都戴着 SSh-40 头盔，身着 M43 款卡其色呢质作训服和沙罗瓦力马裤及鞋子。三名军官（前排）可以从他们的作训服胸袋以及和腰带搭配的垂直皮带来辨识他们的身份。只有一个人（左起第三人）还佩戴着有五角星带扣的 M35 款军官版常规腰带，其他人都是佩戴的士兵版腰带。军官和士官（右后方）装备着 PPS-43 或 PPSh-41 冲锋枪，其他人则装备着 M1891 手动拴式步枪。

游击队员

内务人民委员会指挥和控制的游击队员大约有 374000 人，特别集中在白俄罗斯地区。他们在"巴格拉季昂"行动中支援了红军作战，并且被非官方地称为"白俄罗斯第 4 方面军"。在白俄罗斯于 1944 年 8 月被解放后，这些苏维埃游击队前往白俄罗斯西部、乌克兰西北部和波罗的海诸国，与反苏联游击队作战。在捷克斯洛伐克地区也有苏维埃游击队，而德国建立的"东方营"中的逃兵则加入了法国抵抗组织。

陆军战役简介

北方战区

这一战区在 1944 年较之前更为活跃，红军在卡累利阿地区击败了德国和芬兰军队，并重新占领了波罗的海诸国。

列宁格勒—诺夫哥德罗攻势（1944 年 1 月 14 日至 3 月 1 日）：列宁格勒方面军、沃尔霍夫方面军和波罗的海第 2 方面军向德国北方集团军群发动进攻，穿越俄罗斯西北部，并推进了 150 英里，最终解除了持续 900 天的列宁格勒之围，并威胁到波罗的海地区。

维堡—彼得罗扎沃茨克攻势（1944 年 6 月 10 日至 8 月 9 日）：列宁格勒方面军、卡累利阿方面军向德国和芬兰军队进攻，推进了 150 英里，穿过芬兰国境，并迫使芬兰寻求停战。

波罗的海沿岸攻势（1944 年 9 月 14 日至 11 月 24 日）：列宁格勒方面军、波罗的海第 1—3 方面军、白俄罗斯第 3 方面军，推进了 180 英里，占领了波罗的海沿岸大部分地区，并将德国北方集团军群围困在拉脱维亚西部的库尔兰包围圈中。

佩琴加—希尔科内斯攻势（1944 年 10 月 7—29 日）：卡累利阿方面军推进了 100 英里，迫使德国军队退入挪威北部。

1945 年 5 月，一辆 IS-2 重型坦克的乘员们正在柏林一条相对没有严重损毁的街道上，听着政治宣讲。他们戴着 M34 款垫料坦克头盔，身着没有肩章的 M34 款黑色皮质夹克，外面罩着抄进军靴里的 M35 款蓝色坦克手连体服。

一队红军步兵正谨慎地行军，穿过德国东部莱比锡城西南面魏森费尔斯地区的一处村镇，武器上膛，旗帜卷起。领头的尉官右手缠着绷带，穿着 M43 款常服上衣，携带了一个地图盒。其他军官和士兵则身着 M43 款呢质作训服。

中央战区

这依然是最重要的战区，红军在此突破了德军的战线，向前推进，并依次占领了波兰、德国东北部和柏林。

白俄罗斯攻势（即巴格拉季昂行动，1944 年 6 月 23 日至 8 月 29 日）：在经历了 9 个月的相对平静后，波罗的海第 1 方面军和白俄罗斯第 2、第 3 方面军，另加波兰军队的大约 230 万红军部队，使德国中央集团军群遭受了德国在大战中最惨重的失败，被迫后退 400 英里，撤出了白俄罗斯和波兰东部。但红军在华沙止步不前，使德军得以镇压了波兰国内军发动的华沙起义。

维斯瓦河—奥得河攻势（1945 年 1 月 12 日至 2 月 3 日）：在后续的宏大行动中，白俄罗斯第 1 方面军和乌克兰第 1 方面军，另加波兰军队，向德国 A 集团军群发动进攻，推进了 800 英里，占领了波兰剩下的部分和德国直到奥得河的边境地区。

东普鲁士攻势（1945 年 1 月 13 日至 4 月 25 日）：白俄罗斯第 2、第 3 方面军和波罗的海第 1 方面军，推进了 120 英里，占领了东普鲁士地区。

东波美拉尼亚攻势（1945 年 2 月 10 日至 4 月 4 日）：白俄罗斯第 1、第 2 方面军及波兰军队向北推进了 100 英里，占领了德国的东波美拉尼亚地区。

柏林攻势（1945 年 4 月 16 日至 5 月 8 日）：白俄罗斯第 1、第 2 方面军，乌克兰第 1 方面军，另加波兰军队，推进了 140 英里，向德国"维斯瓦"集团军群和 A 集团军群发动进攻，最终占领了柏林，并与美军在易北河会师。

南方战区

红军穿越乌克兰、波兰东南部、罗马尼亚、南斯拉夫、捷克斯洛伐克，推进到奥地利和德国东南部。

第聂伯河至喀尔巴阡山脉攻势（1943 年 12 月 24 日至 1944 年 4 月 17 日）：乌克兰第 1—4 方面军和白俄罗斯第 2 方面军向德国南方集团军群发起进攻，推进了 280 英里，解放了乌克兰西部，并进入了波兰东南部和罗马尼亚、摩尔多瓦。

克里米亚攻势（1944 年 4 月 8 日至 5 月 12 日）：乌克兰第 4 方面军推进了 160 英里，将德国 A 集团军群驱离了克里米亚地区。

利沃夫—桑多梅日攻势（1944年7月13日至8月29日）：乌克兰第1方面军向德国北乌克兰集团军群发动进攻，推进了220英里，占领了波兰东南部。

雅西—基什尼奥夫攻势（1944年8月20—29日）：乌克兰第2、第3方面军向德国南乌克兰集团军群及罗马尼亚军队发起进攻，推进了200英里，占领了摩尔多瓦，并迫使罗马尼亚停战。

东喀尔巴阡山脉攻势（1944年9月8日至10月28日）：乌克兰第1、第4方面军在捷克斯洛伐克军队的协助下，进攻德国"海因里希"集团军群，推进了70英里，穿过杜克拉山口，进入了捷克斯洛伐克东部。

贝尔格莱德攻势（1944年9月28日至10月20日）：乌克兰第2、第3方面军和南斯拉夫游击队、保加利亚军队推进了120英里，解放了南斯拉夫东部部分地区，并占领了贝尔格莱德，威胁到正从希腊和阿尔巴尼亚撤退的德军。

布达佩斯攻势（1944年10月29日至1945年2月13日）：乌克兰第2、第3方面军和罗马尼亚军队向德国南方集团军群发起进攻，推进了250英里，占领了匈牙利东部和布达佩斯。

西喀尔巴阡山脉攻势（1945年1月12日至2月18日）：乌克兰第2、第4方面军和罗马尼亚、捷克斯洛伐克军队向德国南方集团军群发起进攻，推进了140英里，占领了斯洛伐克、波兰南部和德国东南部。

维也纳攻势（1945年3月16日至4月15日）：乌克兰第2、第3方面军和保加利亚军队向德国南方集团军群发起进攻，推进了150英里，占领了维也纳和奥地利东部，并支援了在南斯拉夫北部作战的南斯拉夫游击队。

布拉格攻势（1945年5月6—11日）：乌克兰第1、第2、第4方面军，在波兰、罗马尼亚、捷克斯洛伐克军队的支援下，向德国中央集团军群发起进攻，推进了120英里，解放了波西米亚—摩拉维亚（即现在的捷克共和国）并在欧战胜利日后3天夺取了布拉格，与巴顿指挥的美国第3集团军在皮尔森会师。

这些步兵很可能是来自远东第2方面军的近卫侦察部队，在1945年8月间占领了伪满洲国（日本在满洲的傀儡政权）的重要城市——哈尔滨。他们身着标准的夏季作训服，包括M35款船形帽和M43款浅卡其色棉布作训服。

高加索战区

自1943年10月9日德国军队被赶出这一地区后，该战区没有爆发战事。戍卫该地的是外高加索方面军的第45集团军，同时另有第4集团军占领着伊朗西北部。

一名装甲部队的少尉，在 1945 年 8 月的满洲战役期间，指挥一辆 T-34 坦克。他戴着有护目镜的 M34 款垫料头盔，身着有一个胸袋的蓝色 M33 款坦克手连体服，另穿行军靴。他违反着装条例，加上了 M43 款金色常服／礼服肩章，上有红色绲边和中央条纹，并缀有银色坦克兵种徽章和一颗小的银色军衔星。

满洲战区

苏联红军最后以对日作战结束了"二战"，这也是它在 1939 年 8 月时的第一个对手。满洲战役消除了日本对苏联的威胁，并为苏联在远东地区增强影响力铺平了道路。

满洲攻势（1945 年 8 月 9 日至 9 月 2 日）：远东第 1、第 2 方面军和外贝加尔方面军向日本关东军发起进攻，推进了 500 英里，解放了日本的傀儡国——伪满洲国和伪蒙政权，并占领了朝鲜半岛北部、萨哈林岛北部和一些千岛群岛的岛屿。

陆军制服

1943 年 1 月 15 日至 1945 年 9 月 2 日

1943 年 1 月 6 日，苏联最高苏维埃主席团颁布了新的制服标准，并从 1 月 15 日起生效。这套新的制服包括高领作训服以及重新启用的肩章上的军衔标识。后者曾是俄国内战中反苏联军队的配备。苏联的宣传机构宣称，红军现在"值得信赖"穿戴传统的俄国制服——这也意味着苏联开始接受历史传承，并宣扬俄罗斯爱国主义。尽管战时各种物资短缺，但这次新制服和军衔的大规模换装还是很快就完成了，不过，还是有不少老旧装备继续掺杂其间。

1945 年 4 月，在 1940 款基础上改进而来的 1943 款将官版浅灰色军礼服，被"沙皇式深绿色"军礼服所取代；较低军阶则穿着卡其色礼服、常服和作训服。1943 年 2 月 4 日启用的两个新军衔"军兵种主帅""军兵种元帅"穿着稍微简朴一点的苏联元帅制服。非战斗兵种佩银色而非金色的标识和编织带。

头部装备

将官版 1943 款浅灰色呢质礼服大檐帽在帽冠上有兵种色绲边，并有饰面色的帽墙，在 M43 款金色（或银色）编织月桂叶（苏联元帅是橡树叶）上缀 M40 款帽徽，并有金色（或银色）帽丝带。将官的作训大檐帽另有黑色专用皮质帽带。搭配 M43 款礼服上衣时，军官和士兵佩戴 M35 款卡其色大檐帽，上有兵种色绲边和饰面色帽墙。

以下各款头部装备在这一阶段并没有进行修改：M41 款军官版卡其色作训大檐帽、SSh-40 款钢盔、M41 款军官版和 M35 款士兵版呢质"飞行员"船形帽、M40 款将官版灰色羔羊毛帽（上校的毛帽上是卡其色布质帽冠）、M42 款皮帽和 M38 款"巴拿马"帽。

上衣和作训服

　　苏联元帅穿着的 M43 款将官版灰色无袋礼服上装有 6 颗镀金前襟扣，前襟沿兵种色绲边，立领和直筒袖口上有金色丝线内边条以及厚实的金色编织橡树叶图案，另有金色的"俄罗斯穗带"肩章。军兵种元帅的礼服上有饰面色衣领和袖口，设计有金色 16 叶月桂枝图案。其他将官的礼服为浅灰色衣领，兵种色绲边，金色（或银色）内边条，金色 14 叶月桂枝图案，浅灰色袖口上有兵种色绲边，并有 3 条垂直的德国式金色/银色"近卫穗带"丝带。苏联元帅穿着的 M45 款双排扣礼服上衣有两排 6 颗金色衣扣，搭配 M43 款军衔标识，同时军兵种元帅的衣领和袖口则为深绿色。

　　M43 款军官版卡其色无袋军礼服上衣，也有 6 颗镀金前襟扣，在立领、前襟沿和直筒袖口上有兵种色绲边，饰面色四边形领章。校官的金色编织肩章上有两根金色编织领章条纹，同时在袖口的兵种色饰面上有两根"近卫穗带"。少校和尉官有一根衣领穗带和一根袖口穗带。士官的银色肩章上有银色衣领穗带，袖口有银色穗带。

　　候补军官、士官和士兵穿着的 M43 款卡其色礼服上衣有 5 颗前襟扣，士官另有金色/银色水平编制领章条纹，士兵则在普通袖口上有兵种色绲边。这款上衣一般搭配一根 M40 款棕色军官礼服皮带或士兵版的常服腰带。

　　M43 款将官版和军官版卡其色呢质五扣常服上衣是在 M40 款基础上改进而来，设计有立领，衣领和袖口有军种色绲边，搭配 M43 款常服或作训肩章。将官另有这款上衣的灰色版、夏季卡其色棉布版、厚呢版。军官穿的夏季白色常服上衣没有绲边。

　　M43 款军官版卡其色呢质冬季或浅咖色棉布夏季作训服质地优良，设计有两颗黄铜扣的立领，3 颗前襟扣，2 扣袖口，无绲边扇形带扣翻盖明贴胸袋。候补军官、士官和士兵则穿着质地较差的作训服，并没有胸袋。

大衣

　　M43 款军官版浅灰色夏季大衣，启用自 1943 年 4 月 30 日，有两排 3 颗黄铜衣扣，开领或闭领设计，普通袖口，有无扣矩形翻盖腰部暗袋，配常服肩章和领章。另有下列装备加上了 M43 款常服或作训肩章及领章：M41 款将官版浅灰色礼服大衣、M41 款军官版深灰色或卡其色双排扣常服或作训大衣、各种版本的军官版黑色皮革双排扣大衣、军官版 M31 款毛领大衣、M31 款毛领羊皮大衣。士官和士兵穿着 M41 款士兵版大衣。所

　　这张照片可以作为军官版和士兵版作训服质地差别的对比范例。讲究的中尉德米特里·巴拉绍夫（左）戴着一顶高的 M40 款浅灰色毛帽，身着有胸部暗袋的 M43 款卡其色呢质作训服。其卡其色 M43 款作训肩章有红色绲边和一条暗红色的中央条纹，还有过时的金色炮兵徽章和两颗银色军衔星。他的同伴戴着 M42 款深灰色毛帽，身着劣质的无袋作训服。可以看到这名枪手的右胸上有两条 M42 款暗红色"重伤"杠，左胸上则是光荣奖章、橙黑相间勋带的金星奖章。这是颁发给作战英勇的尉官、士官和士兵的奖励。

有军阶都可以穿 M35 款浅卡其色防水双排扣棉衣、有 M38 款高领或 M41 款下翻领的 M43 款卡其色棉衣，以及 M38 款防水罩帽披风。

腿部和脚部穿戴

将官穿 M40 款浅灰色礼服马裤，其他军官穿 M41 款卡其色礼服马裤，士官和士兵则穿着卡其色 M35 款普通马裤，搭配 M43 款礼服。在搭配 M45 款礼服时，将官穿有兵种色绲边和条纹的 M45 款深绿色礼服马裤。军官穿 M35 款军官版海军蓝常服马裤或长裤、军官版夏季白色常服长裤，以及有绲边或无绲边的 M40 款卡其色作训马裤。士官和士兵穿无绲边的卡其色 M35 款普通马裤，另外所有军阶都可以穿 M41 款冬季卡其色呢质或夏季浅卡其色棉布版长裤。

军官和骑兵士官穿黑色皮革骑兵靴，士兵穿黑色行军靴或卡其色呢质绑腿配黑色及踝鞋。所有军阶在寒冷气候中都穿"瓦伦齐"毡靴。

兵种特殊制服

M43 款制服延续了自 1940 年 7 月 13 日开始的红军制服标准化进程，但一些特殊兵种仍保留了少部分特殊制服装备。

装甲部队穿 M34 款黑色皮革或 M37 款"鼹鼠皮"夹克，同时坦克手和摩托化载具驾驶员保留了 M34 款卡其色垫料坦克手头盔和蓝色的 M35 款连体服。骑兵和野战炮兵军官保留了长款深灰色大衣和 M29 款骑兵军官版深蓝色骑兵马裤、M39 款卡其色作训大檐帽、M31 款骑兵和骑兵炮兵棉衣。哥萨克穿着 M43 款作训服，搭配深蓝色囊式 M35 款"纱洛瓦里"

表2：红军着装表，1943年1月15日至1945年9月2日		
将官	军官(1)	军士和士兵
礼服（阅兵和庆典场合）		
M43、M45款礼服帽或M40款毛帽；M43、M45款礼服上衣或白色上衣或大衣；M40、M45款礼服马裤或M35款常服毛裤；骑兵靴；M43、M45款礼服腰带	M35款常服大檐帽或M42款毛帽；M43款礼服上衣，M43款常服大衣；M35款马裤；骑兵靴；M43、M45款礼服腰带	M35款常服大檐帽或M35款船形帽；M43款礼服上衣，M43款大衣；M35/41款作训马裤；M40款腰带(2)；行军靴
便服（庆典场合）		
M43、M45款礼服帽；M43款礼服上衣或白色上衣或M45款礼服上衣；M45款常服长裤或M40款礼服长裤；鞋	M35款常服大檐帽或M42款毛帽；M43款礼服上衣，M43款常服大衣；M35款长裤；鞋	M35款常服大檐帽或M35款船形帽；M43款礼服上衣，M43款大衣；M41款作训马裤；行军靴
冬季常服（日常勤务及随队操课）		
M43款大檐帽或M40款毛帽；M43款常服上衣或白色上衣；M43款常服大衣；M35款马裤；骑兵靴；手套；M35款常服腰带和斜肩带	M35款常服大檐帽或M42款毛帽；M43款常服上衣或M43款冬季作训服；M43款常服大衣；M35款马裤；骑兵靴；手套；M35款常服腰带和斜肩带	M35款常服大檐帽或M42款毛帽；M43款冬季作训服；M43款大衣；M41款作训马裤；行军靴；M40款士兵版腰带(2)(3)；手套
冬季常服（便装）（勤务外会议、学习、休假、不随队操课）		
M43款大檐帽；M43款常服上衣；M43款常服大衣；M35款长裤；鞋；手套。	M35款常服大檐帽或M42款毛帽；M43款常服上衣或M43款冬季作训服；M43款常服大衣；M35款长裤；鞋；手套；可选M35款常服腰带和斜肩带。	同上 延长服役士官也戴M35款常服大檐帽(3)
夏季常服（日常勤务及随队操课）		
M43款大檐帽；M43款常服或白色上衣；M43款常服大衣；M35款马裤；骑兵靴；手套；M35款常服腰带和斜肩带	M35款常服大檐帽或M41款船形帽；M43款常服上衣或M43款夏季作训服和长裤；M43款常服大衣；M35款马裤；骑兵靴；M35款常服腰带和斜肩带	M35款卡其色船形帽M43款浅卡其色作训服；M43款大衣；M41款作训马裤；行军靴；M40款士兵版腰带
夏季常服（便装）（勤务外会议、学习、休假、不随队操课）		
M43款常服大檐帽；M43款常服或白色上衣；M35款马裤；骑兵靴；手套；M35款常服腰带和斜肩带	M35款常服大檐帽或M41款船形帽；M43款常服上衣或M43款夏季或白色作训服M43款常服大衣M35款马裤搭配骑兵靴或M35款长裤搭配鞋M35款常服腰带和斜肩带可选	同上
冬季和夏季戍卫制服（巡逻、站岗、阅兵，向高级军官汇报）		
—	头盔、M35款作训大檐帽或M41款船形帽；M43款冬季或夏季作训服；M43款作训大衣；M35/41款马裤；骑兵靴；手套；M35款常服腰带和斜肩带、枪套，或M32款作训腰带和支撑带、枪套；军官作战装备	头盔、M42款毛帽或M35款船形帽；M43款冬季或夏季作训服和长裤；M43款大衣；M41款作训马裤；行军靴或绑腿配鞋；手套；M40款士兵版腰带；一个弹药袋
冬季和夏季作训服（行军、演习、野外操课、作战）		
头盔，M41款作训大檐帽或M40款毛帽；M43款常服上衣或M43款作训服；M40款作训马裤；骑兵靴；手套；M32款腰带，支撑带；枪套；军官作战装备	头盔、M40款常服大檐帽，M42款毛帽；M41款船形帽或M38款巴拿马帽；M43款冬季或夏季作训服；M43款棉衣和棉裤；M43款帆布罩衣搭配M44款马裤；M43款作训大衣；M41款作训马裤；骑兵靴；手套；M35款常服腰带和斜肩带、枪套，或M32款作训腰带和支撑带、枪套；军官作战装备	头盔、M42款毛帽，M35款船形帽，M38巴拿马帽；M43款浅卡其色夏季作训服和长裤；M43款大衣；M43款棉衣和棉裤；M43款帆布罩衣搭配M44款马裤；M41款作训马裤；行军靴或绑腿配鞋；手套；M38款作训腰带；支撑带；士兵版作战装备

注：

（1）军事专科中等学校的学员穿戴军官版制服；军事院校学员穿军官版制服搭配部分士兵版装备。

（2）军事院校学员有特别的皮带。

（3）大士佩戴M38款军官版腰带和斜肩带。

一个侦察巡逻小队正在切割德国的带刺铁丝网，为随后的步兵进攻打开通道。他们穿着有大战后期伪装图案的罩帽连体服（这是一种浅卡其色底色，上有棕色"变形虫"图案，之上再套印紧密不断的带锯齿边缘的蓝色叶片状图案）。他们装备的武器是 PPS-43 冲锋枪。

长裤以及黑色皮质骑兵靴，携带"萨斯喀"马刀。捷列克哥萨克和库班哥萨克戴"库班卡"毛帽，帽冠和裤子上分别有浅蓝色和红色的绲边。顿河哥萨克戴"帕帕丘卡"皮帽，或是深蓝色的 M36 款常服大檐帽，上有红色帽冠绲边和帽墙（1941 年 2 月 1 日起，已被官方废止），裤子上另有红色宽条纹。在 1945 年 6 月 24 日的胜利大阅兵上，哥萨克骑兵穿戴着配有 M43 款常服肩章的民族特色 M36 款礼服。大战期间，哥萨克骑兵为苏维埃政权做出过巨大的贡献，但骑兵毕竟已经过时，在 1945 年 10 月至 1946 年 5 月间，大部分骑兵和所有哥萨克部队都被解散。

当执行勤务时，监督行政铁路运输、海运和公路运输的军事运输部队（VOSO）的军事首长、副首长和助理指挥官，自 1943 年 5 月 18 日起，其制服采用了一种明红色的 M35 款常服大檐帽，在帽冠前方有黑色天鹅绒三角形，其上有金色编织带翼轮子图案，帽冠和帽墙上部有绿色绲边，帽墙为黑色天鹅绒。另外他们也穿着 M43 款常服上衣，有黑色天鹅绒衣领和绿色肩章，衣领和袖口绲边（军官另有黑色中央条纹），左袖上方佩戴黑色天鹅绒绿色边缘钻石形状臂章，其上有金色金属质地或刺绣带翼轮子。从 1941 年开始，执行公路运输任务的部队在左袖上有一个红色边缘的卡其色钻石形状臂章，其上有白色边缘的黑色布质圆圈，中间有一个金色的大写"P"（军事运输调度）。

女性军人穿着与之前相同，加上了 M43 款肩章和领章，但省去了 M41 款卡其色礼服上的领章。她们的右扣式 M43 款冬季卡其色呢质或夏季浅卡其色棉布作训服只配发了很少的数量，因此女性军人通常穿着男性制服装备。她们也并没有配发 M43 款和 M45 款军礼服。

1945年1月，红军步兵在德国东部小城的战斗中，在一处面包店的废墟里隐蔽射击。他们身着标准的士兵版 M43 款冬季作训服——M42 款深灰色毛帽、有卡其色领章和肩章的 M43 款卡其色大衣。作为进攻部队，他们装备了 PPSh-41 冲锋枪，这里看到的是晚期的"香蕉"弹匣，而非早期的弹鼓。

候补军官和军事学员配发了特殊的制服和军衔标识。军事学院的候补军官穿 M43 款士兵版制服，搭配特别的常服肩章。从 1943 年 10 月 26 日起，军事专科中等学校的学员穿戴军官版头部装备和 M43 款军官上衣、作训服以及灰色双排扣常服大衣，有炮兵或空军绲边，配领章和窄的常服肩章。苏沃洛夫军事学院的军官学员穿黑色制服，包括一顶常服大檐帽，帽冠和帽墙上部有白色绲边，红色帽墙，缀有 M22 款红星帽徽，夏季另有白色帽罩。他们的 8 扣常服上衣有红色衣领和袖口绲边，立领上有红色领章，其上有金色"近卫军穗带"，红色肩章上有白色绲边，搭配有红色绲边的黑色长裤。双排扣大衣为暗门襟设计，有 6 颗黄铜前襟暗扣，腰部斜暗袋，普通无绲边袖口，白色绲边的红色领章和肩章。另外还有一种灰色的 M43 款作训服（夏季为白色），配有常服肩章。

兵种识别

红军陆军和空军的 M43 款兵种识别系统远较 M40 款复杂，但还是保留了 5 种饰面色：红色、深红色、蓝色、黑色和深绿色；5 种对比强烈的绲边色：红色、深红色、蓝色、绿色和黑色；以及 15 种兵种徽章。另外加入了 3 种次级兵种色绲边——黑色、红色和绿色。有 8 种方式标识兵种归属，详细如下：

M43 款常服大檐帽：兵种饰面色帽墙、帽冠和帽墙上沿有主要兵种色绲边。

军官版常服肩章：金色（或银色）穗带，搭配银色（或金色）军衔五角星及兵种徽章；主要兵种色绲边及中央条纹。

1945 年 3 月，德国东部，一群红军步兵正在听一名军官宣读命令。他们大多数人都戴着 M35 款船形帽，身着有红色绲边卡其色 M43 款作训标识的 M41 款卡其色大衣，佩戴 M35 款士兵版腰带，装备着 7.62 毫米莫辛纳甘步枪。只有一人（左后）身着配了 M43 款肩章的 M41 款棉衣。这名装甲部队军官戴着卡其色 M35 款常服／礼服帽，有黑色天鹅绒帽墙，穿着一件 M29 款黑色皮夹克。这张照片经典地表现出了红军老兵们在临近这场折磨人但最终取胜的大战尾声时，那种精疲力尽但坚毅、坚定的神情。

军官版作训肩章：将官版为卡其色丝质，校官和尉官为棕色呢质，上有银色（1944 年为金色）军衔五角星和常服肩章兵种徽章（兽医部门为银色）；主要兵种色绲边；军官的金色或银色编制常服肩章上，分别另有暗红色或棕色布质中央条纹。

士兵版常服肩章：兵种饰面色，有次级兵种色绲边，金色或银色编织军衔杠（与军官版兵种常服肩章对应）。金色或银色的兵种徽章配在军衔杠下方，但在黄色的部队名称之上。

士兵版作训肩章：棕色布质，次级兵种色绲边，深红色或棕色编织军衔杠（与军官版中央条纹对应）。无兵种徽章及部队名称。

常服领章：兵种饰面色，有次级兵种色绲边，配黄铜扣。将官领章为金色或银色丝线绲边。

作训服领章：棕色布质，主要兵种色绲边，配黄铜扣。将官领章为金色或银色丝线绲边。

主要兵种色绲边配在 M43 款军官版礼服上衣的衣领、袖口和前襟沿上，M43 款军官版常服和士兵版礼服上衣的衣领和袖口上，以及 M35 款深蓝色军官版马裤上。

战斗部队军衔标识

从 1943 年 7 月 24 日起，红军的军衔等级被调整纳入四个"军官"级别（取代了原有的"指挥官"级别），所有军阶都在作训服或常服肩章上佩戴军衔标识。将官的肩章尺寸为（14 ～ 16 厘米）×6.5 厘米，有六方晶体式的"之"字形（俄罗斯式）编织图案，常服搭配金色肩章，作训服搭配卡其色肩章，有银色丝线标识和布质绲边。按军阶从高级到低级的区别如下：

苏联大元帅：该军衔从 1945 年 6 月 26 日开始启用，第二天单独授予了斯大林该军衔。直到斯大林逝世为止，他都穿着苏联元帅的制服，但采用了一种下翻领的特有浅灰色常服上衣，配有常服领章。

苏联元帅：红色绲边肩章，原缀有 0.5 厘米直径五角星，在 1943 年 2 月 4 日后被取代为在 4.7 厘米直径五角星上的一个红、金、蓝三色 4.2 厘米 ×3.8 厘米 M36 款苏联徽章。另有一颗 4.45 厘米直径，嵌有白金和 5 颗钻石的金色"元帅星"证章，挂在一根红色波纹绸颈部勋带下。

军兵种主帅：该军衔启用自1943年10月27日，授予装甲兵、炮兵、工兵、通信兵和航空兵的总司令。各自分别称为：装甲兵主帅／炮兵主帅／工兵主帅／通信兵主帅／航空兵主帅。其肩章有兵种色绲边，缀有月桂花圈图案，花圈中为40毫米直径五角星，其上有银色丝线兵种徽章。但事实上，在整个"二战"期间，指挥红军炮兵的尼古拉·N.沃罗诺夫是唯一一个获得此军衔的非航空兵军官。

军兵种元帅：1943年2月4日，该军衔在装甲兵、炮兵和航空兵中启用，1943年10月27日在工程兵和通信兵中启用，军衔称为装甲兵元帅等，与军兵种主帅类似。其肩章有兵种色绲边，上有一个银色丝线质地0.5厘米（1943年10月27日后改为0.4厘米）直径五角星，及兵种徽章。从1943年2月27日起，所有军兵种元帅和主帅都佩戴一枚较小（0.42厘米直径）的嵌白金的金色"元帅星"证章，挂在兵种色波纹绸颈部勋带下。

大将：肩章红色绲边，有4颗0.22厘米直径将星。

中将—少将：肩章兵种色绲边，有1～3颗0.22厘米直径将星。炮兵将官自1943年2月8日后，在将星上方佩戴交叉加农炮的兵种徽章。

上校—少校（校官）："五边形"（即只有一个角）常服和作训服肩章，（14～16厘米）×6厘米尺寸，兵种色绲边，两条中央条纹，兵种徽章下有1～3颗0.2厘米五角星。

大尉—少尉（少校和尉官）：与校官肩章相同，但只有一条中央条纹，另有1～4颗1.3厘米直径五角星。

大士：五边形常服和作训服肩章，（14～16厘米）×6厘米尺寸，兵种色绲边，0.3厘米横向和0.15厘米纵向军衔杠，缀金属质地兵种徽章。

上士—红军战士（士官和士兵）：上士采用大士版本的肩章，但只有0.3厘米横向军衔杠，其他军阶有0～3根0.1厘米军衔杠，其下是金属质地兵种徽章，以及（很少佩戴的）黄色涂印部队名称。

非战斗部队军衔标识

10个陆军非战斗兵种都采用银色编织肩章。炮兵工程和技术部门、装甲兵工程和技术部门、军需部门，以及从1943年2月4日开始设立的行政部门，都在军衔后加上了兵种后缀，并佩戴全尺寸的军官版银色编织常服肩章，以及士官版的银色常服或棕色作训服军衔杠。技术部门将官在1943年2月4日后换为佩戴金色肩章，军官和士官的军衔则没有兵种后缀。

其他3个非战斗兵种也被授予了加兵种后缀的军衔：1943年1月2日授予军医和兽医部门，1943年2月4日授予军法军官。将官佩戴窄的（14～16厘米）×4.5厘米尺寸肩章，上有"俄罗斯式"银色编织纹路或卡其色编织纹路，配在常服和作训服上，肩章上有金色丝线兵种徽章和0.2厘米直径将星。其他军官为五边形（14～16厘米）×0.4厘米肩章，

1945年4月初，P.G.穆扎奇上校，第88独立近卫重型坦克团团长，在柏林以东50英里的科斯琴林地里拍摄肖像照。这位上校愁容满面，他很快就被指派率领自己的团防卫这座3月25日才攻下的小镇，抵御德军发动的坚决的反击。穆扎奇穿着军官版的有红色衣领和袖口绲边的M43款卡其色上衣。他的卡其色"俄罗斯编织"作训服肩章有红色绲边，上有两条暗红色中央条纹、坦克兵种徽章和两颗金色军衔章。右胸上佩戴的是红星奖章、2枚卫国战争勋章、近卫证章，左胸上是3枚红旗奖章和2枚战役奖章。

129

银色或卡其色编织纹路，缀金色金属兵种徽章和五角星（校官为 0.16 厘米直径，尉官为 0.13 厘米直径）。接受过军事训练且充任指挥岗位的军医和兽医军官佩戴全尺寸肩章。

军官学员

候补军官和学员只佩戴兵种色的常服肩章。军事学院的军官学员在其全尺寸彩色肩章的外沿有 0.12 厘米金色或银色穗带，金色或银色士官军衔杠和兵种徽章，以及军校的黄色字母缩写。

从 1943 年 10 月 26 日起，各兵种专科中等学校的学员佩戴窄的（12.5 ~ 14.5 厘米）× 0.4 厘米肩章，其外沿有 7 ~ 8 毫米金色编织带。其上有红底色缀金色交叉加农炮图案黑色绲边的炮兵标识、黑色底金色带翼螺旋桨图案浅蓝色绲边的航空兵标识，以及黄色的军校名称。另有金色的士官杠表明不同的职位：航空兵连级大士、炮兵炮组（连级）大士——1.4 ~ 1.5 厘米宽杠；副排长——3 根 0.7 ~ 0.8 厘米杠；班长——2 根 0.7 ~ 0.8 厘米杠。而军校列兵则没有军衔杠。

从 1943 年 9 月 21 日起，苏沃洛夫军事学校的学员佩戴全尺寸肩章，上有白色绲边和黄色的学校名称。最后一学年的学员中，军衔相当于代理中士的学员，在肩章上增加 0.12 厘米的金色边缘；而军衔相当于中士的学员，则另增加一条 0.12 厘米的纵向条纹。

红军空中武装力量

1944 年 1 月 1 日至 1945 年 9 月 2 日

空中武装力量是红军的战斗部队之一，包括航空团、空降（伞兵）旅，以及机场戍卫步兵。红军航空兵（AKA）的名称一直使用到 1946 年 2 月 25 日，之后改名为苏军空中武装力量（VVS-SA）。在这一阶段，空军总司令始终是空军主帅亚历山大·A. 诺维科夫。从 1944 年 1 月开始，红军空军在各个战场上都取得了空中优势，有力地支援了苏联的战略进攻。它的对手，德国空军，由于将大量兵力调配到西线以应对盎格鲁—美利坚人的战略轰炸，从 1944 年 6 月开始的诺曼底登陆，和之后在西北欧的一系列作战行动而被严重削弱。尽管第 18 航空集团军（原远程航空兵）曾在 1945 年间对德国东部实施了一些规模较小的轰炸行动，但整体而言，红军空军在大战期间都是一支战术空军，而非战略空军。

空军部队编制

空军的部队类型可以简单地被归为 5 类，另加伞兵：

（1）远程航空兵（ADD）：即战略轰炸机部队，有 17 个远程轰炸航空师，构成了 8 个远程轰炸航空军。1944 年 12 月，远程航空兵重组为第 18 航空集团军，由亚历山大·罗凡诺夫元帅指挥。

（2）18 个航空集团军：番号为第 1—18。航空集团军通常下辖 5 个航空师，另有一些独立部队。每个红军方面军都配属了 1～2 个航空集团军。

（3）统帅部预备队：下辖 20 个航空师的 6 个航空军。

（4）各军区预备队：共有 25 个航空师。

（5）国土防空战斗机航空兵（IA-PVO）：有 4 个战斗机航空军，共 21 个师，为莫斯科、列宁格勒以及在苏军反攻中解放的俄罗斯欧洲部分的重要城市提供防空保障。

平民航空队（GVF）包括第 1—3 空中运输团，以及第 1—3 和第 5 独立空中运输团。平民航空队的人员穿戴标准的 M43 款空军制服和标识。

在 1944—1945 年间，共有 45 个航空军投入实战：8 个远程航空军（第 1—4 近卫、第 5—8）、9 个轰炸航空军（第 1—7、第 9 近卫，第 19）、13 个战斗航空军（第 1—8 近卫，第 9—11、第 13、第 14）、6 个混成航空军（第 1、第 3、第 6、第 9、第 11、第 18）、9 个对地攻击机航空军（第 1—3 近卫、第 4—8、第 10）。

（左）1945 年 4 月，一名表情坚毅的近卫坦克部队乘员，已经准备好在德国一处城镇中下车步行作战。他戴着有 M22 款红星帽徽的 M42 款深灰色毛帽，身着 M35 款深蓝色坦克手连体服，上边有不符合着装条例的红色绳边 M43 款卡其色作训肩章。我们可以看到他佩戴着近卫证章和光荣奖章。他装备着一具缴获的德国"铁拳"反坦克火箭筒，以及腰带上的一枚德国 M39 款"鸡蛋"手雷。

（右）1945 年 4 月，柏林，近卫中士 I. D. 瑟里科夫骄傲地佩戴着他的一等、二等、三等光荣勋章，以及近卫证章。他戴着 M35 款船形帽，穿着一件有胸袋和镀金（而非深棕色）衣扣的军官版 M43 款作训服。他的深红色绳边卡其色 M43 款作训肩章上有三根暗红色军衔杠。他装备着一支 PPS-43 冲锋枪，站在一辆美国租借的有伪装喷涂的 M3 白色侦察车前方。

表3：红军兵种标识，1943年1月15日至1945年9月2日				
兵种	常服肩章色	主要绲边色	常服领章色	次要绲边色	兵种徽章图案（除特别标注外均为银色）
苏联元帅、大将	金色	红色	红色	金色	—
步兵将官	金色	红色	红色	金色	—
步兵	金色	深红色	深红色	黑色	枪靶上的交叉步枪
骑兵（含哥萨克）	金色	蓝色	蓝色	黑色	交叉马刀上有马蹄铁
装甲部队	金色	红色	黑色	红色	坦克
摩托化运输	金色	红色	黑色	红色	带飞翼的方向盘
装甲工程（1943.2.4）（1）	银色	红色	黑色	红色	黄铜色的装甲部队或摩托化运输部队徽章
炮兵	金色	红色	黑色	红色	交叉加农炮
反坦克炮兵	金色	红色	黑色	红色	交叉加农炮；另有袖章
炮兵工程（1943.2.4）（1）	银色	红色	黑色	红色	黄铜色交叉加农炮
炮兵技术（1944.10.21）	银色	红色	黑色	红色	黄铜色交叉锤子和扳手
工程将官	金色	深红色	深红色	金色	—
工兵	金色	黑色	黑色	黑色	交叉斧头
电气工程	金色	黑色	黑色	黑色	闪电上有交叉斧头
建设工程	金色	黑色	黑色	黑色	交叉的镐和铁锹
军事运输部队指挥官	金色	绿色	黑色	绿色	带飞翼锚、红色五角星、交叉的锤子和扳手；另有袖章
军事运输部队、铁路部队	金色	黑色	黑色	黑色	带飞翼锚、红色五角星、交叉的锤子和扳手
测量	金色	黑色	黑色	黑色	交叉锤子和扳手上有红星（1943.6.22）
化学部队	金色	黑色	黑色	黑色	交叉的筒上有面具
通信将官	金色	深红色	深红色	金色	—
通信	金色	黑色	黑色	黑色	双翼、闪电、红色五角星
技术将官（1943.2.4）	银色	深红色	深红色	银色	黄铜色交叉锤子和扳手
技术将官（1943.2.14）	金色	深红色	深红色	金色	—
技术部队（1943.2.4）	银色	各兵种色	各兵种色	银色	交叉锤子和扳手
工程技术（1943.2.14）（1）	银色	各兵种色	各兵种色	银色	黄铜色各兵种徽章（2）
军需	银色	深红色	深红色	黑色	红星、黄铜色锤子和扳手
行政	银色	红色	红色	黑色	—
军医	银色	红色	深绿色	红色	黄铜色酒杯和蛇
兽医	银色	红色	深绿色	红色	酒杯和蛇
军法	银色	深红色	深红色	黑色	黄铜色交叉双剑上有盾牌
文工团	各兵种色	各兵种色	各兵种色	各兵种色	七弦琴
政工	各兵种色	各兵种色	各兵种色	各兵种色	各兵种徽章
空军（含伞兵）	金色	浅蓝色	浅蓝色	黑色	带飞翼双叶螺旋桨
空军地勤	金色	浅蓝色	浅蓝色	黑色	—
空军工程（1943.2.4）（1）	银色	浅蓝色	浅蓝色	黑色	黄铜色带飞翼双叶螺旋桨；1944年11月后改为红星、带翼星形发动机、螺旋桨
空军技术（1944.10.21）	银色	浅蓝色	浅蓝色	黑色	黄铜交叉锤子和扳手

注：

（1）自1943年2月14日起，将官佩戴金色编织肩章。

（2）分为骑兵、步兵、工兵、电气工兵、建设工兵、铁道和化学部队、测量和通信。

航空师则共有 247 个，一般每两个航空师组成一个航空军，或是单独编制：

17 个远程轰炸航空师（第 1—9 近卫、第 1、第 12、第 36、第 45、第 48、第 50、第 53、第 54）。

1 个远程战斗航空师（第 56）。

51 个轰炸航空师（第 1—8、第 11、第 13—16、第 18、第 19—22 近卫，第 1、第 12、第 30、第 33、第 34、第 36、第 45、第 48、第 50、第 53—55、第 82、第 83、第 113、第 132、第 179、第 183、第 188、第 202、第 218、第 219、第 221、第 241、第 244、第 247、第 276、第 280、第 293、第 301、第 321、第 327、第 334）。

13 个夜间轰炸航空师（第 2、第 9 近卫，第 208、第 213、第 242、第 262、第 271、第 284、第 312—314、第 325、第 326）。

95 个战斗航空师（第 1—16、第 22、第 23 近卫，第 3、第 29、第 32、第 36、第 104、第 106、第 122—127、第 129、第 130、第 141、第 142、第 144、第 147—149、第 164、第 181、第 185、第 190、第 193、第 194、第 203、第 205、第 215、第 229、第 234—236、第 238、第 240、第 245、第 246、第 249、第 250、第 254、第 256、第 257、第 259、第 265、第 269、第 272、第 273、第 275、第 278、第 279、第 282、第 283、第 286、第 288、第 294—298、第 302—304、第 309、第 310、第 315、第 317—320、第 322—324、第 328—331、第 336）。

11 个混成航空师（第 1 近卫，第 33、第 96、第 128、第 136、第 254、第 255、第 257、第 260、第 261、第 296）。

33 个对地攻击航空师（第 1—9、第 11、第 12、第 15 近卫，第 96、第 136、第 182、第 189、第 196、第 199、第 206、第 209、第 211、第 214、第 224、第 225、第 227、第 230、第 231、第 233、第 248、第 251—253、第 260、第 261、第 264、第 266、第 277、第 280、第 281、第 289、第 291、第 292、第 299、第 300、第 305—308、第 311、第 316、第 332、第 333、第 335）。

1 个远程运输航空师（第 73）。

2 个特别运输航空师（第 2、第 4）。

空军制服

1943 年 1 月至 1945 年 9 月 2 日

红军航空兵采用了红军的 M43 款和 M45 款制服和标识，另有浅蓝色兵种色绲边和饰面，并配带翼螺旋桨图案兵种徽章。战斗部队军官在 M43 款常服大檐帽上佩戴金色五角星和双翼标识。原有的 M24 款和 M25 款飞

1944 年 3 月，第 1 近卫轰炸航空师的指挥官、近卫空军上校 F. I. 多贝什正在给一架佩特利亚科夫 Pe-2 轰炸机的机组成员布置任务。飞行员戴着毛皮里衬的棕色皮革飞行头盔，身着卡其色飞行连体服和 PL-3M 降落伞带。其中两人还穿了毛绒里衬的皮革飞行服和黑色皮毛飞行靴。可以看到 Pe-2 飞机上的近卫章和鲨鱼嘴涂装。第 1 近卫轰炸航空师隶属于第 5 航空集团军的第 2 轰炸航空军，在巴尔干地区协同乌克兰第 2 方面军作战。

行员"双翼"资质徽章依然佩戴在制服左袖上部。

空降部队

空降部队的 16 个近卫师的伞兵被改建为 3 个近卫步兵军。每个近卫军下辖 3 个空降师，但没有师部炮兵或其他直属部队。第 37 近卫步兵军（辖第 98—100 近卫步兵师）成立于 1944 年 1 月 19 日，参加了卡累利阿战斗。1944 年 8 月，该军被重命名为第 37 近卫空降军，下辖 3 个近卫空降师（番号依然为第 98—100），接着在 1944 年 8 月 9 日成立了第 38 军（第 104—106 师）、第 39 军（第 100、第 107、第 114 师）。1944 年 11 月，这 3 个军组成了"独立空降集团军"，但下个月就被重新命名为第 9 近卫集团军。伞兵们以步兵方式作战，在 1945 年 2 月的布达佩斯战役中与乌克兰第 2 方面军协同，并在 4 月的维也纳战役和 5 月的布拉格战役中，协助乌克兰第 3 方面军作战。

第 9 近卫集团军的伞兵和来自陆军的补充兵都穿着航空兵制服，但一些"老油条"还是穿戴着他们的卡其色布质飞行头盔、卡其色飞行连体服和罩帽式跳伞服，在左胸上佩戴 M33 款伞兵资质徽章。

海军

1944 年 1 月 1 日至 1945 年 9 月 2 日

苏联的海上武装舰队（VMF）由海军上将、海军人民委员、海军总司令尼古拉·G. 库兹涅佐夫指挥，海军总参谋长则是海军上将伊万·S. 伊萨科夫。两人都在 1944 年 5 月 31 日被提拔为海军元帅，接着在 1945 年 6

1945 年，第 9 近卫战斗机航空师的 4 名王牌飞行员，在一架涂有 47 颗击落纪念星的、租借法案提供的贝尔 P-39 空中飞蛇战斗机前合影。尽管 P-39——它在盟军提供给苏联的飞机中占了 1/3 的数量——在美军手中的表现平平，但苏联飞行员却用它取得了杰出的成绩。隶属于第 8 近卫战斗机航空军的第 9 近卫战斗机航空师自 1944 年 11 月起，在波兰、德国和捷克斯洛伐克支援乌克兰第 1 方面军作战。这些王牌飞行员为（从左至右）：亚历山大·库鲁波夫大尉（驾驶 P-39s 击落 31 架敌机，驾驶其他机型击落 19 架）；格里戈里·列奇卡洛夫大尉（56，6）；安德烈·特鲁德上尉（24，1）；鲍里斯·格林卡少校（31）。他们都穿戴着标准的 M43 款常服帽和作训服，列奇卡洛夫和特鲁德佩戴了金色编织常服肩章，其他两位则是卡其色作训肩章；格林卡的肩章上可以清晰地看到浅蓝色的边缘和中央条纹，以及空军徽章和军衔星。他们佩戴的奖章包括苏联英雄的金星勋章、红星奖章、列宁奖章、红旗奖章和卫国战争勋章。

月 6 日被任命为苏联海军元帅。

海军战役简介

轴心国军队的撤退使得红海军可以重新进入波罗的海和黑海，并支持红军陆军在这些海岸以及第聂伯河、多瑙河、阿穆尔河、奥涅加湖、拉多加湖附近的作战行动。

1944 年 10 月间，北方舰队参与了佩琴加—希尔科内斯战役，同时太平洋舰队和阿穆尔和分舰队在 1945 年 8—9 月间参加了满洲战役。1944 年 1—3 月间，波罗的海舰队参加了列宁格勒—诺夫哥德罗攻势，以及 1944 年 6—8 月间的维堡—彼得罗扎沃茨克攻势（另有奥涅加湖分舰队和拉多加湖分舰队）、1944 年 9—11 月的波罗的海沿岸攻势、1945 年 1—4 月的东普鲁士战役、1945 年 4—5 月的柏林攻势。同时，黑海舰队和亚速海分舰队在 1944 年 4—5 月间协助解放了克里米亚；第聂伯河分舰队参加了 1944 年 6—9 月的白俄罗斯战役以及 1944 年 4—5 月的柏林战役；多瑙河分舰队则参加了 1944 年 8 月的雅西—基什尼奥夫攻势、1944 年 9—10 月的贝尔格莱德战役、1944 年 10 月—1945 年 2 月的布达佩斯战役、1945 年 3—4 月的维也纳战役。

海军制服

1943 年 1 月 15 日至 1945 年 9 月 2 日

M43 款海军制服和标识是从 M41 款制服发展而来，并恢复了 1917 年 3 月废除的肩章。主要的制服颜色为黑色，将官和其他军官保留了各自的 M40 款黄铜衣扣。女性军人穿着女性版制服，戴 M36 款深蓝色或 M42 款卡其色贝雷帽。

军官版军礼服

M41 款海军将官版黑色礼服和常服大檐帽，配 M24 款帽徽，有金色帽丝带，并在帽檐上有金色丝线边缘和两条橡树叶刺绣图案，另有夏季使用的白色布质帽罩。礼服上衣是 M41 款，并在立领处加上了 M43 款兵种色绲边，配 M43 款肩章，水兵和舰队工程师军官的普通双扣袖口上有金色的军衔环。其他兵种在袖口处有 3 根垂直的纽扣色丝线"近卫编织带"，两侧有 3 根兵种色绲边的纽扣色饰条。M43 款黑色礼服裤没有绲边，但海岸部队、海军航空兵和军需部队将官的礼服裤上有兵种色绲边和两条宽条纹。校官的礼服帽上有黑色皮质帽带（1945 年 4 月 27 日后，改为金色或银色穗带），并有一根橡树叶帽檐刺绣，尉官的帽檐上则没有装饰物。水兵和舰队工程师将官有袖口军衔标识，其他兵种有 1 根或 2 根"近卫编织带"，搭配 1 根或 2 根兵种色绲边的纽扣色边缘饰带。M43 款海军将官版夏季阅兵礼服，包括一顶有白色帽冠的 M41 款常服大檐帽、一件搭配 M43 款肩章的 M41 款双排扣开门领白色上衣，设计有两排金色或银色衣扣，两个矩形无扣翻盖的腰部暗袋，配两颗袖扣的普通袖口，水兵和舰队工程师兵种有金色袖口军阶环。其他军官则穿 M43 款闭领白色上衣。

苏联海军元帅的 M45 款礼服或常服大檐帽，启用自 1945 年 6 月 6 日，原型为将官版 M41 款大檐帽，在帽墙前部有 4 片大的金丝线橡树叶装饰，帽檐上则有两片更宽大的刺绣"橡树叶"装饰。M45 款双排扣黑色礼服上衣为立领设计，衣领上有金色丝线边缘和"橡树叶"刺绣，两排共 6 颗 M40 款衣扣，M45 款金色编织肩章，直筒袖口上则有扇形边缘的黑色矩形袖口章，带 3 颗纽扣，两者都有金色丝线边缘和"橡树叶"刺绣。上衣在领口上有纽扣色"橡树叶"刺绣，刺绣外是纽扣色丝线边缘，另有一个斜向的纽扣色丝线缠锚图案；另有 M43 款肩章；袖口处在 3 扣式袖口章下有橡树叶刺绣。水兵和舰队工程师军官在袖口处有水平依次排列的 3 个金色刺绣缠锚图案，以及橡树叶和纽扣；其他兵种，有兵种色袖口绲边，3 根水平的纽扣色"近卫军编织带"，"橡树叶"和纽扣。水兵和舰队工程师将官的 M45 款礼服长裤上有两根宽的金色编织条纹。

校官戴有纽扣色颔带和一根纽扣色橡树叶帽檐刺绣的礼服或常服大檐帽，穿着与将官同样的礼服上衣但另有两根金色的衣领和袖口绲边，袖口章上没有橡树叶图案。尉官戴无装饰物的礼服或常服大檐帽，穿有一根衣领和袖口绲边的上衣。

军官版常服

军官版的 M43 款黑色开领常服上衣、深蓝色及白色棉质闭领常服上衣，都搭配了 M43 款肩章和袖口军衔杠。但黑色的 M43 款军官版大衣、灰色雨衣和黑色涂胶雨衣增加了肩章。M34 款黑色羔羊皮帽、黑色 M34 款飞

行员船形帽、黑色呢质 M41 款军官版礼服和常服裤都得以保留。从 1942 年 7 月 12 日起，潜艇指挥官被颁发了一枚银质底盘的徽章，上有 U 形潜艇和红星，以及金色的锤子和镰刀图案。到 1943 年 10 月 16 日后，该徽章上的锤子和镰刀图案被省略。

士兵制服

高级士官穿军官版的 M43 款常服。海军大士戴 M39 款军官版常服大檐帽，配 M24 款军官版帽徽；海军上士另有一款椭圆形黑色布质帽徽，有金色丝线边缘，缀有金色边缘的红色珐琅五角星，另加金色锤子和镰刀，以及其下的金色丝线缠锚图案。高级士官还穿着军官版的 M43 款深蓝色和白色棉质闭领常服上衣，有五颗装饰性前襟扣的 M24 款水兵版黑色双排扣大衣，或是 M34 款黑色厚呢上装，均搭配 M41 款黑色长裤。从海军中士、少士直到有 5 年以上服役资历的红海军战士都戴 M39 款军官版大檐帽，其他士兵则戴佩有 M22 款帽徽的 M39 款水手帽。此外，M34 款黑色布质"飞行员"船形帽、M34 款深蓝色冬季或白色棉质夏季水手服、蓝白相间条纹海魂衫、M34 款黑色长裤、M24 款水兵版黑色大衣、M34 款厚呢上衣、M34 款作训制服等，士兵们都继续穿着没有变更。

兵种识别

水兵、海防、海军步兵、海军航空兵、舰队工程兵种的军官，在其 M43 款礼服上有金色纽扣。这种纽扣色重复出现在军官的大檐帽帽徽、颅

一名海军上等兵（右）身着水手制服，戴着不搭调的"芬兰"黑色羔羊皮帽，正向一名带领着一群海军军官的海军少将汇报。这些军官身着 M43 款常服，包括黑色的 M41 款大檐帽、M43 款闭领深蓝色常服上衣和 M41 款黑色长裤。背景中的 IS-2 重型坦克是红军陆军的装备——海军没有装甲部队。

表 4：陆军、NKVD、空军、海军军衔和军衔标识，1943 年 1 月 15 日至 1945 年 9 月 2 日			
陆军和空军战斗部队 战斗兵种军衔（1） 非战斗兵种军衔（2） 工程技术部门军衔（3） （肩章标识）	海军（5） 战斗兵种 / 技术兵种军衔（1） 非战斗兵种军衔（2） （肩章标识 / 军官袖口环和袖口杠）	NKGB（6） NKVD 内卫部队（7） NKVD 边境军（8） （肩章标识）	英国陆军 / 皇家海军中的相应军衔
高级指挥员级；1943 年 7 月 22 日后改为将官级			**将官级**
苏联大元帅（无特别标识）			—
苏联元帅 （大五角星 / 苏联徽章，大五角星）	**苏联海军元帅** （苏联徽章 / 大五角星 / 五角星， 4 根中杠，1 根宽杠）	**国家安全总政委** （苏联徽章、大五角星）	陆军元帅
主帅 炮兵 / 航空兵 / 装甲兵 / 工程兵 / 通信兵主帅 （大五角星、花冠）	—	—	—
元帅 炮兵 / 航空兵 / 装甲兵 / 工程兵 / 通信兵主帅 （大五角星）			
大将 （4 颗将星）	**海军元帅** （4 颗将星 / 五角星，4 根中环， 1 根宽环）	**国家安全一级政委** 大将（9） （4 颗将星）	上将 / 海军上将
上将 炮兵 / 航空兵 / 装甲兵 / 工程兵 / 通信兵 上将 军需勤务 / 军医勤务 / 兽医勤务 / 军法 上将 技术兵上将 / 空军上将工程师 / 炮兵上将工程师 / 装甲上将工程师 （3 颗将星）	**海军上将** 空军 / 海岸勤务上将 / 空军上将工程师 海军 军需勤务 / 军医勤务 / 兽医勤务 / 军法 上将 （3 颗将星 / 五角星，3 根中环，1 根宽环）	**国家安全二级政委** 上将（9） （3 颗将星）	中将 / 海军中将
中将 炮兵 / 航空兵 / 装甲兵 / 工程兵 / 通信兵 中将 军需勤务 / 军医勤务 / 兽医勤务 / 军法 中将 技术兵中将 / 空军中将工程师 / 炮兵中将工程师 / 装甲中将工程师 （2 颗将星）	**海军中将** 空军 / 海岸勤务 中将 / 空军中将 工程师 海军 军需勤务 / 军医勤务 / 兽医 勤务 / 军法 中将 （2 颗将星 / 五角星，2 根中环，1 根宽环）	**国家安全三级政委** 中将 （2 颗将星）	少将 / 海军少将
少将 炮兵 / 航空兵 / 装甲兵 / 工程兵 / 通信兵 少将 军需勤务 / 军医勤务 / 兽医勤务 / 军法 中将 技术兵少将 / 空军少将工程师 / 炮兵少将工程师 / 装甲少将工程师 （1 颗将星）	**海军少将** 海军 航空兵 / 海岸勤务 少将 / 空军少将工程师 海军 军需勤务 / 军医勤务 / 兽医 勤务 / 军法 少将 （1 颗将星 / 五角星，1 根中环，1 根宽环）	**国家安全政委** 少将 （1 颗将星）	准将 / 海军准将
上级指挥员级；1943 年 7 月 24 日后改为军官级			**校官级**
上校 行政勤务 / 军需勤务 / 军医勤务 / 兽医勤务 / 军法 上校（4） 空军技术勤务 / 炮兵技术勤务 上校 （3 颗五角星，2 根条纹）	**海军上校** 航空技术勤务 上校 海军 行政勤务 / 军需勤务 / 军医 勤务 / 兽医勤务 / 军法上校 3 颗五角星，2 根条纹 / 五角星，1 根宽条	**国家安全上校** 上校 （3 颗五角星，2 根条纹）	上校 / 海军上校
中校 行政勤务 / 军需勤务 / 军医勤务 / 兽医勤务 / 军法 中校 空军技术勤务 / 炮兵技术勤务 中校 （2 颗五角星，2 根条纹）	**海军中校** 空军技术勤务 中校 海军 行政勤务 / 军需勤务 / 军医 勤务 / 兽医勤务 / 军法中校 2 颗五角星，2 根条纹 / 五角星，4 根中条	**国家安全中校** 中校 （2 颗五角星，2 根条纹）	中校 / 海军中校
少校 行政勤务 / 军需勤务 / 军医勤务 / 兽医勤务 / 军法 少校 空军技术勤务 / 炮兵技术勤务 少校 （1 颗五角星，2 根条纹）	**海军少校** 空军技术勤务 少校 海军 行政勤务 / 军需勤务 / 军医勤务 / 兽医勤务 / 军法少校 （1 颗五角星，2 根条纹 / 五角星，3 根中条）	**国家安全少校** 少校 （1 颗五角星，2 根条纹）	少校 / 海军少校
大尉 行政勤务 / 军需勤务 / 军医勤务 / 兽医勤务 / 军法 大尉 空军技术勤务 / 炮兵技术勤务 大尉 （4 颗五角星，1 根条纹）	**海军大尉** 空军技术勤务 大尉 海军 行政勤务 / 军需勤务 / 军医勤务 / 兽医勤务 / 军法 大尉 （4 颗五角星，1 根条纹 / 五角星，1 根窄条、 2 根中条）	**国家安全大尉** 大尉 （3 颗五角星，2 根条纹）	上尉 / 海军上尉

陆军和空军战斗部队 战斗兵种军衔（1） 非战斗兵种军衔（2） 工程技术部门军衔（3） （肩章标识）	海军（5） 战斗兵种 / 技术兵种军衔（1） 非战斗兵种军衔（2） （肩章标识 / 军官袖口环和袖口杠）	NKGB（6） NKVD 内卫部队（7） NKVD 边境军（8） （肩章标识）	英国陆军 / 皇家海军中的相应军衔
中级指挥员级；1943 年 7 月 27 日后改为军官级			**尉官级**
上尉 行政勤务 / 军需勤务 / 军医勤务 / 兽医勤务 / 军法 上尉 技术勤务上尉 （3 颗五角星，1 根条纹）	**海军上尉** 海军 行政勤务 / 军需勤务 / 军医勤务 / 兽医勤务 / 军法 上尉 （3 颗五角星，1 根条纹 / 五角星，2 根中条）	**国家安全上尉** 上尉 （3 颗五角星，1 根条纹）	（资深）中尉 /（资深）海军中尉
中尉 行政勤务 / 军需勤务 / 军医勤务 / 兽医勤务 / 军法 中尉 技术勤务中尉 （2 颗五角星，1 根条纹）	**海军中尉** 海军 行政勤务 / 军需勤务 / 军医勤务 / 兽医勤务 / 军法 中尉 （2 颗五角星，1 根条纹 / 五角星，1 根窄条、1 根中条）	**国家安全中尉** 中尉 （2 颗五角星，1 根条纹）	中尉 / 海军中尉
少尉 行政勤务 / 军需勤务 / 军医勤务 / 兽医勤务 / 军法 少尉 技术勤务少尉 （1 颗五角星，1 根条纹）	**海军少尉** 海军 行政勤务 / 军需勤务 / 军医勤务 / 兽医勤务 / 军法 少尉 （1 颗五角星，1 根条纹 / 五角星，1 根中条）	**少尉** 少尉 （1 颗五角星，1 根条纹）	少尉 / 代理海军少尉
初级指挥员级；1943 年 7 月 24 日后改为士官级			**士官级**
大士 行政勤务 / 军需勤务 / 军医勤务 / 兽医勤务 大士 空军技术勤务 / 炮兵技术勤务 / 工程技术勤务 大士 （1 条粗杠，1 根条纹）	**海军大士** （宽中央条纹）	**特勤大士** 大士 （1 根宽杠，1 根条纹）	二级准尉 / 海军士官长
上士 行政勤务 / 军需勤务 / 军医勤务 / 兽医勤务 上士 空军技术勤务 / 炮兵技术勤务 / 工程技术勤务 上士 （1 条粗杠）	**海军准尉** 上士（1 根宽杠）	**特勤上士** 上士（1 根宽杠）	上士 / 海军军士长
中士 行政勤务 / 军需勤务 / 军医勤务 / 兽医勤务 中士 空军技术勤务 / 炮兵技术勤务 / 工程技术勤务 中士 （3 条中杠）	**海军中士** 中士（3 根中杠）	**特勤中士** 中士 （3 根中杠）	中士 / 海军军士
下士 行政勤务 / 军需勤务 / 军医勤务 / 兽医勤务 下士 空军技术勤务 / 炮兵技术勤务 / 工程技术勤务 下士 （2 条中杠）	**海军下士** 下士 （2 根中杠）	**下士** 下士 （2 根中杠）	下士 / 领班水手
列兵级			
上等兵 （1 条杠）	**上等红海军战士** 上等兵（1 根中杠）	— 上等兵（1 根中杠）	一等兵 / 一等水兵
红军战士 （素色肩章）	**红海军战士** 红军战士（素色肩章）	**红军战士**（素色肩章）	列兵 / 二等水兵

注:
（1）战斗兵种简写: 炮兵 =A; 航空兵 =AV; 海岸勤务 =BS; 装甲兵 =BtV; 工程兵 =IV; 通信兵 =VS。
（2）非战斗兵种简写: 行政勤务 =AS; 军需勤务 =IS; 医疗勤务 =MS; 兽医勤务 =VS; 军法勤务 =Yu。
（3）工程和技术勤务简写: 航空技术勤务 =AvTS; 炮兵技术勤务 =ArTS; 炮兵工程勤务 =IArS; 航空工程勤务 =IAvS; 装甲工程勤务 =ITaS; 工程技术勤务 =ITS; 技术部队 =TeV。
（4）工程校官和技术尉官军衔包括航空工程勤务、炮兵工程勤务、装甲工程勤务、工程技术勤务、海军舰艇工程勤务。
（5）舰艇、海军步兵和舰艇工程勤务兵种，军衔有"海军"前缀。
（6）NKGB 军衔简写: 国土安全 =GB; 特勤 =SS。在 1945 年 7 月 6 日后统一更换为陆军军衔。
（7）NKVD 内卫部队还有装甲兵、炮兵、摩托化运输、骑兵、工程兵、通信兵、空军、行政、军需、军医、兽医、工程技术、军法部门人员，套用对应的陆军军衔。海军师采用海军军衔。
（8）NKVD 边境军还有骑兵、通信兵、空军、军需、行政、军医、兽医、工程技术、军法部门人员，套用对应的陆军军衔。边境军的海岸警卫部队采用海军军衔。
（9）NKVD 边境军无此军衔。

表 5：海军军官兵种识别，1943 年 1 月 15 日至 1945 年 9 月 2 日

兵种	袖口军衔杠	纽扣色	兵种色	兵种徽章	军衔种类及举例
舰艇	金色	金色	黑色	—	海军；海军少将
海岸勤务	—	金色	红色	—	陆军；海军勤务少将(4)
海军步兵	—	金色	红色	—	海军少将
海军航空兵	—	金色	浅蓝色	—	空军少将
舰艇工程	金色	金色	黑色	管钳和扳手	海军工程少将
海军建设	—	银色	黑色	管钳和扳手	少将工程师
航空工程勤务	—	银色	浅蓝色	管钳和扳手(3)	空军少将工程师(4)
航空技术勤务	—	银色	浅蓝色	管钳和扳手	空军技术勤务少将(4)
军需勤务	—	银色	深红色	—	军需勤务少将(4)
行政勤务	—	银色(1)	深红色	—	行政勤务少将(4)
军医勤务（军事 & 医疗训练）	—	银色	红色(2)	酒杯和蛇	军医勤务少将
军医勤务	—	银色(1)	红色(2)	酒杯和蛇	军医勤务少将(4)
兽医勤务	—	银色	红色	银色酒杯和蛇	兽医勤务少将(4)
军法军官	—	银色(1)	红色	交叉双剑上有盾牌	军法少将
政工军官	各兵种色	各兵种色	各兵种色	各兵种徽章	各兵种军衔

注：

（1）军官佩戴窄的 4.5 厘米肩章。

（2）校官和尉官为绿色肩章中央条纹。

（3）从 1944 年 10 月 21 日起，改为带翼螺旋桨图案。

（4）详见表 3。

带和帽檐刺绣，以及军官版 M43 款和 M45 款礼服、M43 款常服编制肩章上。水兵和舰队工程兵种配有袖口军衔杠，其他兵种则为无装饰的普通袖口。在军官版的 M43、M45 款礼服上有兵种色绲边，M43 款肩章上也有绲边和中央条纹，另有金属兵种徽章。

海军大士以下的士官和水手佩戴红黄色的职务臂章。黄色斯拉夫文字的部队记号出现在 M43 款肩章和水手服臂章上，包括如下缩写等：BF—波罗的海舰队；ChF—黑海舰队；F—海军上士；SF—北冰洋舰队；TF—太平洋舰队；AF—阿穆尔河分舰队；KF—里海分舰队；OF—奥涅加湖分舰队；VF—伏尔加河分舰队，等等。

军衔标识

海军将官有"五边形"常服肩章，尺寸为（14 ～ 16 厘米）×0.65 厘米，纽扣色的"俄罗斯编织"底纹。该肩章出现在 M43、M45 款礼服上衣、M43 款黑色开领常服上衣、蓝白色闭领常服上衣、大衣、雨衣、涂胶雨衣上。其他军官佩戴（14 ～ 16 厘米）×0.6 厘米尺寸的肩章，而军医、兽医、军需保障和军法军官佩戴较窄的（14 ～ 16 厘米）×4.5 厘米肩章。另外，水兵和舰队工程军官在 M43、M45 礼服上衣、M43 黑色开门领、M43 蓝色闭领常服上衣上有袖口军衔标识。这些袖口军衔标识包括一颗五角星，其下是金色编织的窄（0.6 厘米）、中（1.3 厘米）、宽（3.2 厘米）袖口军衔杠，长度均为 8 厘米。详细如下：

苏联海军元帅：黑色绲边金色肩章，有红金蓝3色4.2厘米×3.8厘米的M36款苏联徽章，其下是红色五角星底板上的金星和黑色无缠锚图案，均有黑色射线状装饰。袖口处有1颗5厘米直径海军将官版黑色布质五角星，边缘为金色丝线，其上有金色丝线的锤子和镰刀，其下是4根中杠和1根宽杠。

海军元帅：黑色绲边金色肩章，有4颗0.22厘米直径将星。袖口军衔标识同上。

海军上将—海军少将：兵种色绲边纽扣色肩章，1～3颗将星，其下是金属质地兵种徽章。其他海军兵种为1～3颗0.22厘米纽扣色普通五角星。袖口处有一颗5厘米直径黑色布质五角星，边缘为金色丝线，其上有金色丝线刺绣的锤子和镰刀图案，其下是1～3根中杠和1根宽杠。

海军上校—海军少校：兵种色绲边纽扣色肩章，上有两根中央条纹，缀金属质地兵种徽章，其下是1～3颗0.22厘米银星。袖口处有一颗3厘米直径金色编织五角星，其下是1条宽环、3～4根中环，或1根窄杠加2根中杠。

海军大尉—海军少尉：兵种色绲边纽扣色肩章，上有一根中央条纹，缀金属质地兵种徽章，其下是1～4颗0.13厘米银星。袖口处有一颗3厘米直径金色编织五角星，其下依次是2根中环、1根窄环、1根中环，或只有1根中环。

海军大士—海军上士：黑色布质"五角星"肩章，有3厘米金色或黄色编织杠，配在M43款深蓝色和白色棉质夏季常服上衣及M24款水手版双排扣大衣上。海军大士的肩章有一条纵向杠，海军上士的肩章为横向杠。

海军中士—红海军战士：M24款水兵版黑色大衣及M34款黑色厚呢上衣的肩章上，有0～3根1厘米款金色或黄色横向杠，另在深蓝色或白色的M43款水手服的臂章上有同样的标识。

水兵兵种的人员（从海军上将到红海军战士）所属的战舰一旦被授予"近卫"称号，就会在他们的军衔前加上"近卫舰员"。

军官学员

海军军校的军官学员穿水兵版制服，并在M43款肩章和臂章（1945年4月后有白色绲边）上佩戴相应的士兵版军衔标识，其下有金色缠锚图案。自1943年8月21日起开设的3所纳希莫夫海军学校是苏沃洛夫军校的海军版，学员穿戴水手版制服，佩戴较窄的M43款肩章及臂章，其上有个斯拉夫文字"N"，1945年4月后，他们的肩章和臂章加上了白色绲边。在海军中服役的13～17周岁的未成年士兵配发黑色窄肩章，其上有斯拉夫文字的"YU"。

康斯坦丁·莫伊谢伊夫中尉与他的海军航空兵机组成员合影——这些机组成员的帽徽显示他们是军官或海军大士——背景是一架伊柳申DB-3远程轰炸机。他们戴着M41款军官版常服帽，身着各种军服，包括莫伊谢伊夫穿的有金色常服／礼服肩章的黑色M43款大衣，一件有宽大棕色皮毛衣领和里衬的卡其色飞行连体服。

海军步兵

1945 年的一群海军步兵。他们戴着 M34 款水手帽，上有印着金色的斯拉夫文字"SEVERNIY FLOT"（北方舰队）的飘带；穿黑色 M34 款双排扣厚呢上衣、蓝白条纹海魂衫和 M34 款黑色长裤。可以看到的武器包括 PPSh-41 冲锋枪、RGD-33 木柄手榴弹。可以看到他们还在使用马克西姆帆布机枪子弹带来装弹药。

海军步兵旅既在前线作战，也作为海岸警卫部队戍卫海岸、海军基地和港口。但是，到 1944 年，红海军——特别是波罗的海舰队——将大部分海军步兵都重新召回充任舰员，只留下了 5 个旅投入到实战：卡累利阿的第 3、第 8 旅，于 1945 年 1 月 1 日解散；北极前线的第 12 旅；克里米亚和巴尔干地区的第 255 旅；1945 年 4 月在东普鲁士战斗的第 260 旅。另外还有特别组建的海军步枪旅。其中 8 个（番号为第 70—72、第 77、第 79、第 80、第 83、第 85）曾于 1944 年间在卡累利阿和列宁格勒前线作战，但到 1945 年间只有 2 个旅还有作战记录——第 83 旅于 1 月间参加了布达佩斯战役，第 72 旅于 4 月间参加了布拉格战役。海军步兵在大战结束后很快就被全部解散，但在 1963 年又重新组建。

最初海军步兵身着红海军制服，但后来增加了红军陆军制服，搭配海军帽和蓝白条纹海魂衫。红色绳边的 M43 款常服黑色肩章上，有黄色的舰队名称和金色军衔杠，或在 M43 款作训服上搭配红色绳边卡其色作训肩章，上有酒红色军衔杠。1944 年 3 月起，单独的海军步兵制服启用了。军官和高级士官穿着 M43 款海岸警卫部队制服，以及卡其色作训服，包括一顶有白色绳边和卡其色帽徽的卡其色 M44 款"飞行员"船形帽、一件卡其色 M43 款立领常服上衣，搭配棕色衣扣及有军衔标识的陆军版 M43 款卡其色作训肩章。水手带 M34 款水手帽，上有写着"MORSKA PEKHOTA"字母的飘带；穿卡其色水手服，水手服上宽大的蓝色衣领，有着白色边缘以及 M43 款黄色军衔杠，另有海魂衫和卡其色长裤及黑色行军靴。海军士兵的卡其色作训服左袖上方有一个卡其色布质椭圆臂章，上有黄色的缠锚图案。

NKVD 与 NKGB 部队

1943 年 2 月 18 日至 1945 年 9 月 2 日

内务人民委员会（NKVD）由国家安全总政委帕夫洛维奇·贝利亚领导，包括两个主要部门：NKVD 内卫部队和 NKVD 边境军。贝利亚同时还控

1945年5月，NKVD内卫部队的一名大士（左）和一名近卫上士（右）。两人都戴着M35款中蓝色常服——礼服帽，有深红色帽墙和帽管绳边，配M22款红星帽徽。虽然军衔不够格，但他们还是穿着有胸袋的军官版M43款卡其色呢质作训服；M43款卡其色作训肩章有暗红色绳边、军衔杠和中央条纹。他们还佩戴了军官版的M38款棕色皮带和斜肩带，以及沙罗瓦力马裤。骑兵剑（大士斜挂在从右肩拉下的挂带上，而他的同伴则直接挂在腰带上），可以判断出两人的骑兵身份。大士还携带了一把仪仗剑，并佩戴了光荣奖章。他的同伴佩戴了M42款近卫证章，可以看出他在陆军近卫部队中服役并获得了近卫军衔前缀。他身上还有两条黄色的"重伤"杠，以及两枚战役奖章。

制着独立的国家安全人民委员会（NKGB）。NKVD和NKGB的人员从1943年2月18日起采用了红军的M43款制服，在此基础上有一定的变化。最初军官佩戴"瓶形"肩章，但之后在1943年改为了"六边形"常服和作训肩章，同时士官和士兵佩戴陆军的"五边形"肩章。转入NKVD的红军近卫部队人员还保留着他们的"近卫军"军衔前缀。

国家安全

国家安全人民委员会（NKGB）成立于1943年4月14日，是由国家安全一级集团军级军衔，弗谢沃诺德·尼古拉耶维奇·梅尔库洛夫领导的单独部门。NKGB在1946年3月改组为一个部（国家安全部，MGB），之后又在1954年3月13日改组为一个委员会（即国家安全委员会，克格勃，KGB）。

NKGB的军官戴NKVD常服大檐帽，穿将官版M43和M45款军礼服，另有中蓝色（矢车菊色）兵种绳边和饰面。卡其色的M43款NKGB作训军官版单排6扣礼服上衣，在衣领、前襟沿、袖口和肩章上有中蓝色绳边；中蓝色领章上有两根"近卫编织带"，袖口上也有两根中蓝色绳边的垂直"近卫编织带"。尉官在衣领和袖口上各有一根"近卫编织带"。士官的中蓝色领章上有陆军样式的金色编织条纹，袖口上有中蓝色绲边。1945年，军官和士官采用了陆军样式的M43款单排5扣上衣，军官版设计的是直筒袖口。这款M43款军官版卡其色常服上衣，在衣领、袖口和肩章上有中蓝色绲边。

1945年7月6日起，NKGB部队将军衔更换为了陆军军衔，贝利亚被授予苏联元帅军衔。在M43款常服上衣和常服大衣上，军官们佩戴金色编织常服肩章，有中蓝色绲边并有金色军衔星，另有浅蓝色中央条纹，将官的肩章上还有浅蓝色之字形中央条纹。卡其色作训肩章有中蓝色绲边、浅蓝色中央条纹，以及银色（1944年为金色）军衔星。士官佩戴中蓝色常服肩章，有暗红色绲边和金色军衔杠，其卡其色作训肩章则为中蓝色绲边，有暗红色军衔杠。其常服领章为暗红色，中蓝色绲边，作训领章为卡其色，中蓝色绲边。

NKVD 内卫部队

内卫部队的10个分局同归上将军衔（1944年7月28日晋升大将），伊万·I.马斯连尼科夫领导。内卫部队以NKVD作战师的编制接受红军统一指挥，这一时期一共有59个师：5个摩托化师——第1、第2、第7、第8、第13；18个步兵师——第3—6、第9、第10、第19、第57—66、格罗兹尼；13个铁道保卫师——第22—34；7个特别工厂保卫师——第14—18、第20、第21；1个特别工厂和铁道保卫师——第31；15个运输护卫师——第35—39、第45—53、第56。另外，还有6个最初作为陆军步兵师隶属于第70"NKVD"集团军的原NKVD步兵师番号为第102、第106、第140、第161、第17、第181。

NKVD内卫部队将官戴M43款中蓝色常服大檐帽，有暗红色帽墙和帽管绲边，配M40款红军帽徽，有金色帽丝带。其他军阶配M22款红星帽徽和黑色皮质颏带。将官版M43款深蓝色双排扣礼服上衣，在衣领上有中蓝色绲边、金色丝线边缘和金色月桂图案刺绣，在袖口上的钻石状袖口章上也有同样的装饰，同时前襟沿有中蓝色绲边。M43款金色编织常服肩章有中蓝色绲边和银色军衔星。M45款礼服上衣与之相同，但主色调为深绿色。M43款深蓝色马裤和长裤有中蓝色绲边和两条宽条纹。军官、士官和士兵穿着的M43款卡其色礼服上衣与NKGB部队相同，但是为双排扣设计，有两排6颗金色衣扣，直筒袖口上有中蓝色绲边，并配暗红色领章。校官和尉官的领章分别有2根及1根"近卫编织带"，士官的领章还有水平金色条纹，士兵则佩戴素色领章。

军官版金色常服肩章，有中蓝色绲边和中央条纹，缀银色兵种徽章和军衔星。卡其色作训肩章，也有中蓝色绲边和中央条纹，缀银色（1944 年为金色）兵种徽章和军衔星。士官和士兵佩戴中蓝色绲边的暗红色常服肩章，有金色军衔杠和（偶尔）黄色的部队名称；他们的卡其色作训肩章为暗红色绲边，有酒红色军衔杠。常服领章为暗红色，中蓝色绲边，作训领章为卡其色，暗红色绲边。红军的步兵、装甲兵、炮兵、摩托化运输、骑兵、工兵、通信兵和航空兵兵种徽章会缀在相应人员的常服和作训肩章上。保障、行政、军医、兽医、工程技术和军法军官佩戴银色编织常服肩章，中蓝色绲边，有中央条纹，士官另有军衔杠。海军师则穿戴 M43 款海军制服和标识。

NKVD 边境军

1942 年 2 月起，边境军由少将（1944 年 11 月晋升中将）尼古拉·帕夫洛维奇·斯达汉诺夫领导。从 1944 年 4 月 8 日起，虽然轴心国军队依旧控制着一些斯大林宣称了主权的领土，但边防区的编制还是重新恢复了。到 1945 年 9 月 2 日，红军共有 19 个边防区 [阿塞拜疆、亚美尼亚、波罗的海（爱沙尼亚和拉脱维亚）、黑海、白俄罗斯、喀尔巴阡、中亚、东部（哈萨克）、远东、格鲁吉亚、卡累利阿—芬兰、吉尔吉斯、列宁格勒、立陶宛、摩尔多瓦、太平洋、外贝加尔、土库曼、乌克兰]，每个边防区司令通常为少将。边境军的基本部队编制是 1500 ~ 2000 人的边防队；整个大战期间共有 94 个边防队，其中 30 个投入过实战。

NKVD 边境军戴 M35 款绿色和中蓝色常服大檐帽，航空部队另有 M38 款航空兵徽章。另外他们会穿戴 NKVD 内卫部队的 M43、M45 款双排扣军礼服，以及 M43 款常服和作训服，有绿色绲边和饰面。军官配金色常服肩章或卡其色作训肩章，有绿色绲边和中央条纹以及银色军衔星。士官和士兵配绿色常服肩章，有暗红色绲边、金色军衔杠和黄色边防队编号，以及有暗红色军衔杠的绿色绲边卡其色作训肩章。常服领章为绿色，暗红色绲边，作训领章为卡其色，绿色绲边。红军的步兵、装甲兵、炮兵、摩托化运输、骑兵、工兵、通信兵和航空兵兵种徽章会缀在相应人员的常服和作训肩章上。保障、行政、军医、兽医、工程技术和军法军官佩戴银色编织常服肩章，绿色绲边，有中央条纹，士官另有军衔杠。海岸警卫巡逻旅穿戴海军的 M43 款制服和标识。

苏联武装力量指挥官
1：1944 年 5 月，苏联元帅，斯大林
2：1944 年 6 月，海军元帅，尼古拉·G.库兹涅佐夫
3：1945 年 4 月，空军元帅，亚历山大·A.诺维科夫

2   1   3

A

1944 年，北部战区
1：1944 年 6 月，维堡，第 372 步兵师，中士
2：1944 年 1 月，诺夫哥德罗，第 115 步兵师，炮兵，上校
3：1944 年 9 月，爱沙尼亚，波罗的海舰队，海军步兵，海军上尉

1   2   3

B

1944 年，中部战场和南部战场
1：1944 年 7 月，明斯克，第 25 近卫坦克旅，近卫红军战士
2：1944 年 9 月，杜克拉山口，第 211 步兵师，大尉
3：1944 年 7 月，布洛迪，第 224 对地攻击航空师，中尉

1   2   3

C

1944 年，南部战区
1: 1944 年 12 月，布达佩斯，第 46 集团军，军医勤务少将
2: 1944 年 8 月，罗马尼亚，第 5 航空集团军，空军少将
3: 1944 年 12 月，贝尔格莱德，第 62 NKVD 步兵师，上尉

1   2   3

D

1   2   3

E

1   2   3

F

1945 年 6 月 24 日，莫斯科胜利大阅兵
1：苏联元帅，格奥尔吉·K. 朱可夫
2：第 2 近卫坦克军，近卫少校
3：NKGB，国家安全三级政委（少将）

G

1

2

3

H

插图图说

A: 苏联武装力量指挥官

A1: 1944 年 5 月, 苏联元帅, 斯大林

斯大林穿着浅灰色 M43 款将官版军礼服, 帽墙、衣领和袖口上有红色"诸兵种合成"绲边及大片金色橡树叶图案刺绣装饰。肩章上还有苏联徽章和元帅星。在他的右胸上, 佩戴着苏沃洛夫一级勋章[①], 左胸上是苏联英雄勋章、列宁勋章、3 枚红旗勋章、工农红军 20 周年勋章、莫斯科保卫勋章和胜利勋章。

A2: 1944 年 6 月, 海军元帅, 尼古拉·G. 库兹涅佐夫

这名海军总司令穿着 M43 款海军将官版黑色军礼服, 包括 M41 款大檐帽和搭配 M43 款肩章的 M41 款礼服上衣。M41 款金色编织腰带下挂着仪仗短剑。右胸上是红星勋章, 左胸上是列宁勋章、红旗勋章和工农红军 20 周年勋章。

A3: 1945 年 4 月, 空军元帅, 亚历山大·A. 诺维科夫

这名空军总司令穿着 M43 款常服, 在肩章上有军兵种主帅版花环缠绕图案的将星。他佩戴的勋章包括苏联英雄的金星勋章, 以及其他 5 枚勋章——2 枚列宁勋章, 1 枚苏沃洛夫一级勋章、1 枚红旗勋章、1 枚劳动者红旗勋章。

B: 1944 年, 北部战区

B1: 1944 年 6 月, 维堡, 第 372 步兵师, 中士

这名中士隶属于第 1240 步兵团, 该部队正从芬兰队手中重新夺回维堡。他身着 M43 款夏季作训服, 戴着 SSh-40 头盔。这款 M43 夏季作训服为浅卡其色棉布质地, 有卡其色肩章, 肩章有步兵的深红色(官方称谓是"覆盆子红色")绲边, 上有 3 根暗红色("酒红色")军衔杠。他的夏季长裤抄进了士兵版的行军靴里。他携带着装有食物和小型装备的防毒面具包、一个 F-1 帆布手雷包和一个装有 PPSh-42 冲锋枪弹匣的帆布弹药袋。右胸上有 M43 款杰出侦察兵徽章, 另有两条红色的"轻伤"杠。他的左胸上则是列宁格勒保卫勋章。

B2: 1944 年 1 月, 诺夫哥德罗, 第 115 步兵师, 炮兵, 上校

这名 313 野战炮兵团的指挥官正在参加解除列宁格勒之围的诺夫哥德罗—卢加战役。他穿着 M43 款军官版常

苏联元帅谢苗·K. 铁木辛哥的这张照片拍摄于 1945 年 6 月, 他穿着浅灰色的 M43 款将官版军礼服, 有金色帽墙、衣领(及袖口)刺绣, 并有与军衔配合的金色编织肩章。他的右胸上佩戴着胜利勋章, 喉部是元帅星, 左胸上则有苏联英雄勋章, 其下是两枚列宁奖章、3 枚红旗奖章, 以及工农红军 20 周年奖章。铁木辛哥于 1943 年 2 月指挥西北方面军在德米扬斯克作战不力之后, 再也未能回到一线指挥官的位置。

服制服, 戴 M43 款上校版羔羊毛帽。灰色的常服大衣上有金色编织肩章, 炮兵红色绲边, 缀有交叉加农炮的兵种徽章, 另有红色绲边的炮兵版黑色天鹅绒领章。

B3: 1944 年 9 月, 爱沙尼亚, 波罗的海舰队, 海军步兵, 海军上尉

这名正在执行重新占领波罗的海诸国作战任务的独立营的副营长, 穿着 M44 款海军步兵作训服, 包括白色绲边的 M44 款军官版卡其色"飞行员"船形帽, 以及一件 M44 款闭门领上衣。他的陆军版肩章为红色绲边, 上有银色军衔星。我们可以看到他佩戴着海军步兵的金色袖章, 陆军军官版棕色皮质携具, 以及涂成棕色的海军帽徽和皮带扣。他右胸上的红星勋章下有黄色和红色的短杠, 分别代表"重伤"和"轻伤"; 他还佩戴了一枚列宁格勒保卫勋章。

C: 1944 年, 中部战场和南部战场

C1: 1944 年 7 月, 明斯克, 第 25 近卫坦克旅, 近卫红军战士

这名隶属于第 5 近卫坦克集团军的坦克乘员, 正在随队参加歼灭德国中央集团军群的"巴格拉季昂"行动。他戴着灰色 M34 款垫料头盔, 身着灰色 M35 款坦克手连体服, 其下是 M43 款卡其色呢质作训服。可以看到他右胸上的近卫证章。他的个人武器为一把 7.62 毫米口径 TT-30 托卡列夫手枪, 其枪套挂在一根纵向皮带上。

C2: 1944 年 9 月, 杜克拉山口, 第 211 步兵师, 大尉

这名第 894 步兵师的连长正在第 38 集团军突入斯洛伐克东部的作战行动间歇中惬意地享用一杯茶。他身着 M43 款军官版作训服, 包括 M40 款作训大檐帽和 M43 款呢质作训服。作训肩章为步兵的深红色绲边, 上有暗红色的中央条纹和银色的军衔标识。他佩戴着 M35 款军官版皮质携具, 包括 1 根常服腰带、1 个 7.62 毫米口径莫

辛纳甘 M1895 式左轮手枪的枪套、1 个地图盒和一个双筒望远镜盒。他被授予了两根黄色的"重伤"杠，其上是红星勋章。

C3: 1944 年 7 月, 布洛迪, 第 224 对地攻击航空师, 中尉

这名伊柳申伊尔－2 飞机的飞行员隶属于第 2 航空集团军, 他的部队正在乌克兰第 1 方面军的指挥下发动利沃夫—桑多梅日攻势, 以夺回乌克兰西北部。他身着没有兵种色绳边的 M43 款夏季作训服——1 顶 M41 款"飞行员"船形帽, 1 件 M43 款军官版作训服和马裤。他的左袖上有 M24 款飞行员"双翼"资质臂章, 作训肩章有空军的浅蓝色绳边, 以及暗红色中央条纹和银色军衔标识。他的 TT-30 手枪枪套配在 PL-3M 降落伞带下的腰带上。

D: 1944 年, 南部战区

D1: 1944 年 12 月, 布达佩斯, 第 46 集团军, 军医勤务少将

这名第 46 集团军的军医勤务部门指挥官穿着 M43 款军医勤务将官版常服。其 M41 款军官版常服 / 礼服帽有深绿色帽墙、红色绳边、一个"非战斗部队"的银色帽徽和颏带。其常服上衣为卡其色粗布质地, 没有大衣, 在衣领和袖口处有红色绳边。肩章是保障勤务军官的窄式版本。蓝色的常服—礼服马裤有将官的两根红色条纹和绳边。可以看到他佩戴了左轮手枪。

D2: 1944 年 8 月, 罗马尼亚, 第 5 航空集团军, 空军少将

在雅西—基什尼奥夫攻势期间, 这名将官正身处集团军指挥部, 他穿着 M43 款军官版常服, 配有 M40 款作训大檐帽和 M43 款野战上衣。他的作训肩章是卡其色丝质编织款。他上衣衣领、袖口以及马裤裤缝处的浅蓝色绳边是唯一可以识别他的空军军官身份的象征。他佩戴的勋表显示出他曾获得卫国战争二级勋章、红旗勋章、1941 年基辅保卫勋章、红星勋章和 1943 年高加索保卫勋章。

D3: 1944 年 12 月, 贝尔格莱德, 第 62 NKVD 步兵师, 上尉

这名师级炮兵部队的炮组副指挥官隶属于乌克兰第 3 方面军。他穿戴着 NKVD 的 M35 款中蓝色和暗红色常服帽, 搭配陆军的作训制服, 包括一件 M41 款作训大衣。他的"六边形"金色编织常服肩章有中蓝色绳边, 缀有炮兵兵种徽章和军衔星。他的常服领章为暗红色, 有中蓝色绳边。

E: 1945 年, 中央战区、南方战区和北方战区

E1: 1945 年 1 月, 华沙, 第 47 近卫坦克旅, 近卫下士

这名班长隶属于第 2 近卫坦克集团军, 已准备好下车作战。他穿戴着 M43 款冬季作训服及 M40 款"芬兰"毛帽（可以看到浅棕色的五角星帽徽）、M43 款士兵版大衣和"瓦伦西"毡靴。大衣为暗扣设计, 卡其色作训领章和肩章有装甲部队的红色绳边, 另有酒红色的军衔杠。他佩戴着近卫证章, 携带着一把 PPSh-41 冲锋枪、一个装多余弹鼓的袋子, 以及一个装杂物的防毒面具包。

E2: 1945 年 4 月, 维也纳, 机场戍卫营, 上等兵

这名隶属于第 17 航空集团军机场戍卫营的步兵戴着 M40 款帽子, 穿着 M42 款加厚帆布罩衣、M44 款加厚帆布长裤、卡其色绑腿和及踝鞋。他的卡其色 M43 款作训领章和肩章有空军的浅蓝色绳边, 后者还有 1 根暗红色的军衔杠。他装备着 1 支 14.5 毫米口径捷格加廖夫 PTRD 反坦克步枪, 但只携带了最少量的作战装备: 1 个 M37 款步枪弹药袋、1 个防毒面具包。他的挖壕铲在近战中非常有用。

E3: 1945 年 1 月, 波罗的海舰队, 海军少校, 亚历山大·I.马利涅斯克

在德军的库尔兰大撤退行动中, 马利涅斯克的 S-13 潜艇用鱼雷击沉了德军战舰"威廉·古斯塔夫"号。大约 9300 名士兵和平民难民丧生——这是海洋史上最大的一次人员伤亡记录, 如此之高的平民伤亡, 即使按照残酷的卫国战争的标准来衡量也是令人震惊的数字。马利涅斯克是罗马尼亚—乌克兰混血后裔, 是一名不守纪律的酒鬼, 经常篡改或夸大战绩, 他坚信苏联掩盖"威廉·古斯塔夫"号事件是夺去了他应得的荣誉。1945 年 9 月, 他被苏联海军除名, 死于 1963 年。此图中, 马利涅斯克穿着 M43 款常服, 在黑色皮质武装腰带上有套在枪套里的托卡列夫 TT-30 手枪。作为一名水兵军官, 他佩戴着有黑色条纹的金色肩章, 袖口上有金色军衔杠和一颗五角星, 还佩戴了 M43 款潜艇指挥官胸章。

F: 1945 年, 中欧

F1: 1945 年 5 月, 布拉格, 第 10 近卫骑兵师, 近卫大士

这名骑兵中队大士隶属于第 1 近卫骑兵—机械集群, 抢劫了一名捷克平民的腕表。他戴着一顶库班哥萨克的"库班卡"帽, 穿着红色绳边的囊式蓝色马裤、标准版的 M43

款浅卡其色棉布夏季作训服。他脚上是软皮的哥萨克靴，携带着一把哥萨克马刀和一条小型马鞭。除此之外，他还佩戴着标准的骑兵装备：黑色绲边的蓝色常服肩章，上有金色军衔杠，以及其他按军衔配发的军官版装备。他佩戴着近卫证章、高加索保卫勋章和工农红军20周年勋章。

F2: 1945年4月25日，托尔高，第58近卫步兵师，下士

这名正在萨克逊小镇指挥交通的女性士官，隶属于在"会师日"与美国第69步兵师会师的第5近卫集团军。她身着M41款卡其色裙子，但其他都是男性服饰：一顶M35款船形帽和M43款作训服。她的卡其色作训肩章为步兵的深红色绲边，上有酒红色军衔杠。可以看到她的袖标上有军事交通调度人员的钻石形图案。她携带着交通指挥旗，但还有一把PPSh-41冲锋枪和弹匣袋。

F3: 1945年4月30日，柏林，第150步兵师，上等兵

这名隶属于第756步兵团反坦克排的战士，协助步兵攻击德国国会大厦，穿着M43款士兵版夏季作训服，戴着SSh-40头盔。他的作训服上有M43款反坦克人员钻石形袖标，但他的常服/礼服肩章却并不正规，为炮兵部队的黑色版，并有红色绲边，另有金色军衔杠和兵种徽章。他像反坦克步兵惯常那样轻装上阵，斜挂着一支7.62毫米SVT-40半自动步枪，搬运着M43式ZiS反坦克炮的高爆穿甲弹。

G: 1945年6月24日，莫斯科胜利大阅兵

G1: 苏联元帅，格奥尔吉·K. 朱可夫

这是朱可夫军事生涯的顶点，他骑着一匹白色战马，从克里姆林宫的斯帕斯基门骑行而出，与阅兵总指挥罗科索夫斯基元帅会合，并检阅了受阅部队。朱可夫身着新的将官版M45款"沙皇绿"军礼服，有红色绲边和大量的金色刺绣。他身上灿若繁星的勋章和奖章包括黑橙相间勋带的对德胜利勋章、法国英勇十字勋章、法国荣誉军团勋章、波兰十字勋章、美国功勋勋章、蒙古诺门罕奖章。他佩戴的是M40款将官版仪仗剑。

G2: 第2近卫坦克军，近卫少校

这名营长扛着紫底红边的第2近卫坦克军旗帜，穿M43款军官版卡其色军礼服，戴着SSh-40头盔。上衣衣领戴着装甲部队的黑色饰面领章，上有校官的金色双杠，袖口上则有黑底上的两条"近卫编织带"（可以注意到，这种德国式的编织带不仅出现在近卫部队中，事实上也是所有军队军官这款制服上的装饰元素）。衣领、肩章、袖口和马裤裤缝都有红色绲边。他的右胸上是近卫证章、3

克里姆林宫的斯帕斯基门外，NKVD内卫部队第1"费利克斯·捷尔任斯基"[1]步兵师，特别组建的弃旗营的士兵，在1945年6月24日的胜利大阅兵中，拖曳着缴获的德国军旗，穿过红场湿滑的鹅卵石地面，然后将它们扔成一堆，以此象征着苏联对战败的第三帝国的羞辱。他们穿着配有金色衣领编织带的M43款NKVD卡其色阅兵上衣，搭配深蓝色长裤。可以看到画面中最近的一名士兵拿着的是精锐的党卫军第1"阿道夫·希特勒警卫旗队"装甲师的军旗。

根红色受伤杠，以及红星勋章和卫国战争一级勋章；左胸上则是数枚战役奖章。

G3: NKGB，国家安全三级政委（少将）

这名秘密警察将官穿着M45款NKVD将官版深绿色军礼服。他的M35款常服帽有中蓝色帽管、暗红色帽墙、绲边，上有陆军、空军和NKVD部队在苏联元帅军衔以下的将官特有的金色月桂叶图案刺绣。他的上衣袖口有钻石状排列的月桂图案刺绣。金色肩章上有浅蓝色中央条纹。他佩戴着卫国战争二级勋章、NKVD人员徽章、列宁勋章、

---

①俄国革命家，"契卡"的创始人。

红旗勋章，以及对德胜利奖章。

迟至 1956 年，NKVD 部队还在波罗的海诸国、乌克兰和波兰执行作战任务，对抗反苏联游击队，有时甚至会卷入大规模交战中。例如，1945 年 8 月 18 日，在东波兰地区的波德拉谢地区别尔斯克，NKVD 少校鲍里斯·格里布克指挥的混合部队——第 267 NKVD 步兵团的第 4 步兵连、波兰军队和安全部队的部分部队——被波兰国内军的第 5 维尔纽斯旅第 1 营伏击击败，少校本人阵亡。

H: 1945 年 8 月, 满洲

H1: 哈尔滨, NKVD 边境军, 上士

这名隶属于太平洋边防区的士官穿着士兵版常服，包括边境军的红色绲边 M35 款绿色和中蓝色大檐帽，以及一件 M43 款作训服。绿色的肩章有步兵的深红色绲边，上有金色军衔杠和兵种徽章。他佩戴着红星勋章和对德胜利奖章。

H2: 长春, 第 284 步兵师, 中士

1945 年 8 月 20 日，第 25 集团军的部队抵达伪满洲国“首都”长春。他穿戴着 M43 款夏季作训服：一顶 M38 款“巴拿马”帽，缀有 M40 款星徽，一件有军官式胸袋的作训服，以及有金色军衔杠的常服／礼服肩章。右胸上别有杰出侦察兵徽章。他装备了半自动的 SKS 步枪，携带了 M37 款步枪弹药袋，正通过一具光学远程瞭望镜观察日军位置。

H3: 奉天, 太平洋舰队, 海军步兵, 下士

这名在奉天（今沈阳）的士官戴着 M39 款海军帽，上有太平洋舰队飘带，在陆军版 M43 款作训服下是一件海魂衫，搭配 M44 款长裤。黑色的 M43 款常服肩章有红色绲边，缀有金色军衔杠和黄色的“TF”舰队名称。右胸上佩戴着红旗奖章，左胸上则是黄色的海军步兵章。他的海军腰带上挂着机枪备用弹药袋和手枪枪套，身上挂着机枪弹药带——虽然他的武器只是一把盘式供弹的捷格加廖夫 M28 式 7.62 毫米轻机枪。

法国陆军
1939—1945 年

The French Army 1939—1945

1939—1940年
法国陆军及维希①法国陆军

The Army of 1939—1940 And Vichy France

① "二战"中法国向德国投降后成立的傀儡政府，因政府驻地在法国中部城市维希，故称维希政权或简称"维希"。

1939 年的法国陆军被同时代的人认定为当时世界上最强大的军队。但事实上，在其后 10 个月的各种冲突中，法国陆军暴露出了各种各样致命的缺陷。而这些缺陷，很多源于"一战"末期在法军高层中流行的各种观点。在贝当元帅（这位将领以珍惜士卒生命而广受好评）领导下的法军高层认为，这个国家再也不应该陷入血流成河的境地。他们由此发展出一种战略观点，即预先充分考量人力短缺的情形。这是法国出生率持续下降的结果，而出生率的下降本身又是"一战"造成的巨大伤亡所带来的恶果。1935—1939 年，受征召的各阶层兵员总数有不少于 14 万人的缺额。法国因此选择了防御性战略。同时，由于凡尔登战役的成功和德国在西线战场上大兴土木的刺激，法军最高司令部于是计划在法—德边境修筑一条永备性的要塞防线——这条防线以陆军部长安德烈·马奇诺的姓氏命名。

在长达 15 年的时间里，马奇诺防线始终都是法国战略的中心，1930—1936 年，它消耗了很大一部分的国防预算。但是，如此大规模的防御性战略必然导致被动的局面。马奇诺防线只覆盖了法—德边境，这主要是因为预算有限所致。法军最高指挥部曾想将防线北移，抵达比利时—德国边境；在整体构想中，这一防线应该将比利时（直到 1936 年还是法

"世上最强大的军队……"。在"一战"结束后的第 20 年，1938 年 11 月 11 日，第 46 步兵团的士兵正在香榭丽舍大街上受阅前行。他们穿着 1920/35 款绲边制服，以及第一版的 1935 款装备。但是他们的头盔依旧是老旧的 1915 年阿德里安式，只是被重新涂成了卡其色。在团队行军阵营的前部，是军士和准尉，他们穿着 1932 款大衣。所有军阶的士兵都佩戴着团级标识。

甘末林将军（右前方）在参谋人员以及让·法布里的陪同下，视察前线。甘末林在1935年被任命为法军总司令，主持了当年9月的大型军事演习。将军穿着的卡其色制服与其他军官相同，但在圆顶帽、纽扣、袖上的银星、领章处有区别。另外，他的肩带上有金色的绣纹。

---

①爱德华·达拉第，时任法国总理。
②指敦刻尔克战役后，接替甘末林出任法军总司令的魏刚将军，在索姆河—埃纳河沿线仓促建立起的第二条防线。但该防线在苦战之后依然被德军突破。

国盟国）包括在内。最重要的是，法国人认为任何战争，以及接踵而来的毁灭和其他灾难，都必须发生在远离法国本土的地方。从1920年代晚期开始，法军开始意识到，陆军的机械化，至少是部分机械化，将是必须做出的改变。

但是，直到1930年代后期，法国才开始认真地重整军备，在1936年9月，法国议会通过了1400万法郎的达拉第①军备计划。但不幸的是，这一时期也是法国历史上最严重的社会骚乱时期之一，直到1938年下半年，法国的社会生产力才恢复到正常水平。这些努力在后来德国的"闪电战"中都被宣告无济于事，这种全新的战术几乎征服了一切，仅被两处地理优势所阻挡——英吉利海峡的天然屏障，以及广袤无际的俄罗斯大草原。但很不幸，这两者都不属于法国。

敦刻尔克大撤退后一名德军士兵的总结，足以证明自1940年6月5日开始的一系列战役中，法军如何在魏刚防线②面对敌人三倍以上的兵力时艰苦作战："在村庄的废墟中，法国人往往坚守到最后一人……在埃纳河防线，法国的军人们决心防御每一条可能通往法国腹地的路线，这是能够决定他们祖国命运的战役。这些法国兵已经竭尽全力。"

表1：1940年5—6月，高级编制	
简写 / 法文全称	
CA (corps d'armée)	集团军
CAC (-colonial)	殖民地军（唯一）
CAF (-de forteresse)	要塞集团军
CC (corps de cavalerie)	骑兵军（唯一）
GC (groupement cuirassé)	装甲集群（若干个装甲师）
DI (division d'infanterie)	步兵师
DIM (-motorisée)	摩托化步兵师
DIF (-de forteresse)	要塞步兵师（有多种编制）
DINA (-nord-africaine)	北非步兵师
DIA (-d'Afrique)	非洲（北非预备役）步兵师
DM (division marocaine)	摩洛哥（步兵）师
DIC (-coloniale)	殖民地步兵师
DIP (-polonaise)	波兰步兵师
DLCh (division légère de chasseurs)	轻（2个缩编旅）猎兵师
DLI (division légère d'infanterie)	轻（2个团）步兵师
DCR (division cuirassée)	装甲师
DLM (division légère mécanique)	轻（4个团）机械化师
DLC (division légère de cavalerie)	轻（4个团）骑兵师
BC (brigade de cavalerie)	骑兵旅（2个骑兵团）
BS (brigade de spahis)	非正规骑兵旅（2个骑兵团）
RF (région fortifiée)	要塞区域（以地域命名）
SD (secteur défensif)	防区（以地域命名）
SF (secteur fortifié)	要塞区（以地域命名）

1939—1940 年法国陆军组织结构

此时的法军总司令为甘末林上将，而位于法国东北的主战场，则由乔治上将担任指挥。法国共有 3 个集团军群（GA），番号为第 1—3。第 1 集团军群，司令官为比约特将军，下辖包括英国远征军（BEF）在内的 5 个集团军，构成了盟军阵线左翼，任务是协助比利时和荷兰军队防守。普雷特拉特将军指挥的第 2 集团军群（3 个集团军）则固守马奇诺防线，同时贝松将军的第 3 集团军群（2 个集团军）负责防范德军可能通过瑞士边境发起的进攻。

集团军、军和步兵师

法军的集团军，番号为第 1—9，另有阿尔卑斯山集团军。其直属部队很少（只有几个坦克营和工兵团）。每个军团①则直辖 4 个马拉重炮团（24 门 105 毫米口径 13 倍径②火炮，24 门 155 毫米长管火炮）；摩托化军则有 3 个重炮团（12 门 105 毫米口径 36 倍径火炮，12 门 105 毫

表2：1940 年 5—6 月，步兵单位	
简写 / 法文全称	
METROPOLITAN INFANTRY	本土步兵
RI (régiment d'ifanterne)	（线列）步兵团
RIA (-alpine)	阿尔卑斯步兵团
RIF (-de forteresse)	要塞步兵团
DBI (demi-brigade** d'infanterie)	步兵缩编旅
DBA (demi-brigade** alpine)	阿尔卑斯缩编旅
DBAF (demi-brigade* alpine de forteresse)	3 营制阿尔卑斯要塞缩编旅
I BAF (bataillon alpin de forteresse)	阿尔卑斯要塞营
RP (régiment de pionniers)	工兵团
RPC (-coloniaux)	殖民地军工兵营
BPC (bataillon de pionniers coloniaux)	（塞内加尔）工兵营
BM (bataillon de mitrailleurs)	机枪营
BMM (-motorisés)	摩托化机枪营
DBCP/A (demi-brigade* de CP/A)	3 营制猎兵缩编旅
BCP (bataillon de chasseurs à piecd)	猎兵营
BCA (bataillon de chasseurs alpins)	阿尔卑斯猎兵旅
BCHM (btn de chas. de haute montagne)	高山部队（DBAF 的加强部队）
DBCPyr (demi-brigade* de CPyr)	2 营制猎兵缩编旅
I BCPyr (btn de chasseurs pyrénéens)	比利牛斯山猎兵营
(NORTH) AFRICA INFANTRY	（北）非洲步兵
RZ (régiment de zouaves)	（法属北非）团
RTA (régiment de tirailleurss algériens)	阿尔及利亚散兵团
RTT (régiment de tirailleurs tunisiens)	突尼斯散兵团
RTM (régiment de tirailleurs marocains)	摩洛哥散兵团
DBNA (demi-brigade** nord-africaine)	北非缩编旅
DBIL (demi-bnigade* d'infanterie légère)	各种番号的营
BIL (bataillon d'infanterie légère)	轻步兵营
BILA (-d'Afrique)	非洲轻步兵营
REI (régiment étranger d'infanterie)	外籍步兵团
DBLE (demi-bde** de légion étrangère)	外籍军团缩编旅
RMVE (rgt de marche de volontaires étrangers)	外籍志愿者团
BVE (bataillon de volontaires étrangers)	外籍志愿者营

1938 年 9 月，阿尔卑斯山大演习末期。第 11 阿尔卑斯猎兵营的雪地侦察兵正行进在队伍的前列，他们背着山地包，军装袖子上有淡黄色五角星。他们携带着威猛的圣伯纳德犬。猎兵的蓝色制服包括 1920 款上衣（有 7 颗扣子），缀有黄色和绿色的营级标识。

1939年5月25日，驻扎在凡尔登的摩洛哥第6散兵团的士兵，在接受检阅后返回驻地。在温暖的气候中，受阅的军官和士官穿着短上衣。而其他散兵，刚刚接收了1935款装具，头上缠着北非头巾，身上穿着1920款短上衣，有7颗扣子。其徽带是天蓝色和红色，以纪念该团于1920年代在黎凡特和摩洛哥战役期间的杰出表现。

米口径13倍径火炮，12门155毫米口径GPF火炮）；均有一个工兵团和一个侦察队，另有工程和支援勤务部队。

法军最高司令部掌握的基本作战单位

是步兵师（DI），每个步兵师各兵种相加有大约500名军官和17000名士兵。尽管命名方式不同，但从理论上来说，所有法军步兵师的组织架构都是相同的，有3个步兵团（或是9个营）；1个由步兵操作的反坦克连（12门25毫米反坦克炮）；1个劳工连；2个炮兵团（分为5个炮组，其中2个是重炮炮组）；1个反坦克炮兵连（配备8门47毫米反坦克炮）；1个侦察队；2个工程连；2个通信连；2个运输连；1个医疗队；1个后勤队。但是，B级预备队中的一些师只有1个炮兵团（4个炮组，其中只有1个重炮组），并且缺乏武器装备，特别是反坦克武器。

3个"轻步兵师"（DLI），只下辖6个营和1个炮组，是为了挪威远征而专门设立的单位。但是在1940年5月之后，利用从敦刻尔克或是色当前线溃退的残兵重新组建的步兵部队都属这一编制，只是另外增加了1个75毫米口径火炮炮组和1个侦察中队。

步兵

1939—1940年间的战役，是法国步兵的最后一次大规模部署。但即使当时的投入规模也远远赶不上"一战"时的情形：到1940年5月10日，只有215个各种类型的本土步兵团投入战场，与之形成对比的是——1914年8月，法军动员了足足350个本土步兵团。

每个步兵团的编制都很相似，下辖3个营，共有约80名军官和3000

表 3：1940 年 5 月 10 日，东北前线，法国陆军战斗序列

相关缩写见前文 4-46

部队	步兵（或主要部队）	侦察部队	炮兵部队	动员状况及备注
	总战略预备部队 (GQG)，最高司令部预备队，甘末林元帅			
21ᵉ CA	621ᵉ RP	14ᵉ GRCA	109ᵉ RALH	
23ᵉ CA	623ᵉ RPC *(Senegalese)*	19ᵉ GRCA	123ᵉ RALA	
3ᵉ DIM	51ᵉ, 67ᵉ, 91ᵉ RI	6ᵉ GRDlm	42ᵉ RAD, 242ᵉ RALD	已动员，摩托化
10ᵉ DI	5ᵉ, 24ᵉ, 46ᵉ RI	15ᵉ GRDI	32ᵉ RAD, 232ᵉ RALD	已动员
14ᵉ DI	35ᵉ, 152ᵉ RI, 3ᵉ [2ᵉ, 21ᵉ, 31ᵉ] DBCP	25ᵉ GRDI	4ᵉ RAD, 204ᵉ RALD	已动员
23ᵉ DI	32ᵉ, 107ᵉ, 126ᵉ RI	18ᵉGRDI	41ᵉ RAD, 241ᵉ RALD	已动员
28ᵉ DI	97ᵉ, 99ᵉ RIA, 25ᵉ [7ᵉ, 27ᵉ, 47ᵉ] DBCA	22ᵉ GRDI	2ᵉ RAM, 202ᵉ RALD	A 级战备
29ᵉ DI	3ᵉ, 112ᵉ RIA, 6ᵉ [24ᵉ, 25ᵉ, 65ᵉ] DBCA	34ᵉ GRDI	94ᵉ RAM, 294ᵉ RALD	已动员
36ᵉ DI	14ᵉ, 18ᵉ, 57ᵉ RI	39ᵉ GRDI	24ᵉ RAD, 224ᵉ RALD	已动员
43ᵉ DI	158ᵉ RI, 4ᵉ [1ᵉʳ, 10ᵉ, 29ᵉ] DBCP.3ᵉ RTM	32ᵉ GRDI	12ᵉ RAD, 212ᵉ RALD	已动员
1ʳᵉ DINA	27ᵉ RTA, 28ᵉ RTT, 5ᵉ RTM	91ᵉ GRDI	54ᵉ RANA, 254ᵉ RALNA	
7ᵉ DINA	20ᵉ RTT, 31ᵉ RTA, 10ᵉ RTM	97ᵉ GRDI	81ᵉ RANA, 281ᵉ RALD	1940 年 3 月 16 日成立
5ᵉ DIC	22ᵉ RIC, 44ᵉ, 53ᵉ RICMS	75ᵉ GRDI	21ᵉRACMM, 221ᵉ RALCMM	A 级战备
7ᵉ DIC	7ᵉ RIC, 33ᵉ, 57ᵉ RICMS	77ᵉ GRDI	32ᵉ RACMM, 232ᵉ RALCMM	A 级战备
2ᵉ DIP	4ᵉ, 5ᵉ, 6ᵉ 波兰军（波兰部队）	2ᵉ GRDI pol.	2ᵉ, 202ᵉ 波兰部队	1940 年 3 月成立，波兰人部队
1ᵉʳ GC				
2ᵉ DCR	B *Tks:* 8ᵉ, 15ᵉ-*H Tks:* 14ᵉ, 27ᵉ BCC-*Inf.:* 17ᵉ BCP	—	309ᵉ RATTT	1940 年 1 月 16 日成立，装甲
3ᵉ DCR	B *Tks:* 41ᵉ, 49ᵉ-*H Tks:* 42ᵉ, 45ᵉ BCC-*Inf.:* 16ᵉ BCP	—	319ᵉ RATTT	1940 年 3 月 20 日成立，装甲
从北海到瑞士边境	东北战区司令部 (TONE)，乔治将军			
68ᵉ DI 北方海岸	224ᵉ, 225ᵉ, 341ᵉ RI	59ᵉ GRDI	89ᵉ RAD, 289ᵉ RALD（增配 +1/307）	1940 年 1 月 16 日成立
	第 1 集团军群，比约特将军（还包括大不列颠远征军）			
7ᵉ 集团军	407ᵉ 417ᵉ, 427ᵉ, 441ᵉ, 442ᵉ RP- R *Tks:* 9ᵉ, 22ᵉ BCC	—		
芬得斯	训练营 +272ᵉ DBI（+ 地区部队）	—	10ᵉ+11ᵉ Bies I/161ᵉ RAP	
1ʳᵉ DLM	坦克骑兵: 4ᵉ RC, 18ᵉ RD- 步兵: 4ᵉ RDP	6ᵉ RC	74ᵉ RATTT	已动员，机械化
21ᵉ DI	48ᵉ, 65ᵉ, 137ᵉ RI	27ᵉ GRDI	35ᵉ RAD, 255ᵉ RALD	已动员
60ᵉ DI	241ᵉ, 270ᵉ, 271ᵉ RI	68ᵉ GRDI	50ᵉ RAMD（增配 +II/307）	B 级战备
4ᵉ DI（战略预备队）	45ᵉ, 72ᵉ, 124ᵉ RI（+ 2ᵉ 后续补充）	12ᵉ GRDI	29ᵉ RAD, 229ᵉ RALD	A 级战备
1ᵉʳ CA	601ᵉ RP	2ᵉ GRCAm	101ᵉ RALA	
25ᵉ DIM	38ᵉ, 92ᵉ, 121ᵉ RI	5ᵉ GRDIm	16ᵉ RAD, 216ᵉ RALD (+ III/402ᵉ, IV/403ᵉ RADCA)	已动员，摩托化
16ᵉ CA	616ᵉ RP	18ᵉ GRCA	115ᵉ RAL H	
9e DIM	13ᵉ, 95ᵉ, 131ᵉ RI	2ᵉ GRDIm	30ᵉ RADT, 230ᵉ RALDT	已动员，摩托化
1ʳᵉ 集团军	401ᵉ, 411ᵉ, 421ᵉ, 434ᵉ RP- R *Tks:* 35ᵉ, 39ᵉ BCC. H *Tks:* 13ᵉ, 38ᵉ BCC			
埃斯库特	54ᵉ RIF (+ 地区部队)	—	I/161ᵉ RAP	
32ᵉ DI（集团军预备队）	7ᵉ, 122ᵉ, 143ᵉ RI	38ᵉ GRDI	3ᵉ RAD, 203ᵉ RALD	
1ʳᵉ DCR（集团军预备队）	B *Tks:* 28ᵉ, 37ᵉ- H *Tks:* 25ᵉ, 26ᵉ BCC - *Inf.:* 5ᵉ BCP	—	305ᵉ RATTT	1940 年 1 月 16 日成立，装甲
骑兵军	(54e, 56e BMM 增配)	—	329ᵉ RA 牵引	
2ᵉ DLM	坦克骑兵: 13ᵉ, 29ᵉ RD - 步兵: 1ᵉʳ RDP	8ᵉ RC	71ᵉ RATTT (+ IV/405ᵉ RADCA)	已动员，机械化
3ᵉ DLM	坦克骑兵: 1ᵉʳ, 2ᵉ RC - 步兵: 11ᵉ RDP	12ᵉ RC	76ᵉ RATTT (+ V/402ᵉ RADCA)	1940 年 2 月成立，机械化
3ᵉ CA	603ᵉ RP	6ᵉ GRCA	105ᵉ RALH	
1ʳᵉ DIM	1ᵉʳ, 43ᵉ, 110ᵉ RI	7ᵉ GRDIm	15ᵉ RAD, 215ᵉ RALD	已动员，摩托化
2ᵉ DINA	11ᵉ RZ, 13ᵉ, 22ᵉ RTA	92ᵉ GRDI	40ᵉ RANA, 240ᵉ RALNA	
4ᵉ CA	604ᵉ RP	7ᵉ GRCA	106ᵉ RALH	
15ᵉ DIM	4ᵉ, 27ᵉ, 134ᵉ RI	4ᵉ GRDIm	1ᵉʳ RAD, 201ᵉ RALD	已动员，摩托化
1ʳᵉ DM	1ᵉʳ, 2ᵉ, 7ᵉ RTM	80ᵉ GRDI	64ᵉ RAA, 264ᵉ RALD	
5ᵉ CA	605ᵉ RP (+ 1ᵉʳ BM 增配)	3ᵉ GRCAm	104ᵉ RALA	
101ᵉ DIF	84ᵉ, 87ᵉ RIF	—	I+III/161ᵉ RAP	原莫贝格 SF 部队
12ᵉ DIM	106ᵉ, 150ᵉ RI, 8ᵉ RZ	3ᵉ GRDIm	25ᵉ RAD, 225ᵉ RALD	已动员
5ᵉ DINA	14ᵉ RZ, 24ᵉ RTT, 6ᵉ RTM	95ᵉ GRDI	22ᵉ RAC, 222ᵉ RALC	

部队	步兵（或主要部队）	侦察部队	炮兵部队	动员状况及备注
从北海到瑞士边境	东北战区司令部 (TONE), 乔治将军			
9ᵉ 集团军	445ᵉ,446ᵉ RP, 481ᵉ RPC - R *Tks:* 6ᵉ, 32ᵉ BCC - FT *Tks:* 33ᵉ BCC			
1ʳᵉ DLC	*Horse:* 19ᵉ RD, 1ᵉʳ RCh - *Inf.:* 5ᵉ RDP	1ᵉʳ RAM	75ᵉ RATTT (+ III/405ᵉ RADCA)	已动员，机械化骑兵
4ᵉ DLC	*Horse:* 8ᵉ,31e RD - *Inf.:* 14ᵉ RDP	4ᵉ RAM	77ᵉ RATTT	1940 年 2 月 10 日成立，机械化骑兵
3ᵉ BS	*Horse:* 2ᵉ RSA, 2ᵉ RSM	—	—	已动员，从北非调来 (Nov.39)
4ᵉ DINA	13ᵉ RZ, 23ᵉ, 25ᵉ, RTA	94ᵉ GRDI	33ᵉ RANA, 233ᵉ RALNA	已动员
53ᵉ DI	208ᵉ, 239ᵉ, 329ᵉ RI	66ᵉ GRDI	22ᵉ RAD, 222ᵉ RALD	B 级战备
11ᵉ CA	611ᵉ RP	17ᵉ GRCA	111ᵉ RALHC	
18ᵉ DI	66ᵉ, 77ᵉ, 125ᵉ RI	30ᵉ GRDI	19ᵉ RAD, 219ᵉ RALD (+ 308ᵉ RAP 增配)	A 级战备
22ᵉ DI	19ᵉ, 62ᵉ, 116ᵉ RI	24ᵉ GRDI	18ᵉ RAD, 218ᵉ RALD	A 级战备
2ᵉ CA	602ᵉ RP	1ᵉʳ GRCAm	102ᵉ RALA	
5ᵉ DIM	8ᵉ, 39ᵉ, 129ᵉ RI	1ᵉʳ GRDIm	11ᵉ RAD, 211ᵉ RALD	已动员，摩托化
41ᵉ CAF	(402ᵉ RP, 482ᵉ RPC 增配)	—	(146ᵉ RALH 增配)	
102ᵉ DIF	148ᵉ RIF, 3ᵉ BM, 42ᵉ,52ᵉ DBMC	—	160ᵉ RAP (+ I-II/391ᵉ RAT att.)	原阿登 SD 部队
61ᵉ DI	248ᵉ, 265ᵉ, 337ᵉ RI	58ᵉ GRDI	51ᵉ RAMD (+ III/391ᵉ RAT 增配)	B 级战备
2ᵉ 集团军	412ᵉ, 422ᵉ, 444ᵉ RP - R *Tks:* 3ᵉ BCC - FCM *Tks:* 4ᵉ, 7ᵉ BCC			
SF 梦特地	132ᵉ, 136ᵉ, 147ᵉ, 155ᵉ RIF	— 99ᵉ RAMFH, I/169ᵉ RAP		
2ᵉ DLC	*Horse:* 5ᵉ RC, 18ᵉ RCh - *Inf.:* 3ᵉ RDP	2ᵉ RAM	73ᵉ RATTT	已动员，机械化骑兵
5ᵉ DLC	*Horse:* 11ᵉ RC, 12e RCh - *Inf.:* 15ᵉ RDP	5ᵉ RAM	78ᵉ RATTT	1940 年 2 月 10 日成立，机械化骑兵
1ʳᵉ BC	*Horse:* 1ᵉʳ RH, 8ᵉ RCh	—	—	Active, from ex-1ʳᵉ DC
71ᵉ DI (集团军预备队)	120ᵉ, 205ᵉ, 246ᵉ RI	60ᵉ GRDI	38ᵉ RAMD	B 级战备
10ᵉ CA	610ᵉ RP	12ᵉ GRCA	110ᵉ RALHC (+ III/145ᵉ RALH, III/185ᵉ RALT att)	
55ᵉ DI	213ᵉ, 295ᵉ, 331ᵉ RI (+ 11ᵉ BM 增配)	64ᵉ GRDI	45ᵉ RAMD	B 级战备
3ᵉ DINA	12ᵉ RZ, 14ᵉ, 15ᵉ RTA	93ᵉ GRDI	20ᵉ RANA, 220ᵉ RALNA	已动员
18ᵉ CA	618ᵉ RP	16ᵉ GRCA	118ᵉ RALH (+ I-II/145ᵉ RALH, I-IV/185ᵉ RALT att.)	
41ᵉ DI	101ᵉ, 103ᵉ, 104ᵉ RI (+ 4ᵉ BM 增配)	36ᵉ GRDI	13ᵉ RAD.213ᵉ RALD (+ I/311ᵉ RAP 增配)	A 级战备
1ʳᵉ DIC	3ᵉ RIC, 12ᵉ, 14ᵉ (混编) RTS	71ᵉ GRDI	1ᵉʳ RAC, 201ᵉ RALC	已动员
3ᵉ DIC	1ᵉʳ, 21ᵉ, 23ᵉ RIC	73ᵉ GRDI	3ᵉ RAC, 203ᵉ RALC (+II-III/311ᵉ RAP 增配)	已动员
第 2 集团军群, 普雷特拉将军				
87ᵉ DIA	9ᵉ RZ, 17ᵉ, 18ᵉ RTA	87ᵉ GRDI	87ᵉ RAA, 287ᵉ RALD	A 级战备，从北非调入
4ᵉ DIC	2ᵉ RIC, 16ᵉ, 24ᵉ RTS	74ᵉ GRDI	12ᵉ RAC, 212ᵉ RALC	已动员
3ᵉ 集团军	403ᵉ.413ᵉ, 423ᵉ, 432ᵉ RP - FT Tanks: 29ᵉ. 30ᵉ BCC	—	165ᵉ RALGP	
	R *Tks:* 5ᵉ, 12ᵉ, 23ᵉ, 43ᵉ BCC - 2C *Tks:* 51ᵉ BCC			
3ᵉ DLC	*Horse:* 6ᵉ RD, 4ᵉ RH - *Inf.:* 2ᵉ RDP	3ᵉ RAM (+ 45ᵉ GRRF)	72ᵉ RATTT	已动员，机械化骑兵
1ʳᵉ BS	*Horse:* 6ᵉ RSA, 4ᵉ RSM			
7ᵉ DI	93ᵉ, 102ᵉ, 130ᵉ RI	40ᵉ GRDI	31ᵉ RAD, 231ᵉ RALD	A 级战备
8ᵉ DI	142ᵉ, 237ᵉ RI, 12ᵉ REI	42ᵉ GRDI	82ᵉ RANA, 282ᵉ RALD	1940 年 4 月 1 日成立
6ᵉ DINA	21ᵉ RTA, 9ᵉ RTM, 11ᵉ REI	96ᵉ GRDI	6ᵉ RANA, 206ᵉ RALNA	1939 年 11 月 1 日成立
6ᵉ DI (集团军预备队)	36ᵉ, 74ᵉ, 119ᵉ RI	13ᵉ GRDI	43ᵉ RAD, 243ᵉ RALD	A 级战备
6ᵉ DIC (集团军预备队)	5ᵉ, 6ᵉ RICMS, 43ᵉ RIC	76ᵉ GRDI	23ᵉ RACMM, 223ᵉ RALCMM	A 级战备
24ᵉ CA	624ᵉ RP	25ᵉ GRCA	124ᵉ RALA (+I/143ᵉ RALH 增配)	
51ᵉ DI	100ᵉ, 201ᵉ, 310ᵉ RI	70ᵉ GRDI	27ᵉ RAD, 227ᵉ RALD	B 级战备
42ᵉ CAF	128ᵉ, 139ᵉ, 149ᵉ RIF, IV/460ᵉ RP	—	46ᵉ RARF, 152ᵉ RAP	原美兹 SD 部队
			(+ 143ᵉ RALH, I/374ᵉ RALVF attached)	
20ᵉ DI	2ᵉ, 47ᵉ, 115ᵉ RI (+ 52ᵉ BMM 增配)	31ᵉ GRDI	7ᵉ RAD, 207ᵉ RALD	A 级战备
58ᵉ DI	204ᵉ, 227ᵉ, 334ᵉ RI	61ᵉ GRDI	48ᵉ RAD, 248ᵉ RALD	B 级战备
CA 殖民地军	622ᵉ RP	22ᵉ GRCA	11ᵉ RALHC	(还包括英国第 51 高地师)
SF 蒂翁维尔	167ᵉ, 168ᵉ, 169ᵉ RIF, III/460ᵉ RP	—	70ᵉ RAMF, 151ᵉ RAP	A 级战备
2ᵉ DI	33ᵉ, 73ᵉ, 127ᵉ RI	11ᵉ GRDI	34ᵉ RAD, 234ᵉ RALD	A 级战备
56ᵉ DI	294ᵉ, 306ᵉ, 332ᵉ RI	63ᵉ GRDI	26ᵉ RAD, 226ᵉ RALD	B 级战备
6ᵉ CA	606ᵉ RP (+ 53ᵉ, 57ᵉ BMM 增配)	8ᵉ GRCA	103ᵉ RALA	
SF 布雷	161ᵉ, 162ᵉ, 164ᵉ RIF, II/460ᵉ RP	(44ᵉ GRRF)	23ᵉ RARF, 153ᵉ RAP	A 级战备
26ᵉ DI	86ᵉ, 98ᵉ, 105ᵉ RI	14ᵉ GRDI	36ᵉ RAD, 236ᵉ RALD (+ III/141ᵉ RALH)	A 级战备
42ᵉ DI	80ᵉ RIA, 94ᵉ, 151ᵉ RI	37ᵉ GRDI	61ᵉ RAD, 261ᵉ RALD (+I/153ᵉ RAP attached)	已动员

部队	步兵（或主要部队）	侦察部队	炮兵部队	动员状况及备注
	第 2 集团军群，普雷特拉将军			
4ᵉ 集团军	404ᵉ, 414ᵉ, 424ᵉ, 431ᵉ, 433ᵉ, 437ᵉ RP - FT 坦克: 3/11ᵉ BCCR *Tks:* 10ᵉ, 20ᵉ, 24ᵉ BCC	—		
1ʳᵉ DIP（集团军预备队）	1ᵉʳ, 2ᵉ, 3ᵉ RI polonais（波兰部队）	1ᵉʳ GRDI pol.	1ᵉʳ, 201ᵉ RA（波兰部队）	成立于 1939 年 10 月，波兰部队
45ᵉ DI（集团军预备队）	31ᵉ, 85ᵉ, 113ᵉ RI	33ᵉ GRDI	55ᵉ RAD, 255ᵉ RALD	A 级战备
9ᵉ CA	609ᵉ RP	11ᵉGRCA	121ᵉ RALH (+ 301ᵉ RAP 增配)	
SF 福尔克蒙	69ᵉ, 82ᵉ, 146ᵉ. 160ᵉ RIF, I/460ᵉ RP	—	39ᵉ RARF, 163ᵉ RAP, III/153ᵉ RA	A 级战备
11ᵉ DI	26ᵉ, 170ᵉ RI, 1ʳᵉ [8ᵉ, 30ᵉ, 61ᵉ] DBCP	16ᵉ GRDI	8ᵉ RAD, 208ᵉ RALD (+ 304ᵉ RAP 增配)	已动员
47ᵉ DI	44ᵉ, 109ᵉ RI, 23ᵉ [42ᵉ, 44ᵉ, 71ᵉ] DBCP (+ 5ᵉ BM 增配)	35ᵉ GRDI	5ᵉ RAD, 205ᵉ RAL D (+ II/301ᵉ RAP 增配)	A 级战备
20ᵉ CA	620ᵉ RP (+ 58ᵉ BMM 增配)	15ᵉ GRCA	120ᵉ RALA (+ 310ᵉ RACP 增配)	
SF Sarre	133ᵉ, 174ᵉ RIF, 41ᵉ, 51ᵉ RMIC	—	49ᵉ RARF, 166ᵉ RAP	原索尔 SD 部队 (15 March 40)
52ᵉ DI	291ᵉ, 348ᵉ RI, 41ᵉ [88ᵉ, 96ᵉ, 110ᵉ] DBCP	17ᵉ RAD, 217ᵉ RALD	B 级战备	
82ᵉ DIA	1ᵉʳ RZ, 6ᵉ RTA, 4ᵉ RTM	82ᵉ GRDI	66ᵉ RAA, 266ᵉ RALD	已动员，从北非调入 (Sept. 39)
5ᵉ 集团军	405ᵉ, 415ᵉ, 425ᵉ, 436ᵉ, 439ᵉ RP - *FT Tanks:* 31ᵉ BCC R 坦克: 1ᵉʳ, 2ᵉ, 21ᵉ, 34ᵉ BCC - D 坦克: 19ᵉ BCC	—	—	
44ᵉ DI	6ᵉ RI, 173ᵉ DBA, 26ᵉ [22ᵉ, 62ᵉ, 64ᵉ] DBCA	41ᵉ GRDI	91ᵉ RAD, 291ᵉ RALD	1940 年 3 月 1 日成立
8ᵉ CA	608ᵉ RP	10ᵉ GRCA	108ᵉ RALA (+ II/144ᵉ RALH, 173ᵉ RALGP, XI-XIV/187ᵉ RALT att.)	
SF 罗尔巴赫	37ᵉ, 153ᵉ, 166ᵉ RIF	—	59ᵉ RARF, 150ᵉ RAP	A 级战备
24ᵉ DI	50ᵉ, 63ᵉ, 78ᵉ RI	28ᵉ GRDI	21ᵉ RAD, 221ᵉ RALD (+ 315ᵉ RAP 增配)	A 级战备
31ᵉ DI	15ᵉ, 81ᵉ, 96ᵉ RIA (+ 55ᵉ BMM 增配)	23ᵉ GRDI	56ᵉ RAD, 256ᵉ RALD	A 级战备
43ᵉ CAF	154ᵉ, 165ᵉ RIF, V/400ᵉ RP	(46ᵉ GRRF att.)	60ᵉ RARF, 168ᵉ RAP	原孚日 SF 部队
30ᵉ DI	49ᵉ RI, 55ᵉ RIA, 22ᵉ [18ᵉ, 23ᵉ, 60ᵉ] DBCA	26ᵉ GRDI	42ᵉ RAC, 242ᵉ RALC	A 级战备
12ᵉ CA	612ᵉ RP	24ᵉ GRCA	112ᵉ RALH (+ 144ᵉ RALH, XII-XII/187ᵉ, III-IV/191ᵉ RALT att.)	
SF 阿格诺	22ᵉ, 23ᵉ, 68ᵉ, 70ᵉ, 79ᵉ RIF, VI/400ᵉ RP	—	69ᵉ RARF, 156ᵉ RAP	A 级战备
16ᵉ DI	29ᵉ, 56ᵉ, 89ᵉ RI	19ᵉ GRDI	37ᵉ RAD, 237ᵉ RALD	A 级战备
35ᵉ DI	11ᵉ, 123ᵉ RI, 21ᵉ RMVE	29ᵉ GRDI	14ᵉ RAD, 214ᵉ RALD	A 级战备
70ᵉ DI	223ᵉ, 279ᵉ RI, 44ᵉ [81ᵉ, 90ᵉ, 109ᵉ] DBCP	51ᵉ GRDI	68ᵉ RAD, 268ᵉ RALD	B 级战备
17ᵉ CA	617ᵉ RP	13ᵉ GRCA	117ᵉ RALH (+ I-II/191ᵉ RALT att)	
103ᵉ DIF	34ᵉ, 172ᵉ RIF, 226ᵉ RI	—	155ᵉ RAP (+ 312ᵉ RAP 增配)	原下莱茵 SF 部队 (5 March 40)
62ᵉ DI	250ᵉ, 307ᵉ, 326ᵉ RI	57ᵉ GRDI	52ᵉ RAMD	B 级战备
	第 3 集团军群，贝桑松将军			
8ᵉ 集团军	408ᵉ, 418ᵉ, 428ᵉ. 443ᵉ RP FT 坦克: 18e, 36e BCC - R Tks: 16e, 17e BCC			
13ᵉ CA	613ᵉ RP	23ᵉ GRCA	116ᵉ RALH (+ 197ᵉ RALT, 316ᵉ RAP 增配)	
104ᵉ DIF	28ᵉ, 42ᵉ RIF, 242ᵉ RI(+ 50ᵉ [9ᵉ, 10ᵉ] DBCPyr att.)	—	I/170ᵉ RAP	原克马尔 SF 部队
105ᵉ DIF	10ᵉ RIF (+ 371ᵉRI, 7ᵉ, 8ᵉ BM 增配)	—	II/159ᵉ RAP	原米卢斯 SF 部队
54ᵉ DI	302ᵉ, 317ᵉ, 330ᵉ RI	—	44ᵉ RAMD	B 级战备
19ᵉ DI（总战略预备队）	41ᵉ, 117ᵉ RI, 22ᵉ RMVE	21ᵉ GRDI	10ᵉ RAD, 210ᵉ RALD	已动员
44ᵉ CAF	—	—	VI/159ᵉ RAP (+HQ)	
SF 阿特克查	12ᵉ, 171ᵉ RIF	—	III+IV/159ᵉ RAP	A 级战备
贝尔福卫队	(2ᵉ [3ᵉ, 4ᵉ] DBCPyr 增配)	—	V/159ᵉ RAP	B 级战备
SF 蒙贝利亚	2ᵉ [3ᵉ, 4ᵉ] DBCPyr（增配 to Belfort）	—	VII/159ᵉ RAP	B 级战备
67ᵉ DI	211ᵉ, 214ᵉ, 220ᵉ RI	52ᵉ GRDI	57ᵉ RAMD	B 级战备
7ᵉ CA	607ᵉ RP	9ᵉ GRCA	107ᵉRALA	
27ᵉ DI	71ᵉ RI, 159ᵉ RIA, 7ᵉ [11ᵉ, 15ᵉ, 28ᵉ] DBCA	20ᵉ GRDI	58ᵉ RAD, 258ᵉ RALD	已动员
2ᵉ BS	*Horse:* 7ᵉ, 9ᵉ RSA	—		已动员
13ᵉ DI（总战略预备队）	21ᵉ, 60ᵉ RI, 8ᵉ RTM	17ᵉ GRDI	28ᵉ RAD, 228ᵉ RALD	已动员
6ᵉ ARMÉE	406ᵉ, 416ᵉ, 426ᵉ RP, 51ᵉ BMM	—	—	
45ᵉ CAF	VII/400ᵉ RP		II/170ᵉ RAP	
SF 侏罗山	1ʳᵉ [1ᵉʳ, 2ᵉ] DBCPyr, 6e ᵉBCPyr (+ I/406ᵉ RP, 4ᵉ [23ᵉ, 28ᵉ] DBIL 增配)	—	II/170ᵉ RAP（部分部队）	A、B 级战备
57ᵉ DI	235ᵉ, 260ᵉ RI, 8ᵉ [26ᵉ, 66ᵉ, 68ᵉ] DBCP	62ᵉ GRDI	47ᵉ RAD, 247ᵉ RALD	B 级战备
63ᵉ DI	238ᵉ, 298ᵉ, 321ᵉ RI	56ᵉ GRDI	53ᵉ RAMD	B 级战备

表 4: 1940 年 5 月 10 日，其他前线和殖民地，法国陆军战斗序列

部队	步兵（或主要部队）	侦察部队	炮兵部队	动员状况及备注
从阿尔卑斯山到地中海	西南战区司令部，奥尔里将军			
阿尔卑斯集团军	*FT Tanks*: BCTC（殖民地营）	—	—	
8ᵉ DIC（总战略预备队）	4ᵉ RIC, 25ᵉ, 26ᵉ RTS	78ᵉ GRDI	(8ᵉ RACTTT, 208ᵉ RALC)*	1940 年 4 月 30 日成立
14ᵉ CA	614ᵉ RP	20ᵉ GRCA	114ᵉ RALH	
SD 罗纳	230ᵉ [179ᵉ, 189ᵉ BAF, 199ᵉ BCHM] DBAF, II/44ᵉ RP	—	1ʳᵉ Bie/164ᵉ RAP (+ V/293ᵉ RALD 增配)	预备役
SF 萨瓦	16ᵉ [70ᵉ, 80ᵉ BAF, 6ᵉ BM]. 30ᵉ [71ᵉ, 81ᵉ, 91ᵉ] DBAF	—	I/162ᵉ RAP, 164ᵉ RAP	部分动员，A 级预备役
	I + III/440ᵉ RP			
66ᵉ DI	215ᵉ, 281ᵉ, 343ᵉ RI	53ᵉ GRDI	9ᵉ RAD, 209ᵉ RALD	B 级战备
SF 多芬纳	75ᵉ [82ᵉ, 92ᵉ, 102ᵉ], 157ᵉ [(72ᵉ, 73ᵉ, 83ᵉ] DBAF	—	154ᵉ, II/III/162ᵉ RAP	部分动员，A 级预备役
	IV + V/440ᵉ RP (+ 3ᵉ [20ᵉ, 24ᵉ] DBIL 增配)			
64ᵉ DI	299ᵉ RIA, 45ᵉ [87ᵉ, 93ᵉ. 107ᵉ]. 47ᵉ [86ᵉ, 91ᵉ, 95ᵉ] DBCA	55ᵉ GRDI	93ᵉ RAM, 293ᵉ RALD	B 级战备
15ᵉ CA	615ᵉ RP (+ 5ᵉ BCPyr, 4ᵉ [7ᵉ, 8ᵉ] DBCPyr att.)	21ᵉ GRCA	113ᵉ RALH	
65ᵉ DI	203ᵉ RIA, 42ᵉ [89ᵉ 98ᵉ. 100ᵉ, 46ᵉ [102ᵉ.104ᵉ. 105ᵉ] DBCA	54ᵉ GRDI	96ᵉ RAM, 296ᵉ RALD	B 级战备
SF 环阿尔卑斯	40ᵉ [75ᵉ, 85ᵉ, 95ᵉ], 58ᵉ [76ᵉ, 86ᵉ, 96ᵉ] DBAF,	—	157ᵉ, 158ᵉ, 167ᵉ RAP	部分动员，A 级预备役
	61ᵉ [74ᵉ, 84ᵉ.94ᵉ DBAF, 450ᵉ RP (+ 9ᵉ, 10ᵉ BM att.)			
2ᵉ DIC	RICM, 4ᵉ, 8ᵉ RTS	72ᵉ GRDI	2ᵉ RAC, 202ᵉ RALC	已动员
SD 尼斯	255ᵉ RI, IV+V/203ᵉ RI	—	XI/363ᵉ RAP, XI/54ᵉ RA + 海军炮兵	B 级战备
CSD 科斯	363ᵉ DBI, 373ᵉ DBA	—	92ᵉ RAM	科西嘉防卫司令部（预备役）
CEFS（斯堪的纳维亚）	13ᵉ DBLE, 波兰旅（增配至 1ʳᵉ DLCh)	21ᵉ EAM	11ᵉ GAAM	1940 年 4 月成立，司令部在挪威
1ʳᵉ DLCh	ex-BHM: 5ᵉ [13ᵉ, 530ᵉ 67ᵉ], 27ᵉ [6ᵉ, 12ᵉ, 14ᵉ] DBCA	—	2ᵉ GA (10ᵉ RACTT)	1940 年 4 月成立，在挪威作战
	H 坦克: 342ᵉ CACC			
2ᵉ DLCh	2ᵉ [9ᵉ, 20ᵉ, 49ᵉ] DBCA, 24ᵉ [3ᵉ, 19ᵉ, 69ᵉ] DBCP	—	3ᵉ GA (10ᵉ RACTT)	1940 年 4 月成立，未在挪威作战，
	FT 坦克: 343ᵉ CACC			后改编为 40ᵉ DI（法国前线）
3ᵉ DU	140ᵉ, 141ᵉ RIA - *FT* 坦克: 344ᵉ CACC	8ᵉ GRDI	4ᵉ GA (10ᵉ RACTT)	1940 年 4 月成立，未在挪威作战
	北非战区司令部，诺格斯将军			
阿尔及尔 (19ᵉ RM*)	*Inf.*: 21ᵉ BILA - *FT Tks*: 64ᵉ BCC - *Cav.*: 5ᵉ RCA			地方民兵
85ᵉ DIA*	3ᵉ RZ, 11ᵉ, 19ᵉ RTA	85ᵉ GRDI	85ᵉ RAA	1940 年 5 月调往法国
181ᵉ DIA	29ᵉ RZ, 11ᵉ, 13ᵉ RTS	181ᵉ GRDI	GAA 181 (or 3858)	
182ᵉ DIA	1ᵉʳ REI, IV/13ᵉ RTS	182ᵉ GRDI	GAA 182 (or 3869)	
183ᵉ DIA	23ᵉ RZ, CP/1ᵉʳ REI, 15ᵉ RTS	183ᵉ GRDI	GAA 183 (or 3878)	
Front Est-Saharien	11ᵉ BILA, V/1ᵉʳ REI + 混编部队	本地部队	2 Bies（包括 1 Legion）	部署在撒哈拉边界
突尼斯 (CSTT*)	*Cav.*: 1ᵉʳ REC			突尼斯司令部
83ᵉ DIA	344ᵉ RI, 3ᵉ, 7ᵉ RTA	(83ᵉ GRDI)	67ᵉ RAA	
84ᵉ DIA*	4ᵉ RZ, 4ᵉ, 8ᵉ RTT	84ᵉ GRDI	62ᵉ RAA	1940 年 5 月调往法国
88ᵉ DIA	257ᵉ RI, 10ᵉ, 18ᵉ RTS	88ᵉ GRDI	88ᵉ RAA, 2ᵉ RAC 突尼斯人	
苏丹 - 突尼斯前线	*D Tks*: 61ᵉ, 65ᵉ, 67ᵉ* BCC - *Cav.*: 3ᵉ RCA, 4ᵉ BC [4ᵉ RCA, 4ᵉ RST]		288ᵉ RALD	1940 年 5 月调往法国
81ᵉ DIA	218ᵉ RI, 1ᵉʳ, 9ᵉ RTA	81ᵉ GRDI	65ᵉ RAA	
180ᵉ DIA	22ᵉ RZ, 5ᵉ, 33ᵉ RTA	180ᵉ GRDI	380ᵉ RAP	1939 年 12 月成立
RF Sud-Tunisien	32ᵉ RTT, 35ᵉ RTA, 1ᵉʳ, 12ᵉ BILA, III/1ᵉʳ REI, 5ᵉ RTS	—	388ᵉ RAP 突尼斯人	部署在马奇诺防线
6ᵉ DIC	*Horse*: 1ᵉʳ, 3ᵉ RSA - *Inf.*: 2ᵉ RCAP	1ᵉʳ RCA	1ᵉʳ RAC 突尼斯人	1940 年 3 月成立
摩洛哥	25ᵉ BILA - *Tks*: 62ᵉ (R+FT), 66ᵉ BCC (FT) - *Cav.*: 2ᵉ REC, 5ᵉ BC [8ᵉ RSA, 3ᵉ RSMI]			
(ex-2ᵉ DM)	323ᵉ RI, 2ᵉ, 4ᵉ REI, 3ᵉ RTS, BAICM		RACMaroc, 2 Legion Bies	后改编为师
3ᵉ DM	21ᵉ RZ, 3ᵉ REI, 6ᵉ RTS	(89ᵉ GRDI)	63ᵉ RAA	

部队	步兵（或主要部队）	侦察部队	炮兵部队	动员状况及备注
	地中海战区司令部, 魏刚将军			
GFML*	631ᵉ, 632ᵉ BPC - R Tks: 63ᵉ, 68ᵉ BCC - Cav.: 8ᵉ GAM, 3ᵉ GE/4ᵉ RST		352ᵉ RALP	黎凡特机动战斗群
86ᵉ DIA	2ᵉ RZ, 2ᵉ, 29ᵉ RTA	86ᵉ GRDI	86ᵉ RAA, 286ᵉ RAL D	1939 年 9 月, 从北非调入
191ᵉ DI	16ᵉ RTT, 24ᵉ RMICᵀ	191ᵉ GRDI	I/41ᵉ RAC, III/8ᵉ RANA	黎凡特驻防部队
192ᵉ DI	6ᵉ REI, 11ᵉ BVE, 17ᵉ RTS1	192ᵉ GRDI	II/41ᵉ RAC, I-II/80ᵉ RANA	黎凡特驻防部队
波兰旅	2 步兵团（山地步兵）	1 战斗群	1 mountain arty group	从罗马尼亚逃离的波兰部队
黎凡特特殊部队				叙利亚和黎巴嫩本土部队
	法国殖民地军			
AOF*（法属西非）	RMIC AOF, 1ᵉʳ, 2ᵉ, 7ᵉ RTS, BTS Nᵒˢ.1 to 8		6ᵉ RAC	西非法国人
AEF*（法属赤道非洲）	RTS Tchad, BTS AEF, BTS Oubangui		山地	刺刀非洲法国人
马达加斯加	1ᵉʳ, 2ᵉ RMM, BTM		GAAC Diego-Suarez, GAAC Emyme	
印度支那	9ᵉ RIC, 19ᵉ RMIC, 5ᵉ REI, 1ᵉʳ, 3ᵉ, 4ᵉ RTT	DMT/DML*	4ᵉ RAC	北圻摩托化部队
	10ᵉ RIC, 16ᵉ RMIC, BTMSA	DMA*		安南摩托化部队
	11ᵉ RIC, RTA, RTAbis - 柬埔寨: RTC	DMC*	5ᵉ RAC	交趾摩托化部队

名士兵。但是这些团被分为不同的类型。在和平时期，法国陆军有 64 个主力团：24 个"常规"团，隶属于各步兵师；20 个摩托化团，隶属于摩托化步兵师；8 个团是山地部队；12 个"要塞步兵"团（RIF）则部署在马奇诺防线。另外还有 3 个"联队团"①的山地要塞步兵用于防范意大利军队。

和平时期的法国陆军还有一些猎兵营：11 个普通猎兵营，12 个山地猎兵营。猎兵营通常每 3 个营组建为 1 个猎兵联队团。有 4 个营（第 4、5、16、17 猎兵营）被改编为摩托化营以担任机械化师中的步兵组成部分。

当进入战争动员后，法军步兵将增加具有 A 级主力水准的 85 个团和联队团，其番号为留有空缺的第 1—174 团。这些团主要以常备军骨干为核心，加以大量预备役人员组建。但是，由于法国只在 1935 年进行过大规模征召，因此当 1939 年要求预备役人员服役时，这些人其实只接受过不到一年的军事训练。在这些 A 级主力团基础上，另有 61 个 B 级预备团和联队团将被动员，其番号为在原有 A 级主力团番号上加 200，并且其成员全部为 30—40 岁的预备役人员。尽管年龄偏大，但这些人并不见得就是无奈的底牌——在敦刻尔克战役中，周边防线就是由 B 级预备团负责，他们的表现要远远好于那些年轻人。1940 年春，又另有 18 个团组建（其中 13 个的番号囊括在第 1—174 团中），他们是从已有的团中抽调个别营，组建或直接来自于各军训中心。

①法国大革命时期流传下来的，只有二三个营的小型旅级编制。

部队编制	步兵（或主要部队）	侦察部队	炮兵部队	创建日期和注解
10ᵉ 集团军	435ᵉ RP, 486ᵉ RPC - 坦克骑兵: 7ᵉ RC	—	—	5 月 31 日
25ᵉ CA	625ᵉ RP	—	125ᵉ RALA	6 月 1 日
2ᵉ GC	R Tks: 3ᵉ BCC, GBC 50ᵉ [10ᵉ BCC]	—	—	6 月 3 日
Gpt 邓福尔	IV/239ᵉ RI - FT Tks: 109ᵉ BCC	126ᵉ GRDI	GA/11ᵉ RA,	5 月 19 日
	Mech. Cav.: 1ᵉʳ, 2ᵉ, 4ᵉ, 5ᵉ 法兰西骑兵	—	190ᵉ, 196ᵉ RALT	6 月 10 日
Gpt 杜步桑	444ᵉ RP, 482ᵉ RPC (elts), 1ʳᵉ [15ᵉ, 16ᵉ, 18ᵉ, 19ᵉ] DBIL	—	—	6 月 13 日
2ᵉ DCR	B: 8/15. 347ᵉ 348ᵉ, 349ᵉ - H: 14/27 351ᵉ - R: 40ᵉ, 48ᵉ BCC - Inf.: 17ᵉ BCP	—	309ᵉ RATTT	5 月 20—27 日
4ᵉ DCR	BTks: 46ᵉ, 47ᵉ - R Tks: 2ᵉ, 24ᵉ, 44ᵉ BCC - Inf.: 4ᵉ BCP, 22ᵉ RIC	10ᵉ RC	322ᵉ RATTT	5 月 15 日
	D Tks: 19ᵉ, 345ᵉ, 346ᵉ, 350ᵉ - Cav Tks: 3ᵉ RC : 7ᵉ RDP			
40ᵉ DI	2ᵉ [9ᵉ, 20ᵉ, 49ᵉ], 5ᵉ [130ᵉ, 53ᵉ, 67ᵉ] DBCA, 24ᵉ [3ᵉ, 19ᵉ, 69ᵉ] DBCP	—	8ᵉ RACTTT, 208ᵉ RALC	5 月 30 日
1ʳᵉ DU	43ᵉ, 110ᵉ RI	—	327ᵉ RAD 牵引	6 月 10 日
17ᵉ DU	90ᵉ, 114ᵉ RI	121ᵉ GRDI	97ᵉ RAD	5 月 31 日
53ᵉ DU	208ᵉ, 329ᵉ RI	66ᵉ GRDI	22ᵉ RAD	5 月 31 日
(17ᵉ DI) 59ᵉ DU	83ᵉ, 135ᵉ RI	47ᵉ GRDI	84ᵉ RAD	5 月 18 日
235ᵉ DU	9ᵉ, 108ᵉ RI	—	323ᵉ RAD 牵引	6 月 1 日
236ᵉ DU	64ᵉ, 118ᵉ RI	123ᵉ GRDI	90ᵉ RAD (+III/196ᵉ)	6 月 7 日
237ᵉ DU	236ᵉ, 274ᵉ RI (+ 55ᵉ BMIC 增配)	124ᵉ (后编为 80ᵉ +127ᵉ) GRDI	95ᵉ RAD (+VII/306ᵉ)	5 月 27 日
238ᵉ DU	25ᵉ, 144ᵉ RI	—	324ᵉ RAD 牵引 (+192ᵉ)	6 月 1 日
239ᵉ DU	59ᵉ, 138ᵉ RI (+ 2nd Czech IR, 增配)	129ᵉ GRDI	325ᵉ RAD 牵引 (+316ᵉ)	6 月 1 日
240ᵉ DU	40ᵉ DBNA, 42ᵉ RIC (+ 10th 波兰装甲旅)	—	(326ᵉ RAD 牵引)	6 月 5 日
241ᵉ DU	219ᵉ, 264ᵉ RI (+ 404ᵉ, 441ᵉ RP att.)	122ᵉ (125ᵉ later) GRDI	98ᵉ RAD 牵引	5 月 27 日
1ʳᵉ DL JNA	27ᵉ RTA, 1ᵉʳ RTM	95ᵉ GRDI	54ᵉ RANA	6 月 9 日
2ᵉ DLIC	4ᵉ [5ᵉ, 7ᵉ, 8ᵉ] DBCPyr, 8ᵉ RTS	72ᵉ GRDI	2ᵉ RMAC	6 月 8 日
8ᵉ DLIC	RICM, 26ᵉ RTS	78ᵉ GRDI	9ᵉ RAD, VI/296ᵉ RALD	6 月 8 日
4ᵉ DLM	Cav. Tks: GE La Roche - Inf.: 1ᵉʳ RCh, 5ᵉ RDP	1ᵉʳ RAM	75ᵉ RATTT	6 月 10 日
7ᵉ DLM	Cav. Tks: 8ᵉ RD - Inf.: 14ᵉ, 31ᵉ RDP	1ᵉ RAM	77ᵉ RATTT	6 月 5 日
后改编为各种部队	Inf.: 232ᵉ RI (Loire), 23ᵉ RMVE (8ᵉ DI), 54ᵉ RIC (Coastal def.), 1st Czech IR (23ᵉ DI) - B Tks. 352ᵉ CACC (CC)	128ᵉ GRDI (3ᵉ DLC)	—¹	
formations1	Rifles 12ᵉ RDP (1ʳᵉ DLM), 17ᵉ RDP (3ᵉ DLM)	8ᵉ GRDI (3ᵉ DLI)		

表 5: 1940 年 5 月 15 日—6 月 10 日，新成立部队

在动员时期，猎兵的扩充情况也相似，普通猎兵扩充了 18 个 A 级和 B 级营，山地猎兵则扩充了 23 个营。1939 年 9 月起，猎兵中还包括了 10 个营的比利牛斯山地部队，以及特设的雪地部队——第 199 猎兵营——当然其正式编制还是属于山地要塞营。

1939—1940 年间法军动员的本土步兵还包括了 11 个机枪营，番号为第 1—11 营；8 个摩托化机枪营，番号为第 51—58 营；以及 67 个劳工团；番号为第 400—460，以及第 600—625（有空缺），是由年龄偏大的士兵构成，并没有装备与标准步兵团相当的重型武器。

每个步兵营有 20 名军官和 850 名士兵，分为 3 个步枪连，每个连有 4 名军官、190 名士兵（每个连有 1 个连部，装备一门 60 毫米迫击炮，下辖 4 个排，每个排有 3 个班）；另有一个重武器连，有 4 名军官和 190 名

1939 年，斯特拉斯堡，第 172 要塞步兵团的仪仗队。与线列步兵团不同，要塞步兵团有 2 个或 3 个机枪营（第 155 团有 4 个），另有一个连的附属部队，主要负责马奇诺防线。每个营下辖 3 个机枪连（但在某些团中只有 2 个连），以及一个合成步兵／重型武器连。

士兵（分为 4 个机枪排，各有 4 挺机枪，另有 1 个排装备 2 门 25 毫米反坦克炮和 2 具 81 毫米迫击炮）。每个团还另有 1 个团部直属连，1 个勤务连（包括运输、医疗等）以及 1 个额外的重型武器连（3 名军官和 100 名士兵，装备 6 门 25 毫米反坦克炮、2 具 81 毫米迫击炮和 3 辆雷诺履带运输车）。

法国的殖民地给法国步兵带来了更多的力量。1940 年 5 月 10 日，殖民地部队有不少于 14 个轻步兵团（单独从法属北非或法国本土招募的法兰西人），42 个阿尔及利亚、突尼斯和摩洛哥猎兵团（征召殖民地土著人），13 个轻步兵营（征召轻罪罪犯）以及 59 个殖民地团（大约 1/3 为法兰西人，其他则是塞内加尔、马达加斯加和印度支那人）。这些步兵团大多数都是按照本土部队的架构进行编制。加上这些外籍军团以及除此之外的外国志愿者（外籍军团中的 12 个团和联队团），在 1940 年 5 月初，法国步兵的战斗序列中总共拥有 1130 个营（不含劳工部队）。

另有一些地区防卫团和地区猎兵团也在大战爆发后被组建。两者都由那些从未有过服役经历但处于服役适龄段的男子组成。前者的任务是配合宪兵部队维持后方区域的交通线，后者则执行劳工部队的使命。这些部队都被授予了番号，其番号是由所在军区名称和单独的序列数字组成。例如，第 143 地区防卫团，其正式名称是"第 14 军区第 3 团"。

坦克部队

法军的坦克部队被分为两个兵种——一个是战斗坦克部队，这是陆军的基本坦克部队，装备了步兵坦克；另一个则是由之前的骑兵部队改编而来的坦克团。

作为炮兵的一部分，法军战斗坦克部队成立于 1916 年，其创始人艾蒂安将军的本意是要打造一个完全独立的兵种。他设想组建一支有 10 万人规模的机动化装甲军，可以长驱直入敌军腹地执行毁灭性打击，摧毁沿途的一切抵抗。但这一设想并未获得成功。1920 年，坦克部队被加强到步兵单位中，由此导致对它的运用开始倾向于低速作战方式。依靠坦克、摩托化步兵和大规模火炮组建真正的"机动化师"的设想，最早由杜芒克将军在 1929 年提出。之后，在 1934 年，戴高乐中校进一步将这一设想升级为打造一支"精锐集团军"，这应该是一支真正的机动化装甲部队，有 6 个"主力师"和 1 个"轻型师"（与当时在骑兵部队中组建的师类似），并且只使用志愿兵而非征召兵。但这一有先见之明的理论，在法国国内并未得到重视。由于拘泥于静态防御政策，法国政府并不想打造一支装甲军。并且，从政治角度考量，他们也不希望看到一支全部由志愿兵组成的部队。后来，在 1936 年，法国原则上决定建设 2 个装甲师，其目的仅是用作反击或突击力量使用，但这一设想也因为装备的缺乏而实际推进缓慢。直到 1940 年 1 月，第 1 和第 2 坦克师才最终成立，并且编制只有规划的一半人数。第 3 师成立于 3 月，第 4 师——由戴高乐指挥——则成立于 1940 年 5 月的战役中期。

　　某种程度上，法国坦克要比当时德国装甲力量中占据主体地位的一号坦克和二号坦克强：B1 坦克和索玛坦克装甲都更加厚实并且车载武器也更强大。但是，法军坦克，特别是步兵坦克，速度非常缓慢；稍微轻型一些的坦克却又没有无线电装备；坦克一般是单人炮塔，需要车长自行操作；而其他的汽油发动机小型坦克，作战半径又非常有限。除了装备强大的 B 型坦克（每个 DCR 师有 2 个营，共 68 辆坦克）和快速的霍奇基斯 H39 轻型坦克（每个 DCR 师有 2 个营，共 90 辆坦克）的装甲师外，战斗坦克部队的大部分作战营都被打散配属到各个集团军，以执行步兵支援任务。

表6：1939—1940 年，步兵坦克部队	
简写／法文全称	翻译（备注）
RCC (régiment de chars de combat)*	坦克团
GBC (groupe de bataillons de chars)*	坦克营集群
BCC (bataillon de chars de combat)	坦克营
BCTC (btn de chars des troupes coloniales)	殖民地军坦克营（无番号）
CACC (compagnie autonome de ch. de C.)	独立坦克连

1940 年 6 月底，第 48 战斗坦克营的士官和猎兵：他们装备着雷诺 R35s 坦克和新款的 R40s（有 AMX 式履带）坦克。图中可以看到各种制服。左边的机械化部队连体服，中间的军士长穿着的 1935 款皮夹克上有领章和其所属部队的徽章，深蓝色贝雷帽上是坦克兵的标识。

在法军高层的要求下，法国军工企业集中力量生产这种步兵支援用坦克，总共生产了1650辆雷诺R35/40式坦克，以替代原有的FT型坦克。

骑兵

与同时代其他国家的军队一样，1939—1940年的法国骑兵是传统骑兵与现代部队的结合体，有的已经完成了全机械化改编，有的则

净重30吨、装备了60毫米装甲和2门火炮（车身上是75毫米火炮，炮塔上是47毫米反坦克炮）的B1bis坦克，是1939—1940年间西欧地区最强大的坦克。截至1940年6月中旬，共有403辆（包括B1式和B1bis式）装备到部队。

装甲厚实、快速的20吨重索玛S35坦克，是法国骑兵机械化师的核心骨干力量。截至1940年6月，共生产装备了430辆索玛坦克。这辆在法国北部被摧毁的坦克，隶属于第18龙骑兵团。

还保留有传统骑兵部队编制。

在1920年代，法军共有5个骑兵师，各自下辖3个骑兵旅（6个团）和1个骑炮兵团。从1918年起，骑兵师中有2—3个怀特装甲车中队，是当时唯一的机械化部队；同时，每个师还有一些自行车猎兵以充当骑兵师中的步兵角色。从1929年开始，炮兵实现了摩托化，自行车部队被改编为1个摩托化龙骑兵营（BDP），装备了摩托车/挎斗摩托车和雪铁龙半履带车，同时装甲车部队改编为1个大队（GAM）并在1939年扩充为1个团（RAM），下辖6个中队。这些新的骑兵师（1932年编制骑兵师）在改编后只有2个骑兵旅（4个团）和1个轻型机械化旅（BLM），机械化旅下辖摩托化龙骑兵和GAM/RAM部队。同时，工兵和其他勤务部队也实现了摩托化。

从1933年开始，第4骑兵师进行了更激进的改编，成为了全摩托化和机械化部队，并在1935年更名为第1轻型机械化师（DLM）。1936年，第5骑兵师也通过同样的改编成为了第2轻型机械化师。这两个新的师，都逐渐换装了从生产线上新鲜出炉的索玛S35坦克——一种快速、装甲厚重、武器优良的坦克。尽管名字中有"轻型"的前缀，但这些机械化师其实完全可以比肩德军装甲师。它们都装备了超过300辆装甲载具：190辆坦克（一半是S35坦克，其他则是霍奇基斯H35坦克，分为2个"作战团"），69辆雷诺AMR35装甲车（是摩托化龙骑兵的装备），48辆轮式帕哈德AMD装甲车（装备了侦察团中的2个中队，

1940年春，第6龙骑兵团的一名骑兵，他依然穿着此时很常见的和平时期的绲边夹克，上有锡制纽扣。马具和挽带之外，他还装备有1925款驮袋，以及1916款弹药袋。他的军刀按照传统的方式垂直挂在右侧，但按照1938年2月颁布的条例，其实应该斜挂在左侧，就像非洲骑兵团采用的方式一样。

该团剩下的2个中队则继续使用摩托车）。这些机械化师中的摩托化龙骑兵是实力强大的部队，各自下辖3个营（每个营有1个AMR35中队，1个摩托车中队，3个6轮式拉夫林S20TL或洛林L28载具中队）。炮兵团装备着牵引车，有3个炮组（装备24门75毫米口径大炮和12门105毫米口径大炮）。

因此，在1939年9月，投入实战的骑兵师共有5个（第1、2、3骑兵师和第1、2轻型机械化师）。但是在1940年2月，3个骑兵师都被改编为轻型师（DL），并在短短1个月后的3月5日，更名为轻型骑兵师（DLC）。每个师都只下辖1个骑兵旅和1个只有2个营的缩减版摩托化龙骑兵团，另外有1个2炮组而非标准3炮组的炮兵团。其中的骑兵团并没有改变原有的编制，依然下辖4个马刀中队（5名军官和172名士兵，分为4个小队），另有1个重型武器中队（6名军官和208名士兵，装备了12挺机枪、4具60毫米迫击炮和4门25毫米反坦克炮）——全团总计1100人。每个轻型机械化师和轻型骑兵师都另外还有1个师属反坦克中队（12门25毫米反坦克炮），由骑兵操作；1个师属反坦克炮组（8门47毫米反坦克炮），由炮兵操作。

1940年2月，成立了第3轻型机械化师，本来在接下来的7月1日应该成立第4师，但其下属团在5月已经编入"戴高乐部队"——这是第4坦克师最初的名字。在6月初，第1和第4轻型骑兵师被改编为"缩编轻型机械化师"，并且番号在原有基础上增加了3，因此分别为第4和第7轻型机械化师。同时，3个原有的轻型机械化师，在北部的战斗中已经损失了全部的重型装备，只能以几乎最少的人员和新的装备进行重建。

在这些师之外，另有4个独立骑兵旅（3个是由北非斯帕希奇①组成，第4个旅则是由组建轻型骑兵师时的冗余部队拼凑而成）。除此之外的骑兵部队则是隶属于步兵师和步兵军部的侦察队（分别称为GRDI和GRCA）。这些部队，火力规模相当于一个小型的营，一般都是骑兵/摩托化部队混编，下辖1个骑兵中队（步兵军部侦察队则有2个中队）、1个摩托车中队和1个卡车重武器中队。但是，隶属于摩托化部队的侦察队则完全没有骑兵元素，他们被称为GRDI，替换骑兵中队的是2个装甲车

①阿尔及利亚等北非国家的传统骑兵。

这些雷诺 AMR35s 坦克的驾驶员，隶属于第 1 摩托化龙骑兵团，来自于蓬图瓦兹。他们棕红色的制服包括淡卡其色的斗篷、手榴状帽徽和各种摩托化龙骑兵的标识，以及 3 根紫罗兰色饰带。中间的军士或军士长穿着卡其色马裤和绑腿，他佩戴着军官的腰带，并有一把 1915 款的手枪枪套。

中队（有 16 辆 AMD 装甲车和 16 辆 AMR 装甲车）。

在法国本土之外，由法兰西人组成的非洲猎兵的各个团，于大战爆发时仍处于机械化改编之中，有的团已经完全装甲化，有的团则还是混编状态。1940 年初，为了应对中东战局，在魏刚将军的指令下，在北非成立了第 6 轻型骑兵师。

炮兵

"我痛恨法国炮兵！"1918 年德军元帅鲁登道夫曾经这样吼道。直到 1939—1940 年间，这支"巨无霸"般的法国炮兵还拥有各种口径火炮总计 10500 门（不包括防空炮和要塞炮）。从 1923 年开始，法国炮兵开始改制，所有的炮兵团按顺序被命名为第 1—409 炮兵团，其各自承担的职责按他们在该番号序列中的位置所定。只有殖民地炮兵被单独编号。所有的火炮都由马匹或重型牵引车牵引，这意味着他们的机动性不足，同时也在面对空袭时脆弱不堪——他们只有数量很少的临时拼凑的自行火炮。

1 个步兵师通常下辖 1 个野战炮兵团（分 3 个炮组合计 36 门 1897 年款 75 毫米火炮）以及 1 个重型炮兵团（2 个炮组合计 24 门 155 口径重炮，有时则是 12 门 105 重炮加上 12 门 155 重炮）；但是，

表 7：1939—1940 年，骑兵部队

简写 / 法文全称	
Metropolitan Cavalry	本土骑兵
RC (régiment de cuirassiers)	胸甲骑兵团（骑兵、机械化侦察兵和骑兵坦克）
RD (régiment de dragons)	龙骑兵团（骑兵或骑兵团）
RDP (régiment de dragons portés)	摩托化骑兵团（摩托化步兵）
RCh (régiment de chasseurs)	猎兵团（骑兵）
RH (régiment de hussards)	轻骑兵团（骑兵）
RAM (régiment d'automitrailleuses)	装甲车团（机械化侦察兵）
GRCA (groupe de reconnaissance de CA)	集团军侦察部队
GRDI (groupe de reconnaissance de DI)	步兵师侦察部队
GRRF (groupe de reconnaissance de RF)	要塞区域侦察部队
GFC (groupe franc de cavalerie)	骑兵集群（1940 年 6 月）
(North) Africa Cavalry	（北）非洲骑兵
RCA (régiment de chasseurs d'Afrique)	非洲猎兵团
RSA (régiment de spahis algériens)	阿尔及利亚土著骑兵团（骑兵）
RST (régiment de spahis tunisiens)	突尼斯土著骑兵团（骑兵）
RSM (régiment de spahis marocains)	摩洛哥土著骑兵团（骑兵）
REC (régiment étranger de cavalerie)	外籍军团骑兵团（混合）

表8：1940年5—6月，炮兵团	
简写和分类	**团级番号**
师级与要塞轻野战炮兵	1–99（缺79、83）
（师级炮兵团）	1–99（除下列番号）
（摩托化师级炮兵团）	1, 11, 15, 16, 25, 30, 42, 98
（合成75mm+155毫米炮兵团）	38, 44, 45, 50–53, 57
（全地形炮兵团）	71–78
（要塞炮兵团）	28, 39, 46, 49, 59, 60, 69
（机动要塞炮兵团）	70, 99
（山地炮兵团）	2, 92, 93, 94, 96
（北非炮兵团）	6, 20, 33, 40, 54, 80, 81, 82
（非洲炮兵团）	62–67、85–88
集团军属重野战炮兵	101–125（缺119、122）
（摩托化重炮兵团）	101–104, 107, 108, 120, 123–125
（马驮重炮兵团）	105, 106, 109, 112–118, 121
（殖民军马驮重炮兵团）	110, 111
总预备队重马驮炮兵	141–149
（重马驮炮兵团）	141–149（148于1940，1月被解散）
（固定）要塞炮兵	150–170
（固定位炮兵团）	150–170
总预备队超重型炮兵	171–174
（超重型炮兵团）	171–174
总预备队重型牵引炮兵	180–197
（大功率牵引炮兵团）	180–189（长管炮）
（大功率牵引炮兵团）	190–197（短管炮）
师级重型野战炮兵	201–296（许多番号缺）
（师属重型野战炮兵团）	201–296（许多番号缺）
轻型牵引式炮兵	301–329（缺328）
总预备队	301–321（除下列番号）
	310, 320
全地形炮兵团	306, 309, 319, 322
大功率牵引炮兵团	323–327, 329
重型牵引式炮兵	6个团
总预备队	351, 352, 355, 361, 363, 364
总预备队超重型铁轨炮兵	6个团
RALVF *(-lourde sur voie ferrée)*	370–375（370 = 预备团）
混合炮兵团和集群	
附加北非炮兵团	380, 385, 386, 387, 388
战壕炮兵团	391
防空炮兵	—[2]
中央防空炮兵团	401–409
有独立番号的殖民地军炮兵	32个团
师级轻炮兵团	1–3, 8–10, 12, 22, 41, 42
马达加斯加轻炮兵团	21, 23, 32
重型野战炮兵团	11, 201–203, 208, 212, 222, 242
马达加斯加重型野战炮兵团	221, 223, 232
殖民地军中师级轻炮兵团	4–6

除了7个摩托化步兵师，在其他步兵师中，炮兵使用的都是马驮的1897款75毫米野战炮，由四匹驮马拉拽。如图中所见，3名炮手装备着1892款M16卡宾枪，按照非骑兵部队的穿着（有步兵版的大衣）规范着装，坐在炮车上。

B级预备师只有一个合成炮兵团（4个炮组合计36门75毫米火炮和12门155毫米火炮）。如前所述，在师属炮兵和军属炮兵层面，有许多隶属于炮兵总预备队（RGA）的炮兵团，由陆军总部负责调派。1939—1940年间，有超过300个炮兵团被动员，但是虽然这一数字看起来令人印象深刻，但其中大部分的装备自1918年以来并没有改进。法军在这一领域的所谓自信，不过是给数百门已有的火炮加上了轮胎——75毫米、105长管、155CS和15GPFT火炮。虽然也生产了一些全新的火炮（300门105C34S和35B轻型榴弹炮，150门105L36S中型火炮）；但炮兵装备的改进，主要是投入在了反坦克炮（1100门47毫米AT37火炮）以及防空武器上（1500门25毫米AA38/39/40火炮和350门75毫米AA32火炮）。

工兵、运输、勤务

工程兵按照连为单位进行编制（每个常规军和师都有2个连，每个DLC和DCR师有1个连，每个DLM师有3个连），承担日常的土木工程和爆破作业。常规军和DLM师中还有1个舟桥连。常规军另外还有1

个车场中队。

截至 1942 年，维持通信在法军中依旧是工程兵的任务。每个 DI 师、DLM 师和常规军中有 1 个电话连和 1 个无线电连。DLC 师和 DCR 师则只有 1 个合成的电话 / 无线电连。

常规师和军级部队中，有数量不多的运输部队（每个常规师或军有 1 个马驮连和 1 个摩托化连，而机械化部队中则有 2 个摩托化连），之外有数量庞大的摩托化运输单位负责维持战略交通线。这些部队被分为 GTP 部队（人员运输）和 GTM 部队（物资运输），每个单位下辖 3 或 4 个运输连，装备着厢车、卡车和货车，另有 1 个班的指挥车和 1 个班的交通指挥队。每个运输部队合计有各种型号载具 300 ~ 500 辆。运输 1 个步兵师，通常需要 3 支 GTP 部队。尽管在 1939 年 9 月—1940 年 6 月间，军用卡车和货车的生产量达到了 4 万辆，但是运输部队和许多其他部队一样，总是还有许多装备编制未能填满，始终"嗷嗷待哺"。运输勤务还要负责救护车的驾驶（每个师 1 个班）以及新鲜肉类的补给运输。

每个常规师有 1 个医疗队，每个军（1 所野战医院）和每个集团军（1 所后送医院）也都有此类配置。在此基础上，还应该算上整个法国境内的所有民用医疗资源（在经过血腥的"一战"后，这些医疗资源得到了极大的加强）。

1939—1940 年，来自第 8 和第 38 工兵部队的后备士兵，与他们的雷诺指挥车合影。所有人都穿着 1920 款的 7 扣版上衣，衣领敞开，这是在"虚假战争"时期流行的装扮。站在前排的士兵，毫无疑问应该是驾驶员，穿着一条配发的 1935 款高腰裤，一般采用棕红色或卡其色帆布面料。以数字 8 作为番号尾号的工程部队，一般都是通讯部队，因此在他们的汽车挡泥板上有大写的 T 字（代表通讯）。

1939—1940 年间的法国陆军中没有单独的女兵部队。但是，大约有数百名女性以平民志愿者的身份加入了辅助急救部队，在战时被加强配置给作战部队。这些隶属于 SSAF-SSBM（即后来的法国红十字会）的志愿者们，穿着采用蓝色布料制成的制服。

图中的军官和骑兵，大部分都隶属于第 18 摩托化龙骑兵团。这张拍摄于 1939 年总动员令颁布后的照片中，显示出当时在军官和士兵阶层中流行的各种服饰：左边，全身地平线蓝色布料的下士，穿着一件1920 款上衣，在袖口处有团级识别标识；右边，一名骑兵穿着 1920/35款上衣，有天蓝色绳边和锡质衣扣；而其他人则穿着普通的上衣，衣扣是来自备用库房的卡其色衣扣。

1939—1940 年制服和装备

　　"一战"的硝烟使得法国陆军中各兵种制服原本的差异性和个性化被完全抹去。除了非洲和殖民地军队外，所有的陆军人员都只能在两套基本制服中选择其一。非骑兵部队（不管是步行还是搭乘载具的士兵）穿着大衣、长裤和绑腿；马上骑兵则穿着另一种大衣、马裤和裹腿。所有兵种通用的上衣，在 1919 年进行了改版，用立翻领取代了原有的衣领样式。1920 年后，所有的布制装备都进行了细微的改版和设计：尤其是短上衣的前襟衣扣从 5颗变成了 7 颗，大衣则取消了衣袋翻盖上的纽扣。

　　陆军中的每个士兵在服役期间都有 3 套不同的着装规范。第一种，是全新或保养良好的制服，用于周日外出、视察、阅兵，以及正式开赴前线时穿着。其他两种是营区制服和作训制服，都可以在作战中穿着。在战争动员中入伍的征召兵——他们是法国陆军中的大多数——则会使用储备制服：1939 年，他们穿着卡其色哔叽呢布料制服，其上有染成了哑光深卡其色的半球形衣扣。

非军官版制服

　　1920 年代，只有非洲部队和殖民地部队穿着卡其色制服。直到 1921年春天，法军才做出决定，要用这种被戏称为"美国卡其色"的颜色作为陆军制服的标准色，但是由于原有的蔚蓝色制服还有庞大的库存，因此直到 15 年后法国本土军队才大规模换装卡其色制服。在非常关键的 1935 年，国际局势的走向逐渐明晰，德国在重新占领了非军事化的萨尔地区后，其野心已经昭然若揭，法国因此重新征召了 2 年的义务兵。当年 8 月 31 日，法军为新近成立的要塞部队启用了一种卡其色的外出制服，仅 3 周后，这种制服就推广到了所有的本土军队中。卡其色军服容易生产，自 1920 年代就已有大量库存，到该年年底时，所有的换装都已经完成。但是，作为一种外出制服，它装饰有抛光衣扣和新的兵种识别标识：袖口和肩带两侧有兵种色绲边（在大衣和短上衣上也有这样的配置）。这套新制服搭配军用平顶帽穿着，这种帽子是 1930 年重新启用的，为蔚蓝色或卡其色，但在 1935 年又恢复到了"一战"前的颜色。军衔标识还是 1931 款——细长的 ∨ 形纹路——但现在采用了各兵种识别色。另外一款重要的服装是有胸袋的卡其色衬衣，搭配一条深卡其色的领带。衬衣和领带设计为露出外衣衣领外，这就要求去掉大衣和短上衣最顶端的衣扣，并将衣领开口略微下调。从那以后，军大衣就只有 5 颗前襟扣，短上衣只有 6 颗前襟扣。

1936 年，法军启用了平针毛衫，这是一种用卡其色毛线制成，有立翻领的薄款套头衫。这款制服被配发给了所有的非骑兵部队取代短上衣，以期减轻单兵负重。

1938 年，法军启用了使用卡其色帆布制成的劳动制服。同时，还启用了一套全新的制服：新的衣物包括宽敞的"高尔夫"长裤，是那个时代的时尚经典，有 5 颗前襟扣的短上衣、单排扣大衣和有肩带的长大衣。上衣、大衣和长大衣在胸部的剪裁上都更加追求舒适性。但在大战爆发时，这些 1938 款的制服都未能开始配发，1940年后，这种新的长裤才开始被大规模配发（甚至骑兵部队也配发了此款长裤），这是因为老款的长裤在战争中很快就损耗一空。但是除了裤子之外，这些新款的制服对于法国士兵的外观改变并不明显，1940 年 5 月的法军士兵，还是穿着他们厚重、闷热的大衣，看上去就像是要参加一次"一战"一般。

总体而言，1939—1940 年的法军制服可以认为是老套且并不符合现代战争要求的产物。只有两个领域可以算得上例外：摩托车手的制服（详见插图 E3）和山地部队的制服（详见插图 F1、F2），对比之前的款式，有了明显的突破性进步。

表 9：1935—1939 年卡其色外出制服

兵种	绲边	穗带	衣扣
步兵/轻步兵	茜红	茜红	铜锌合金
阿尔及利亚/突尼斯 轻步兵	黄色	黄色	铜锌合金
摩洛哥轻步兵	浅绿	浅绿	铜锌合金
非洲轻步兵	紫色	茜红	锡
外籍军团步兵	绿色	绿色	铜锌合金
骑兵（除非洲土著骑兵外）	天蓝	深蓝	锡
非洲土著骑兵	黄色	黄色	铜锌合金
外籍军团骑兵	浅绿	绿色	锡
炮兵/工兵	猩红	猩红	铜锌合金
运输/后勤	茜红	茜红	锡
医疗	茜红	茜红	铜锌合金

3 名隶属于驻扎在里昂的第 14 军事救护队的军人合照（可以看到他们在茜红色领章上的地平线蓝色番号，并且戴着步兵的平顶帽）。他们穿着 1920/35 款外出制服，有识别绲边。其中两人穿着 1935 款衬衣，戴着配套领带。领带在图中清晰可见，这多亏了外衣领口扣的取消。

179

在大战爆发前，1939 年前曾在夏蒙尼的山地作战军校担任校长的普尔希耶上尉，根据分层原理，设计装备了一套崭新的制服。依据气温的变化，单个士兵可以自由地加上或者减去这套制服中的个别衣件。旧式的大衣和短上衣被几件有袖或无袖的绒线套头衫所取代，这些套头衫按照一定顺序穿在帆布质地的滑雪衫下，滑雪衫本身设计了胸袋，并成为了山地士兵的标准制服（详见插图 F1）。如果在高海拔地区作战需要进一步保暖时，士兵们可以在滑雪衫外再穿上额外的衣物。外出或礼仪场合中，这些士兵可以穿着额外的山地部队带帽披风（启用于 1935 年，采用卡其色布料，同样也配发给了摩托化部队）。在 1940 款普尔希耶制服中，借鉴了好几种来自于法国驻斯堪的纳维亚远征军（CEFS）中摩托化部队制服的元素，这些制服在应对当地环境所发挥的优势，深受法军士兵好评。

军官制服和传统制服

军官和高级士官可以自行购买制服，因此可以从 1925 年 12 月后开始穿着新的卡其色制服。这也就可以解释，为什么在许多战争期间拍摄的照片中，法军军官都穿着卡其色军装，而士兵仍裹在蔚蓝色的老旧军服中。

军官有两套标准制服——全套礼服和作训服。全套礼服是用于出行和礼仪场合，包括立领上衣以及长裤，从 1931 年 5 月起，长裤又恢复了"一战"前的染色风格（详见插图 A1）。作训服包括四袋版卡其色短上衣，以及受英国风格影响的浅黄褐色马裤（详见插图 E2）。短上衣为小尖领设计，启用于 1929 年。后来该上衣在 1938 年 5 月改款为开领设计，搭配衬衣和领带，但在 1939—1940 年间，两款短上衣都在军中流行。在战场上，短上衣外通常还会罩上一件大衣（详见插图 B1）。

尽管有统一的穿着条例，但各兵种流传下来的着装习惯还是造成了各类服饰不同的特点。在大规模启用卡其色军装后，猎兵还是试图保留原有的深蓝色制服，甚至在战场上都还继续穿着（详见插图 B3）。非洲部队在 1927 年 11 月重新启用了他们镶嵌着各种编线的"一战"前的深蓝色制服

法国步兵制服的最终变化都在这两张官方照片中得到反映。左边的是军营装束，有 1935 款卡其色衬衣、深卡其色领带，1938 款"高尔夫"长裤以及 1918 款船形帽，这一点从"一战"以来就未曾改变。在右边，是 1938 款单排扣大衣、1940 款皮质步兵裹腿，以及 1935 年改款的携具以及 MAS36 步枪。

款式（详见插图A1），虽然只是外出或礼仪穿着，但也成为了刺激人们参军的理由之一。1928年2月，殖民地部队也重新启用了他们的"一战"前深蓝礼服，其包括直翻领双排扣上衣，有紫色（步兵）绲边或双紫色条纹及绲边（炮兵）的长裤。但是，一旦士兵奔赴战场，这些制服都会被卡其色军装所替代。

穿着独具特色的民族披风，摩洛哥的土著骑兵们的全装制服与阿尔及利亚及突尼斯的同行们有很大的不同。他们的斗篷从1924年开始统一改为深蓝色。1931年2月，这套之前只在1913年短暂使用过的服装被重新启用为全装礼服：包括一件茜红色的上衣——按照欧洲着装方式剪裁，有9颗衣扣以及下翻衣领，另有宽大的蓝色长裤和独立的绑腿。

1939年初，第1轻步兵团的仪仗队。携带军旗的少尉穿着特殊的1931款轻步兵制服——没有肩章的黑色上衣，在袖口有奥地利绳结样式的装饰条纹以显示军阶。其他人穿着"东方式"的全装礼服。这套礼服从1927年开始被重新启用，但其实在1914年之前就已长期使用。

军种	圆顶帽帽墙	圆顶帽帽顶	饰带	饰扣
表10：圆顶帽、饰带、饰扣				
1 本土士兵				
北非士兵通常被视为本土士兵的一部分				
本土步兵	深蓝色	茜红	金	手雷
猎兵	黑天鹅绒	深蓝	银	号角
轻步兵	深蓝	茜红	金	无
散兵	天蓝	茜红	金	无
非洲轻步兵	深蓝	茜红	银	花环中的号角图案
外籍军团步兵	深蓝	茜红	金	"外籍军团"字样
炮兵	深蓝	深蓝	金	火炮加手雷
工兵	深蓝	深蓝	金	铁甲和头盔图案
列车部队	深蓝	茜红	金	无
2 本土后勤				
支援部队	深蓝	茜红	银	交叉旗帜与花冠图案
医生	深红天鹅绒	茜红	金	墨丘利杖与花环图案
牙医	紫红天鹅绒	茜红	金	墨丘利杖与花环图案
药剂师	绿色天鹅绒	茜红	金	墨丘利杖与花环图案
军事律师	深蓝	深蓝	金	交叉旗帜与束棒图案
军事法庭书记 / 典狱官	深蓝	茜红	金	无
兽医	深红天鹅绒	茜红	金	花环与束棒、旗帜图案
管理	深蓝			
翻译员（阿拉伯）	亮蓝天鹅绒	茜红	金	无
翻译员（非阿拉伯）	深蓝	茜红	金	手雷
火药工程师	鼠灰色	深蓝	金	火焰束棒图案
火药代理工程师	深蓝	深蓝	金	火焰束棒图案
武器工程师	深蓝	深蓝	金	与领章相同
武器管理员	深蓝	深蓝	银	与领章相同
资产维护员	深绿	深绿	银	"资产维护员"字样
邮政专员	黑色	深蓝	银	"邮政专员"字样
地图专员	深蓝	深蓝	金	无
3 殖民地军和后勤				
步兵 / 炮兵	深蓝	深蓝	金	海锚与花环图案
支援（军官）	深蓝	深蓝	银	海锚与花环图案
医生（军官）	深红天鹅绒	深蓝	金	海锚与花环图案
药剂师（军官）	绿色天鹅绒	深蓝	金	海锚与花环图案
后勤管理（军官）	深蓝	深蓝	金	海锚与花环图案

驻扎在巴黎的第 24 步兵团的无线电操作员，他穿着有绲边的外出制服，戴着 1935 款圆顶帽，上有用金色丝线缝制的号码。按照条例规定，金色斜纹饰带是这套军服军阶标识的一部分。团级金属徽章，在照片中被佩戴于胸前，这在 1930 年之后的许多部队中非常常见。

头部装备

法国陆军最具标志性的头部装备就是平顶帽。其最初配发的现代版本（有 10 厘米高的硬直圆柱体平顶帽身）是军官穿戴的 1919 款。根据不同兵种，其颜色各有差异。平顶帽前端通常——但也并非一定（当然也根据各兵种要求）——是部队番号或是兵种标识。军官和副官的平顶帽顶部有奥地利式绳结，在帽冠上则有显示军阶的细穗带。1920 年，被重新征召服役的士官也穿戴军官版平顶帽，但没有绳结或穗带。1926 年起，下级军人也逐渐开始配发平顶帽，到 1930 年，除了部分还保留着自己传统帽子的部队之外，平顶帽成为了所有法军士兵的制式帽。

但平顶帽并非是作战服的组成部分，作战着装中的帽子是尖顶的 1918 款船形帽。当然将军们例外，他们有一款卡其色版本的平顶帽，前面缀有星星。理论上，船形帽是所有军阶的通用版本，但是实际上，军官们戴着剪裁更好、布料也更好的船形帽（详见插图 B1）。在有传统帽子的部队中，只有法籍军官和士官佩戴平顶帽，而其他士兵配发的是贝雷帽或其他帽子（详见表 3）。

原则上军人在战场上穿戴的头部装备是钢盔——1939 年时最常见的版本是 M1926 款。这是大名鼎鼎的阿德里安头盔的后续版本，由一整块锰钢制成，盔饰则为铝制或钢制，前方有兵种标识帽盔。摩托化部队还配备了 1935 款头盔，有一个填充软质垫料的盔带，但没有盔

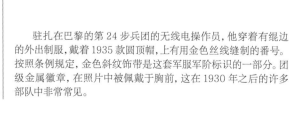

照片中这位年轻的军士佩戴的是防空部队配发的1936款头盔，有着特殊的扁平的帽墙，并且在耳部有专门留出的空间，用来佩戴其他通信设备。

表 11: 1939—1940 年战地头部装备和标识			
兵种	作战头部装备	标识或特征	钢盔徽章
线阵步兵	船形帽	无	手雷图案
东北要塞步兵	深卡其色贝雷帽	"无人能过"字样	手雷图案
阿尔卑斯步兵	山地贝雷帽	茜红手雷图案	手雷图案
阿尔卑斯要塞步兵	山地贝雷帽	"无人能过"字样	手雷图案
猎兵	深蓝色船形帽	无	号角图案
阿尔卑斯猎兵	巴斯克贝雷帽	黄色号角图案	号角图案
轻步兵	深红色头巾	无	新月图案
北非散兵	深红色或浅卡其色头巾	无	新月图案
非洲轻步兵	船形帽	无	号角图案
外籍军团（步兵/骑兵）	船形帽	无	手雷图案
坦克	深蓝色贝雷帽	无	交叉火炮上的骑士头盔图案
本土骑兵	船形帽	无	手雷图案
装甲车	船形帽	无	太阳之上的密涅瓦女神图案
非洲猎兵	有三条黑色饰带的深红色头巾	无	手雷图案
土著骑兵/撒哈拉骑兵	深红色高透镜	无	新月图案
炮兵	船形帽	无	交叉火炮上的手雷图案
工兵	船形帽	无	铁甲和头盔图案
列车部队	船形帽	无	手雷图案
殖民地军（欧洲人）	船形帽	无	海锚图案
殖民地军（本地人）	深红头巾	无	海锚图案
支援（军官）	船形帽	无	束棒、花环和旗帜图案
医疗（所有人）	船形帽	无	墨丘利杖和花环图案
其他后勤	船形帽	无	手雷图案

饰（详见插图 E1—E3），或者是更早期的附带扁平盔带和小型盔饰的版本。另外，防空炮兵和步兵中的厄利康机枪手们装备有在1935 款头盔基础上改进而来的 1936 款头盔。其上会根据不同兵种搭配炮兵或是步兵徽章。

在海外，1931 款软木太阳盔常见于欧洲人或印度支那人士兵的战场装备中。这种头盔上面覆盖着卡其色布料。按照着装条例，帽盔上不应该配有帽徽，只有撒哈拉战役中使用的镀金星徽和新月图案标识。殖民地士兵则有镀金海锚图案徽章（详见插图 G1 和 G2）。

标识

法国陆军的基本标识是领章——佩戴在短上衣、大衣、长大衣以及所有的特种衣物上——可以清楚地分辨出兵种信息。这一识别系统可以追溯到 1914 年 12 月，标准的蔚蓝色制服在此时取代了之前各种各样的老式军服，并持续改良发展到 1940 年。每个兵种有自己的背景色（步兵除外，因为他们的兵种色与制服色相同）；不同的兵种分支则由 V 形纹章的饰带颜色分辨（是作战部队的分辨标识）。部队的番号或饰品则位于领章中央（详见表 4）。

1939—1940 年间，浅卡其色的北非头巾是法军士兵常见的配饰。但在团级部队里，这项装备并不常见，取而代之的是卷边的北非头巾，装备对在头顶部露出红色的头巾布。

表 12：1939—1940 年兵种服饰领章

兵种	领章底	饰带	部队番号	附加装置
1– 本土部队				
线阵和要塞步兵	卡其色	2 深蓝	深蓝	无
阿尔卑斯要塞	卡其色	2 深蓝	深蓝	无
猎兵	卡其	2 绿色	绿色	号角图案
阿尔卑斯猎兵	深蓝	2 黄色	黄色	号角图案
轻步兵	卡其色	2 茜红	茜红	无
阿尔及利亚 / 突尼斯散兵	卡其色	2 天蓝	天蓝	无
摩洛哥散兵	卡其色	2 天蓝	天蓝	星星图案
非洲轻步兵	卡其色	2 紫色	紫色	无
外籍军团步兵	卡其色	2 绿色	绿色	无
坦克	卡其色	2 浅灰	浅灰	无
（1940 年 4 月后）	深蓝	2 浅灰	绿色	手雷图案
非洲散兵	深蓝	无	浅灰	无
比利牛斯山猎兵	卡其色	2 蓝色	蓝色	号角图案
机枪营	卡其色	2 黄色	黄色	无
工兵	卡其色	无	深蓝	无
地方警卫团	卡其色	2 白	深蓝	无
胸甲骑兵（装甲车）	深蓝	2 茜红	茜红	无
机械化胸甲骑兵	深蓝	2 茜红 1 紫色	茜红	无
龙骑士（装甲车）	深蓝	2 白色	白色	无
摩托化龙骑兵	深蓝	2 白色 1 紫色	茜红	无
摩托化龙骑兵（野战）	深蓝	2 白	白	星星图案
装甲胸甲骑兵	深蓝	2 紫色	紫色	无
猎兵	深蓝	2 浅绿	浅绿	无
骠骑兵	深蓝	2 天蓝	天蓝	无
CICA	深蓝	3 白色	白色	无
CRDI	深蓝	3 绿色	绿色	无
非洲猎兵	深蓝	2 黄色	黄色	无
阿尔及利亚 / "突尼斯土著骑兵"	深蓝	2 黄色	黄色	无
摩洛哥土著骑兵	深蓝	2 黄色	黄色	星星图案
撒哈拉连队	深蓝	2 黄色	无	黄色星月图案
外籍军团骑兵	深蓝	2 浅绿	浅绿	手雷图案
卫戍骑兵	深蓝	3 茜红	茜红	无
军校骑兵	深蓝	2 天蓝	天蓝	手雷图案
巡逻骑兵	深蓝	无	天蓝	无
炮兵团	猩红	2 深蓝	深蓝	无
炮兵集群	猩红	3 深蓝	深蓝	无
骑兵师属炮兵	猩红	2 深蓝	深蓝	星星图案
炮兵工场	猩红	无	黄色	无
工程兵	黑色天鹅绒	2 猩红	猩红	无
森林工程兵	黑色天鹅绒	2 猩红	猩红	号角图案
列车部队	绿色	无	猩红	无
后勤管理	浅灰	无	猩红	无
医疗序列	猩红		地平线蓝	无
2 – 殖民军部队				
RIC（欧洲人）	卡其色	2 猩红	猩红	海锚图案
本地步兵部队	卡其色	2 黄色	黄色	海锚图案
炮兵（欧洲人）	猩红	2 深蓝	深蓝	海锚图案
炮兵（本地人）	猩红	2 黄色	黄色	海锚图案
3– 黎凡特特别部队				
黎巴嫩猎兵	紫色	2 黄色	黄色	雪松图案
叙利亚步兵营	紫色	2 黄色	黄色	新月图案
叙利亚骑兵队	紫色	2 天蓝	天蓝	新月图案
切尔克斯连队	天蓝	无	无	银色手雷图案
德鲁兹连队	紫色	2 天蓝	多样	手雷图案
黎凡特轻装甲车	紫色	2 天蓝	天蓝	星星图案
穆斯林连队	紫色	2 黄色	黄色	星月图案
炮兵	紫色	2 猩红	无	猩红手雷、新月图案
工程兵	紫色	2 黑色	黑色	手雷、新月图案
列车部队	紫色	无	雷瑟	新月图案

兵种	领章底	装饰装置
4– 本土勤务		
支援	卡其色布	银色叶饰
医疗部队		
医生	深红天鹅绒	金色墨丘利杖、花环图案
牙医	紫红色天鹅绒	金色墨丘利杖、花环图案
药剂师	绿色天鹅绒	金色墨丘利杖、花环图案
军事法庭		
检察官	黑色天鹅绒	金色束棒和金色花环图案
辩护人	黑色天鹅绒	金色束棒和银色花环图案
书记 / 典狱官	黑色天鹅绒	金色手雷和花环图案
兽医	石榴红天鹅绒	银色花环图案
后勤管理		
支援部门	卡其色布	金色手雷和花环图案
医疗部门	深红色天鹅绒	金色手雷和花环图案
翻译官		
阿拉伯	亮蓝天鹅绒	金色手雷和新月图案
其他语种	深蓝布	金色手雷图案
火药部门		
化学师	深蓝天鹅绒	金色火焰束棒图案
技术人员	猩红天鹅绒	金色火焰束棒图案
统计员	绿色天鹅绒	无
武器生产部门		
工程师	猩红色布	金色交叉炮管、剑、火焰环图案
工人和管理人员	黑色天鹅绒	银色火焰环图案
军事铁路部门		
指挥员	卡其色布	树枝环中的铁路图案
战地班组	卡其色布	树枝环中的铁路图案
电报部门		
总预备队的指挥官及集团军群中的技术人员	黑色天鹅绒及 2 紫色	金色星和闪电
电子部门	黑色天鹅绒及 2 绿色	金色班组番号和闪电图案
资产管理部门	深卡其色	银色橡树枝图案
邮政部门	卡其色布	银色勿忘我树枝图案
地图部门	橙色及 2 深蓝	金色手雷图案
5– 殖民地军后勤		
医生和药剂师	无	与本土军队相同
支援部门管理人员	卡其色布	金色五角星和海锚图案
医疗部门管理人员	深红卡其色布	金色十角星和海锚图案
殖民地军职员		
管理人员	卡其色布	猩红五角星图案
医疗序列	卡其色布	猩红墨丘利杖和花环图案
薪资职员	卡其色布	猩红闪电章图案
电报	卡其色布	猩红星星和闪电光束图案

（左）为了防止领章被敌方狙击手看见，法军从 1939 年 4 月开始启用了带扣的安全衣领，并且将之推广应用。当时只有 1938 款服饰上采用了这种全新的设计，旧款制服（例如图中的 1920 款大衣）临时采用了其他安全领章方式以作补救。

摩洛哥士兵全装礼服中的头巾，是用传统北非头巾制作的，小心翼翼地罩在一个无边帽上，在底部缠上了饰带，用白色和其他标识色交替缠绕，用以区别联队和营。

除了极个别例外，作战服上的军衔识别系统与"一战"中的标准并没有本质上的不同。但是在 1928 年，低级军官的军衔发生了变化：在下士和中士军衔之间新增了一级下士（军衔标识为一根金属穗带下的两根绒线穗带，详见插图 D3）。同时，对于超期服役的中士（一根金属穗带）和重新服役征召的中士（两根杠），在军衔标识上也有所区别。另有新增的一级中士军衔，有 3 根金属穗带杠。在作战制服方面，低级士官的徽章为深卡其色—绿色绒线质地（坦克部队和外籍军团徽章为深绿色）。表 1 总结了礼服上的绒线穗带颜色，表 2 则为金属穗带颜色。至于棉质、帆布和皮质制服，不同于标准的夏季上衣，军衔标识缝在一块补丁上，用扣子扣在胸前。军衔还以 V 形纹章的形式体现在平顶帽上。原则上，其他头部装备上都不应该出现军衔标识。（需要注意的是，在法国陆军中，其他军阶包括下士和一等兵，只有中士及以上军衔才称为士官。）

陆军其他佩戴的标识包括 1916 年 4 月启用的绶带，以及缝在左袖上部的特种徽章和臂章。

这张拍摄于 1931 年的照片中，该士兵隶属于第 42 马达加斯加民兵团（后改为营）。他的宽外套上，衣领和袖口处的黄色饰带，其设计与当时塞内加尔士兵的饰带相同，但到了 1933 年，部队番号和衣领上的海锚标识改成了绿色。

战场携具

尽管在 1914 年之前人们进行过很多改进的尝试，但步兵的单兵携具在整个"一战"期间并没有显著的改进。1914 年后，单兵携具中的基本元素（腰带、弹药带和皮质携具）都采用了本色，而不再像过去那样染黑，同时背包和其他携具的织物部分则采用了灰绿色的帆布（1929 年起改为卡其色布）。

1939 年时，许多步兵团还在使用旧式携具，这种设计从"一战"以来就没有改进过，包括毛绒面料的 1893 款背包和 3 个弹药袋，这两者在照片中都清晰可见。

（上）照片中展示的是战斗着装中的 1935 款携具，配在背后下方，可以方便地将 MAS36 步枪斜放在肩部。可以看到左侧的新款 ANP31（个人防毒面具），腰包里放有橡胶管和过滤器，参考了英军设计。1939—1940 年间 ANP31 面具被大规模使用。照片中这款防毒面具包几乎全部挡住了 1935 款水壶，只露出了一个壶嘴。

得益于 1925—1926 年间法国政府的特别紧急拨款，法国陆军获得了非常优秀的夏特罗 FM1924 款机枪。也是在这之后，法军才对应发展了少量新的携具，包括特制的背包和背袋，取代了之前的邵沙机枪专用携具。这些携具被分发到步兵手中，与原有的标准携具混搭使用（详见表 13）。但是，真正彻底地对步兵携具进行改进，是 1930 年第戎一支部队中的吉贡上尉在进行尝试之后才得以实现。这些尝试并非只是要求步兵携具的标准化，而是与 1914 年前的诸多尝试一样，目的是降低单兵负担。1934 年 6 月，第一步改进实现，启用了"个人用品包"——一个简单的 1861 款背包，装着备用衣物、香皂和毛巾——可以由连部运输队统一装载。

同一时期，法军还尝试对现有的携具部件进行一些改进：与之前挂在肩上的方式不同，现在背袋和水壶可以用短一些的系带挂在腰带环侧后方，取代了之前在这里的第三弹药袋的位置。背包的背带则变得更长，可以使诸如炮手、机枪手和重型武器手等特殊人员将步枪挂在胸前，从而腾出双手进行更多操作。

类似的改进促使了完全重新设计的 1935 款携具出现。它包括一个分为两段的软背包（下段装换用衣物，并且理论上由连部统一运输），取消了挂在胸前的背带；其上半段背包使用内置的环扣与弹药袋结合在一起，以形成前后的平衡力，但实际上其他国家早在 20 世纪初期就采用了这一方式。最重要的是，这一新的携具适用于每个士兵，而不用考虑他的兵种或武器：背包上半段的侧袋和新背袋的外袋可以装入弹药、机枪弹匣、手榴弹以及所有的单兵装备。尽管如此，虽然取得了一些进步，可 1935 款携具并没有让单兵负重减轻太多。

山地部队则采用了基于不同原则设计的携具。其前部弹药袋固定在腰带上，没有任何附加支撑，背后则是有可拆卸背袋的帆布背包，用背袋和环扣固定，另有一个小工具包（摩托化部队使用的1935款），装着其他衣物。在战斗中，士兵们只携带可拆卸背袋。这可以看作非常轻装的战斗携具，但这一理论要求良好的后勤组织和一定程度上的机械化方可实现，而这两者恰恰都是1940年的法国陆军并不能达到的奢望。

轻型武器

随着法国陆军开始加速配发7.5毫米口径的FM24步枪——在使用了更短的1929C型子弹后，这款步枪更名为FM24/29步枪——意味着每个步兵班要准备两种不同口径的弹药，因此替换旧有8毫米口径步枪就成了当务之急。在经过多年尝试之后，两种新的7.5毫米口径步枪被启用。一种是1907/15 M34款，是参考毛瑟步枪改进而来的贝尔捷步枪；另一种则是著名的MAS36，是一种全新的结构简单但实用的步枪，这一点在日后的

这张官方照片显示出1940款制服中为雪地侦察兵和高山部队设计的一些特殊装备：长统橡胶靴（照片中为设计原型——在标准配发版中，其腿部部分更长），布质雪地长裤和帆布罩衣。1940款山地背包在挪威远征军中曾被使用，其标志是两侧有两个大侧袋，并拥有可拆卸的背包设计。

人员	武器	弹药	主要携具	战壕工具
表13：1939—1940年班组				
1– 混合老式和M24携具的步兵				
军士，班长	步枪	45×8mm 25×7.5mm	标准 [2]	铁丝剪
上士	步枪	45×8mm 50×7.5mm	标准 [2] +M24款腰包	斧头
机枪手	FM 24/29	75×7.5mm	标准 [3] +M24款腰包	M1879铁锹
2号机枪手	鲁比手枪	3×7.65mag. 325×7.5mm	标准 [4] +M24款腰包	M09战壕镐
3名弹药手	卡宾枪	45×8mm 250×7.5mm	标准 [5] +M24款腰包 [2]	2M1879铁锹、 1砍刀
4名步枪兵	步枪	90×8mm 25×7.5mm	标准 [2]	2M16鹤嘴锄、 2 M16铁锹
榴弹枪兵	步枪 +枪榴弹	8×VB gren.	标准 [2] +枪榴弹报	M09战壕镐

2– 配发M35携具和老式8毫米武器的步兵

每个人都配发了标准的M35携具，但2号机枪手除外，他的右侧弹药袋被替换为手枪枪套。M35腰包配在左臀上，水壶在右侧。其他武器和工具配同上。机枪弹药（1325发）总量不变但分布更平均（2号机枪手携带250发，军士和上士各携带75发）。

3– 配发M35携具和MAS36步枪的步兵

M35携具的装备同上，但因为MAS36的枪刺是内置于枪托中，因此没有刺刀鞘。每个人都将M35腰包配在右臀上，水壶在左侧其他装备同上。理论上，榴弹枪兵从1940年起就取消了（原计划是在排级部署一具50毫米口径的M37款榴弹发射器），但在德军入侵前，这一计划还未能实施。

战争中得到了充分的检验。事实上，MAS36 步枪（截至 1940 年 6 月生产了 25 万支）只是法国陆军改进半自动步枪的第一步。其后的 FA MAS40 步枪原计划从 1941 年开始大规模生产。其他的可堪使用的单兵武器包括 1907/15 M16 款步枪和 1892 M16 款卡宾枪，有贝尔捷设计的 5 发装弹夹。但单兵武器状况中也有很糟糕的例子，比如有的部队还在使用 1886/93 款勒贝尔步枪，甚至在一些地方卫戍部队中，还可以见到 1874 年生产的 11 毫米口径步枪。

手枪方面，本质上还是沿用"一战"的装备：8 毫米口径的 1892 款左轮手枪和西班牙 92 款左轮手枪，或是吕比手枪、斯塔手枪，这些也都是西班牙制造。而新的 7.65 毫米自动手枪，以及 35A 和 35S 手枪，并没有生产上的优先权，毕竟除此之外法国陆军还有太多的装备缺口需要优先满足。这样的情形在改进冲锋枪时再次出现：法国的 7.65 毫米口径 MAS38 冲锋枪，在 1940 年 5 月前几乎没有大规模生产过。有的部队使用威力更大的武器，例如 9 毫米口径的埃尔玛 - 沃尔末冲锋枪，或是部分美国生产的 11.43 毫米口径汤姆逊冲锋枪，但在法国投降之前，后者只有极少数被配发到了部队手中。

重型武器方面，8 毫米口径的 1914 款霍奇基斯重型机枪，再加上几百门瑞士的 20 毫米口径厄利康 CA39 防空机枪，是法军的主力装备。另有 60 毫米和 81 毫米口径迫击炮、25 毫米 1934 款霍奇基斯反坦克炮及 1937 款皮托反坦克炮。上述装备就是法军步兵的所有重型武器。

照片中的步兵正列队通过一个小镇。有些步兵穿着标配的"高尔夫"长裤、配备 1935 款改版携具以及 MAS36 步枪。在第一排的是班长（军士）；其后是 FM24/29 机枪手；再之后是 2 号机枪射手，手放在手枪套上——这是他们唯一的武器。

1940—1942 年法国停战期陆军

正如"一战"后德国被允许保留一支 10 万人规模的国防军一样，1940 年 6 月 25 日的停战协议允许法国保留一支同样规模并且仅限于维持公共秩序的本土军队（其中 84000 人为陆军，6000 人为近卫军——原来的法兰西共和国卫队，10000 人为海军和空军）。他们驻扎在中立区——法国南部和科西嘉岛——此时的法国陆军被分为两个民兵师集群，下辖 4 个民兵师（DM），以替代原来番号相同的军区。每个民兵师与 1939 年编制步兵师的组织架构相似，但进行了很大程度上的削减：不允许拥有反坦克武器和毒气防护武器，机械化程度也降到最低。但是，由于数量上的大幅缩减，反而使得他们能够几乎全部装备最新的 MAS6 步枪，同时还有数量更充足的 MAS38 型和汤姆逊冲锋枪（理论上，每个排有 6 支冲锋枪），另有 50 毫米口径的 1937 款榴弹发射器（理论上一个排有 3 门，逐步取代了原有的 VB 枪榴弹发射器）。

步兵方面，每个营（现在下辖 4 个混成的步枪和机枪连）有 26 支 FM24/29 步枪，16 挺霍奇基斯机枪，30 具 50 毫米枪榴弹发射器，3 门 60 毫米迫击炮和 3 门 81 毫米迫击炮。

骑兵方面，胸甲骑兵和龙骑兵被改编为侦察集群，下辖 2 个骑兵中队、3 个自行车中队（有 15 挺霍奇基斯机枪和 10 门 81 毫米迫击炮），还有一个中队装备着 8 辆帕哈德 AMD 装甲车，但车上没有反坦克炮，而是安装了 2 挺 7.5 毫米机枪。猎兵和骠骑兵则恢复了他们原本马上骑兵的角色，有 4 个马刀中队和 1 个重型武器中队，装备了 12 挺霍奇基斯机枪和 4 门 81 毫米迫击炮。

同时，炮兵受到的限制最多，只能拥有不超过 75 毫米口径的火炮：炮兵团下辖 3 个炮群，每个炮群下辖 3 个炮组，每个炮组有 4 门火炮（总计 36 门 75 毫米火炮）。其中一个炮组使用牵引车牵引，其余均为马拉火炮。

每个民兵师还有 1 个工程营（2 个连以及半个连规模的舟桥队）、1 个通信队、1 个运输队，以及 1 个团的自卫队。所有其他的勤务都转为由平民支持，以期在条约规定内将作战部队的人数利用到最大化。

（上左）德法停战后的法国陆军，尽最大的努力在险恶的政治环境中保持自己的传统。索米尔骑兵学校在 1940 年 6 月的卢瓦尔河残酷战斗后，迁到了法国西南部的塔布，并在 1942 年 1 月 19 日接收了 26 个被遣散的骑兵团。

（上右）停战军做出的一项重大变化——设计了一套 PT 装备，包括一件卡其色短袖衬衫、短裤和帆布鞋，于 1941 年 1 月对所有军阶启用。衬衫上装饰有三色盾徽，并有兵种图案。照片中这群人里，可以看到通信兵的闪电图案标志和步兵的手雷图案标志。

1942 年 11 月，当德国入侵中立区时，法国军队被要求待在军营中不准进行对抗。指挥第 16 民兵师的塔西尼将军试图命令部下进入防御阵地，但却被维希政府驳回，这位未来法国陆军的总司令还因此被捕入狱。除了自卫队之外，1942 年 11 月 27 日，法国陆军被全部强行复员，但在 1943 年春，维希政府又被德国允许建立一个团的兵力，这个团有 2 个步兵营以及 1 个混合骑兵、炮兵、工兵、勤务的营，该团被命名为法兰西第 1 团。

在海外，维希政权部队的处境则有很大不同。特别是意大利人允许维希法国保留了经过大规模裁员后的法国非洲军团（最初的人力规模限制在 30000 人），德国人也表现出了更多的灵活性。而当自由法国部队在 1940 年 9 月试图收复达喀尔①的战斗失败后，更证明

① 1940 年 11 月，盟军试图收复维希政权控制下的法国殖民地塞内加尔，但维希政权部队拒绝投降并与盟军交战。在政治努力失败并小有伤亡后，盟军撤出了战斗。

1941 款制服，在冬季时的装备包括一件非骑兵部队的双排扣大衣，有开领和后翻袖口设计。照片中是非常少见的 1941 款头盔，戴在一名法兰西第一步兵团的士兵头上。这张照片来自于 1943 年一篇新闻报道中。事实上，很少见到现役士兵戴这种头盔。法兰西第一步兵团驻扎在法国中部，在 1944 年 8 月加入了抵抗军。

表 14： 在法国、北非和黎凡特的停战军			
部队	步兵	骑兵	炮兵
1– 法国南部（1940 年夏季至 1942 年 11 月，在德军入侵后解散）			
1er GDM	(General Olry)		
7eDM	65e、151eRI、4e [1e、2e、10e] DBCP	5e RD	61e RA
14eDM	153e、159eRI、3e [6e、13e、27e] DBCA	11e RC	2e RAM
15eDM	43eRIA、21eRIC、173eBICorse、2e [20e、24e、25e] DBCA	12e RC	10e RAC
16eDM	8e、51e RI、2e RIC	3e RD	15e RA
1re 骑兵旅		1er、7e RCh	
2e GDM	(General Réquin)		
9eDM	1er、27e、32e RI	8e RC	72e RA
12eDM	26e、41e e RI、1re [8e、16e、30e] DBCP	6e RC	35e RA
13eDM	5e、92e、152e RI	8e RD	4e RA
17eDM	18e、23e、150e RI	2e RD	24e RA
2re 骑兵旅		2e、3e RH	
2– 北非（1941 年 1 月时的编制，在叙利亚战役后发生了一些变动）			
DTA1	1er RZ、1er、9e RTA、13e RTS	5e RCA、1er RSA	65e RAA
DTO1	2e RZ、2e、6e RTA、1er REI	2e RCA、2er RSA	66e RAA
DTC1	3e RZ、3e、7e RTA、15e RTS	3e RCA、3er RSA	67e RAA
阿尔及尔预备队	5e RTA、8e RTT		68e RAA
突尼斯	4e RZ、4e RTT、43e RIC	4e RCA、4e RST	62e RAA
摩洛哥	11e RTA、4e、5e RTM、3e REI、1/6e RTS	1er REC	63e RAA
	7e RTM、3e REI (elements)	3eRSM	64e RAA
	1er、6e RTM、RICM、6e RTS	1er RCA	RACM (3gr.)
	2e RTM、2e REI	4eRSM	RACM (1gr.)
摩洛哥预备队	3e、8e RTM		
1941 年在非洲成立的新骑兵部队			
8e、9e RCA、10e、11e、12e GAPCA（非洲自走骑兵集群）、2e RMSA			
3– 黎凡特（在 1941 年 5 月叙利亚战役开始时的编制）			
黎巴嫩	22e、I + II /29e RTA、II /16e RTT、6e REI	6e RCA、4e GrST	RAC 黎凡特
	I + II /24e RMIC、1er、2e、3e BCL*	8e GrSA	
叙利亚	I + III /16e RTT、III /29e RTA、V/1er RTM、III /24e RMIC、17e RTS	7e RCA、1er RSM	1erRAM 黎凡特
		4 Line + 6 Druzes	阿勒颇集群
	8 叙利亚营 + 3 土著骑兵	+ 8 科西嘉骑兵	

了维希政权部队有意愿防守他们的殖民帝国领土，不管是谁发动的进攻。达喀尔战役后，德国同意将北非的法国非洲军团扩充到12万人，有120辆装甲车和102辆坦克（大部分是D1坦克和R35坦克）。但从另一个角度来看，非洲的维希法国部队的单兵武器与法国本土部队相比，是相当陈旧的（主要是8毫米口径步枪，另有很小一部分FM24/29步枪）。MAS36步枪、冲锋枪、枪榴弹等装备并未在非洲战场上出现。

1940年10月—1941年11月间，北非的维希法国军队由魏刚将军指挥，之后则由朱安将军指挥。从组织架构而言，其与本土军队类似，但由于远离本土，因此德国—意大利人组织的所谓"停战委员会"对其的监督并不十分严格。

在黑非洲地区，法属赤道非洲[①]在1940年8月投入了自由法国阵营，但之后并没有其他响应者。戴高乐及其追随者们在达喀尔及之前的一系列努力的失败，使得维希政权得以加强对法属西非[②]的控制并扩充了当地的部队，使其规模在1941年10月从33000人增加到66000人，并且还拥有了装备23辆先进的索玛S35坦克的1个中队，这些坦克作为第12坦克团的一部分，直到1942年底之前一直驻扎在塞内加尔。

在近东地区，当签署停战协议时，法国陆军有2400名军官和70000名士兵——然后复员削减到25000人，但从1941年开始又陆续恢复到38000人。这些人数并未包括黎巴嫩和叙利亚裔士兵，他们被称为黎凡特部队，并没有太多的军事价值。与之相反的是，主要从北非和殖民地军队中抽调组建的维希法国军队，则素质较高。这一地区还有90辆R35坦克，隶属于原来的第63、68坦克旅，之后被编入第6、第7坦克团，这两个坦克团之前就已有大约100辆装甲车。在1941年6—7月的战役[③]中，这些部队虽然人数较少并且装备落后，但在对抗英军和自由法国的战斗中还是表现顽强。在战役结束后，只有5300名军人选择加入自由法国——其余33000人则选择被遣返。最后，在1941年底，这些维希军人中有11000人作为援军抵达了北非维希部队。

在马达加斯加，9500人的维希法国驻军于1942年5—10月间与解放该地的英军进行了战斗。在印度支那，日军持续的压力、1940年12月—1941年1月的泰国战役以及接踵而至的地方叛乱，使维希政权在该地的统治陷于崩溃，并最终在1945年3月被日军发动政变而推翻。

近东地区的土著部队，官方称谓为黎凡特特殊部队，由所有兵种混合而成，包括色彩缤纷各具特色的各个连队和小队。（上）1934年，大马士革，法国国庆日阅兵游行中的莫哈斯特连队。法国军士穿着土著骑兵的制服，其他士兵则混搭穿着土著衣物和其他撒哈拉连队的衣物。直到1941年，他们的服装并没有显著变化。

（下）黎凡特特殊部队中的一名切尔克斯人骑兵，穿着哥萨克式的全装礼服。

①大致包括今天的刚果、加蓬、中非和乍得。
②大致包括今天的毛里塔尼亚、塞内加尔、尼日尔、马里、几内亚、科特迪瓦、布基纳法索、贝宁。
③指1941年盟军发起的叙黎战役，英军和自由法国最终击败维希法国军队，收复了叙利亚和黎巴嫩。

1：1938 年，第 1 龙骑兵团，上校
2：1939 年，斯特拉斯堡，第 172 要塞步兵团，工兵
3：1939 年，奥兰，正装，阿尔及利亚非正规骑兵，队长

A

1：1939—1940 年，营长，第 92 步兵团，野战服
2：1940 年春，巡逻队员，轻装野战部队
3：1939—1940 年，野战轻步兵，野战服

B

1：1940 年春，阿尔及利亚士兵，野战服
2：1939—1940 年冬，摩洛哥籍法国军团士兵
3：1939—1940 年，塞内加尔士兵，驻防服

C

1：1939—1940 年，骑兵，第 6 龙骑兵团，非骑马时装备
2：1939—1940 年，准将，第 4 摩洛哥骑兵旅，冬季野战服
3：1939—1940 年冬，火炮骑兵

D

1：1939—1940 年，骑兵装甲车部队乘员，作战服
2：1939—1940 年，上尉，坦克部队，野战服
3：1939—1940 年，摩托化骑兵，第 11 军侦察队，战斗服

E

196

1：1940 年，山地轻步兵，挪威远征军，简化野战装备
2：1940 年，外籍军团士兵，外籍军团第 13 半成旅，挪威
3：1939 年，滑雪侦察兵，山地部队

F

1：1940年，下士，第24混成殖民地步兵团，累范特
2：1941年，中尉，第5海外步兵团，东京湾，野战服
3：1935—1942年，中士，第1阿拉伯步兵团，阿尔及尔

G

1：1942年，殖民地步兵，马达加斯加
2：1942年，准尉，骑兵，法国南部
3：1942年夏，步兵，维希

H

插图图说

A1: 1938 年，第 1 龙骑兵团，上校

凯米上校是驻扎在靠近巴黎的蓬图瓦兹第 1 龙骑兵团的指挥官，他穿着 1931 款全套礼服着装。另有一款被称为"城镇礼服"的装束包括同样的制服搭配，但省去了肩章和军刀，而且搭配的是勋表而非勋章。

上校戴着一顶 1919 款圆形平顶军帽，形制与卡其布制服款相同，上有五根银色筒状帽穗；在他的袖口处还有同样数量的扁平状穗带。在腰带扣上的饰物，因军种不同而有所区别，龙骑兵的图案为蓬勃日出背景上的交叉长矛。这套制服的其他部分包括 1931 款短上衣，采用的是黑色布料（在着装条例中规定为深蓝色，但自从 19 世纪开始法国陆军就喜欢自作主张地采用颜色更深一点的面料），有黑色宽缝条的深红色长裤，以及配有小马刺的抛光黑色靴。所有的金属配件都是银色（骑兵专用）。这名上校身上的其他装饰物，还包括资深勋章、荣誉军团勋章。他的军刀是骑兵军官专用的 1923 款直刃军刀。

1 号和 2 号着装在 1939 年 10 月 12 日，因战事蔓延而被暂停执行。

表 15：要塞部队袖标

1 步兵

23ᵉ RIF	Lauter	168ᵉ RIF	Moselle
37ᵉ RIF	Vosges	171ᵉ RIF	Haut-Rhin
42ᵉ RIF	Neuf-Brisach	172ᵉ RIF	Bas-Rhin
69ᵉ RIF	Haute- Seille	东南（阿尔卑斯）	Fortress
146ᵉ RIF	Faulquemont	70ᵉ BAF	Tarentaise
149ᵉ RIF	Crusnes	71ᵉ BAF	Maurienne
153ᵉ RIF	Sarre	72ᵉ BAF	Durance
155ᵉ RIF	Meuse	73ᵉ BAF	Ubaye
162ᵉ RIF	Nied	74ᵉ BAF	Alpes-Maritimes

2 炮兵

151ᵉ RAP	Montmédy, Crusnes, Boulay, Thionville, Verdun	39ᵉ RARF	Faulquemont, Crusnes, Boulay, Thionville
155ᵉ RAP	Lauter, Vosges, Sarre, Bas-Rhin, Haguenau	46ᵉ RAR	Thionville *(likely)*
		59ᵉ RARF	Lauter
159ᵉ RAP	Belfort（可能）	South-East (Alps)	Fortress
163ᵉ RAP	Faulquemont, Metz	154ᵉ RAR	Savoie, Dauphiné
166ᵉ RAP	Sane（可能）	157ᵉ RAR	Alpes-Maritimes

3 工程兵

Metz, Lauter, Haut-Rhin, Savoie, Dauphiné, Alpes-Maritimes, Bonifacio.

A2: 1939 年，斯特拉斯堡，第 172 要塞步兵团，工兵

作为法军中的精锐部队，要塞部队在 1935 年 8 月获准装备了一套卡其色制服，其组成部分后来散见于所有本土军队制服中。但是，马奇诺防线的部队，另有 3 种特别的标志性服饰：一顶小的深卡其色贝雷帽，上缀有箴言帽徽"不准通过"（该句诞生于 1916 年的凡尔登战役），另有深卡其色的毛绒腰带，以及单独挂在左臂上的肩带，上面有该部队所隶属的要塞区番号。这名士兵穿着全套夏装，另佩有他的特殊标识——黄色和绿色的团级标识，以及白色的长手套。这种手套最先出现在殖民地军队中，并在大战前期被许多兵种广泛使用。

A3: 1939 年，奥兰，正装，阿尔及利亚非正规骑兵，队长

这名士兵穿着于 1927 年 11 月重新启用的全套传统正装。头上是当地特色军帽，是用一根很长的骆驼毛饰绳缠裹的、由三层无边帽覆以白色织物组成的夸张军帽。带天蓝色绲边的大红色马甲式外套上缝着黑色的装饰图案。这件马甲上有白色色块，它的颜色代表了军人所在团的募兵区域（大红色代表阿尔及尔，白色代表奥兰，亮黄色代表康斯坦丁，天蓝色代表突尼斯），而袖子上的三角形天蓝色装饰则是各团通用，天蓝色三角形上方则是亮黄色军衔袖标。用蓝边白亮束带捆扎的猩红色毛料腰带覆盖住了这位旅长腰间的标准型皮带，这是非洲骑兵的特有装束，而非洲轻步骑兵团和在非洲的装甲、运输部队也作这样的打扮。宽大的天蓝色土耳其式裤子（一种立裆很深，几乎不分裤腿的裤子）从腰上数有 32 个褶，而身披的斗篷有两层，里层是大红色哔叽布料，外层是白色毛料。标准骑兵用护腿也经常被使用，而鞋子前方用来固定马刺的红棕色皮环则是阿尔及利亚骑兵独一无二的特色。这名队长还穿了 1917 款的军靴并配通用马刺，还装备了一把 1822/82 款轻骑兵弯刀。

第 93 团的 2 门 25 毫米反坦克炮。前面的是 1937 款皮托炮，后面的是 1934 款哈奇开斯炮。

B1: 1939—1940 年，营长，第 92 步兵团，野战服

1933 年 1 月开始，军官制服被简化为 3 种对应不同功能的棕色制服：笔挺的常服（3 号服装），训练服（4 号服装）以及作战服（5 号服装）。同样按命令，军官手下的士兵穿什么功能的服装，他也要穿对应的制服。即意味着他们无论何种季节都要穿 1932 款的 6 扣呢子料野战服，骑兵也是如此（见图 D3）。此外需要注意的是，图中的棕色制服上还有略章。

1918 款军便帽（警察帽）上配有军衔标识，图中的军官帽还带有常见的深棕色绲边，以及模仿领章线条的布徽章。此外，这种军官用船形帽比之士兵的款式更圆。暗茶色 1918 款军官用皮带上固定着 1876/93 款手枪套。这名军官还戴着皮手套，穿 1920 款护腿和 1919 款军官皮靴，携带一个地图包和一枚 ANP31 防毒面具以及一根手杖（在野外，手杖往往会被同样可作为指挥官标志的马刀代替）。

B2: 1940 年春，巡逻队员，轻装野战部队

最早在"一战"时形成的法兰西特种兵团（突击队或特种部队的早期形式）是一种通常采用排级编制（30—40 人）的小型部队，由从各部队中抽调的志愿兵组成。巡逻或突袭时，这些军人可配备简化装备。1940 年春，这些部队开始接收 1938 款斜纹棉制服，以搭配他们的运动衫和制服裤子。这些新制服包括图中这种带 5 颗平顶扣的工作样式上衣，以及类似于 1935 款摩托化部队裤子（见图 E1）的简化版轻质棉工作服裤子。最初，这些制服是用来替代原来的原色或蓝色帆布制作的旧式工作服，并作为一种廉价制服提供给本来穿市民服装的地方防卫部队。但是很快士兵们发现它很适合在无人区巡逻时穿着，在挪威的法国斯堪的纳维亚远征军尤其如此。头盔上没有徽章和左臂上佩戴蓝星臂章，这两者都是轻装野战部队的特征。图中军人还穿着 1917 款军靴，携带 1916 款子弹包以及 OF 式和 F1 式手雷，背装多余弹药的 FM24/29 式背包，腰带的左部则有图中被遮挡的 ANP31 式防毒面具。此外他的武器是 1892 M16 式卡宾枪。

B3: 1939—1940 年，野战轻步兵，野战服

这名第 2 野战轻步兵营的一等兵，穿着野战轻步兵营或山地轻步兵营穿的战斗服，这种和平时期的蓝色制服于 1935 年 4 月被废弃，只在检阅时穿着。头戴棕色 1926 款钢盔的这名军人内穿配黑领带的 1935 款深蓝色衬衫，下面则是无绲边的深铁灰色裤子（由 95% 深蓝色和 5% 原色羊毛制成）和 1936 年采用的深蓝色绑腿及 1917 款军靴，而他外穿的无光泽 1920 款深棕色棉大衣则是来自于库存。除了蓝色的兵种色领章和钢盔帽徽以外，他的装

阿尔卑斯步兵装备着条例规定的老式毛皮夹克（卡车司机也是同款），另有 1916 款战壕刀，以及很不常见的冲锋枪：左侧士兵装备着艾尔玛——沃尔默尔冲锋枪；右侧士兵手上可以看见小型的 MAS38 步枪。照片中有两种头盔罩（浅卡其色棉布盔罩和针织毛线盔罩）。

束和战列步兵没什么区别。新式的 1935 款武装带上固定着于 1936 年被采用的软皮弹药包，这套装备非常不实用，因而很快在 1939 年开始被 1937 款的新样式逐渐取代（参见图 C1）。此外，这名士兵的水壶（在左臀部，部分被隐藏）用布包着，武器则是 1907/15 M16 式步枪。

C1: 1940 年春，阿尔及利亚士兵，野战服

这名军人穿着少见的有 5 个大扣的单排扣大衣，每个扣子直径 25 毫米（双排扣大衣的扣子直径为 20 毫米）。大衣下面可见 1938 款"高尔夫"裤子，与大衣不同，这种裤子自 1940 年开始就被广泛穿着。按行军规定，这名军人将钢盔悬于腰带上，这样我们可以看到他的猩红色圆筒形绒帽，当然他的绒帽和脖颈被长围巾围裹起来了，这是北非籍士兵和驻非洲的法国步兵的典型装束。按照规定，供所有非洲部队或摩托化部队使用的这种围巾应该长 2.5 米、宽 0.85 米。这名士兵腰上系着易识别的 1935 式 37 版硬质弹药包，它配有很厚的扣带。其后背的负重则包括铺盖卷、上下两个背包以及 ANP31 型袋子和 1935 款挎包。全副武装行军的他显得有些特别，但他确实是 1939—1940 年法国兵的真实写照。

C2: 1939—1940 年冬, 摩洛哥籍法国军团士兵

这名非洲军人的打扮让人想起印度军队, 但他只是所有北非军团中都会有的摩洛哥籍普通士兵中的一员。在棕色制服外面, 他套了一件无袖羊毛上衣, 这种衣服在1939—1940 年的冬天被广泛分发给前哨部队穿着。其下是供非洲步兵穿着的 1915/27 式裤子, 比那些驻扎在大城市的部队穿的裤子剪裁宽松。此外, 作为 1938 款 "高尔夫" 裤子的先驱式设计, 这种未染色的帆布裤子在裤口处有图中看不到的 3 个用来扎紧裤口的扣子。这名军人的装备包括 1916 版弹药袋、手雷、1916 款匕首以及他戴着标准棕色羊毛手套的手握着的 Erma-Vollmer parabellum 式 9 毫米口径冲锋枪。这是 1939 年夏天从撤往比利牛斯山的西班牙共和军手里查没的德国库存武器, 当时缴获了3250 支 Erma-Vollmer 冲锋枪和 1540 件其他军火。这些武器部分装备法国军队, 但每把枪只被分配到 1 到 2 只子弹夹, 也没有与之对应的装弹夹的子弹袋。最后注意脚下, 他穿的规定版本的橡胶战壕靴在当时供应量非常大, 这种改进版战壕靴有两条结实的橡胶带进行固定。

C3: 1939—1940 年, 塞内加尔士兵, 驻防服

来自殖民地的部队无论是欧洲裔还是本土籍都不穿法军的标准式制服, 而穿被称为 Paletot 的宽外套——一种部分继承海军传统的双排扣制服。没有翻袖的 Paletot 制服的著名之处在于它的布料, 质感柔软有绒毛感。另外, 塞内加尔人和马达加斯加人的部队穿着的 Paletot 制服领子和袖口上缝有亮黄色装饰。猩红色毛料腰带 (4.2 米长, 0.4 米宽) 则是北部非洲军以及炮兵的身份象征。作战时, 这种腰带会系在制服里面, 其他场合, 如出行、站岗或接受检阅时则会如图中所示展示出来。这名军人的裤子是特殊的供殖民地本土军人穿的 1921/35 款, 外观虽与驻扎在大城市的部队所穿着的款式相似, 但实际上它裁剪得更短些, 并在膝盖部位加上了补丁。另外他的帽子类同于北非部队的圆筒绒帽, 靴子则和在大城市驻扎的部队使用的款式一致, 而装备则包括 1916 款弹药袋和一支 1907/15 M16 步枪。

D1: 1939—1940 年, 骑兵, 第 6 龙骑兵团, 非骑马时装备

战争爆发前刚刚服役的这名士兵穿带绳边配锡制纽扣的 1920/35 式上衣, 扎 1916 款武装带, 斜背步行时使用的武装背囊 (骑马时它被套在马脖子上)。1918 款的背囊有 9 个子弹包, 每个包里放 2 个 5 发装的子弹夹, 1929 款的背囊有 3 个一组共 2 组的子弹包, 每个包里放一个 15 发装 7.5 毫米口径子弹夹。他身后背的背包代替

了原来沉重的行军包, 这要感谢新的背带设计。而他戴的则是 1926 式通用钢盔。这位军人穿骑兵们都会穿的内侧加裆的 1933 款骑兵马裤。为了方便行军, 他的 1921 款骑兵护腿相比旧版本更短, 而 1917 式短靴上则装着通用版本的马刺。考虑到陆军骑兵部队在战时将成为前线的掩护力量, 同时能为国内总动员争取时间, 因而现代化的 MAS36 步枪被优先装备给了他们。所有大城市驻扎的骑兵团、部分的陆军军团骑兵团和步兵师骑兵团都装备了这种步枪, 为此, 他们还要花大力气去装备与之对应的附属装备。这名骑兵就仍然使用老式的 1916 式弹夹来供他的新式 MAS36 步枪使用, 这在当时十分常见。同理, 许多步兵团同时使用旧式的 8 毫米武器和新的 1935 款弹药包。

1940 年 2 月 9 日, 阿登地区, 一名第 2 骑兵团 (隶属于第 3 土著骑兵旅) 的骑兵。他穿着 1920 款 6 扣版骑兵上衣, 在衣领上有保密衣领章。照片中清晰可见防毒面具的皮带。他的头盔是 1915 款 "阿德里安", 上有新月图案徽章, 头盔下是北非传统头巾。1939 年 11 月从阿尔及利亚抵达后, 第 3 土著骑兵旅下辖各团装备了 1892 款 M16 卡宾枪, 并将枪刺放在了斜背的子弹带上。

D2: 1939—1940 年，准将，第 4 摩洛哥骑兵旅，冬季
野战服

这名军人头戴印度式包头，身穿的军官版 1920/35
式大衣（参考图 D3）外面套着很具特色的斜纹织物制作
的阿拉伯式长衫。这种长衫被北非骑兵和其他一些非洲
部队使用了很多年。注意，他在胸前扣着布制军衔章。
下面则是相当宽松的、腰部没有褶皱的 1915 款北非骑兵
裤，以及与图 A3 相同的护腿、靴子和马刺。他身上装备
的棕红色皮制武装带最早只用于撒哈拉地区的部队，但到
了 20 世纪 20 年代，北非骑兵们也开始使用。武装带上
1935 年改良版本的子弹包里每个可以装 5 发 1892 款卡
宾枪子弹，而不是原来的 3 发。包括战争爆发时驻扎在法
国的第 1 和第 2 旅在内的北非骑兵旅，都装备不配刺刀挂
钩的 MAS36 步枪，而用头巾包裹住 1926 款钢盔则是第
4 旅的独有做法。

D3: 1939—1940 年冬，火炮骑兵

这名旅长戴的 1926 款钢盔上有炮筒和炮弹交叉图案
的炮兵帽徽，穿着的 1920/35 款骑兵大衣则使用库存的
亚光深棕色纽扣。它比步兵大衣更宽大，没有肩章扣和衣
袋（除了腰部近乎垂直开口的口袋）。第 36 师师属炮兵
团领章、野战制服版军衔袖章以及马蹄铁形骑兵臂章也装
饰在大衣上。他的下半身穿着马裤、1916 款护腿以及短
靴和马刺。这名军官配备着标准的骑兵装备：1903/14 式
腰带、简单版本的 1915 式手枪套以及悬挂军刀的皮带环
（步行时才戴在身上，骑马时就固定在马鞍上）。此外他
手里还提着一只标准版本的帆布水桶。

1940 年 3 月，里昂，第 41 骑兵团的士兵正开赴前线。这张照
片清晰地显示了当时法军中"骑兵与骑马步兵"混编的侦察力量。
在前方，一名士官穿着大衣，而后面的士兵则穿着短上衣。

E1: 1939—1940 年，骑兵装甲车部队乘员，作战服

所有的骑兵装甲车部队成员都穿同样的制服，戴
1935 款摩托化部队钢盔。胸甲骑兵和龙骑兵部队的装甲
兵钢盔帽徽是炮弹图案，而装甲车部队则使用图中这种阳
光下的密涅瓦神（古罗马技术智慧之神）图案的帽徽。图
中军人穿的 1935 款厚重红棕帆布制成的外套，有 5 颗
暗棕色纽扣，棕色布料的内衬则是可拆卸的，领章（带有
装甲部队的紫罗兰色绲边）和胸前的军衔章也是如此。
1937 年开始，棕色帆布开始替代原来的红棕色面料，而
从 1939 年 2 月开始，上衣右臂和裤子大腿部也开始有榴
弹图案印花。另外的细节还有：1935 款的手套以及风镜
（供摩托化部队使用）；套在脖子上的标准 1938 款棕色
毛料脖套，这个冬天会被围脖取代（参考图 E2）；旧式
的 1903/14 式皮带；1917 年开始采用的军靴以及 1916
款手枪套。

E2: 1939—1940 年，上尉，坦克部队，野战服

这名军人拥有与图 E1 所示的相同头盔，但帽徽却变
成了代表坦克部队的交叉火炮图案。1935 年开始，坦克
乘员被规定穿着摩托化部队的帆布制服，但保留了原来的
皮夹克，这一方面是基于传统，一方面是皮夹克对于军人
免受火炮伤害能起到一定作用。1920 款双排扣黑皮夹克
搭配的黑色布领在 1935 年被棕色皮领取代，并配有 5 颗

象牙果式平面扣。深蓝黑底（帽子）或棕色布片（领章）上缝制的白色军衔章则代表着这位军人的身份。当然，皮夹克上的这种领章往往被省略掉。如果乘坐在坦克里，军官们则穿被称作 Salopettes 的工作服。战斗中他们会抛弃掉不穿的羊皮马裤，但是靴子仍然和图中一样。理论上，军官绑腿采用和士兵一样的棕色布料，但实际上军官们一般采用与他们裤子颜色相配的布料做绑腿。这名军官还系着标准的军官皮带、戴军用手套、穿军官用皮靴，这些都是暗茶色的（参考图 B1），手枪套则是外观文雅但样式陈旧的 1876/93 式。

这名第 2 龙骑兵团的士兵是一名摩托化步枪兵：他佩戴着标准头盔，1934 款步兵携具，1920/35 款步兵短上衣和 1935 款带帽披风。这款披风是阿尔卑斯猎兵披风的宽大无袖款，但是采用的是卡其布面料。其他配属给摩托化部队的特殊装备是 1935 款护目镜和 1938 款围脖。

E3: 1939—1940 年，摩托化骑兵，第 11 军侦察队，战斗服

这名摩托车手的钢盔、手套、风镜和皮带都与图 E1 所示相同，只是钢盔配上了手榴弹图案帽徽。1935 年开始采用的制服包括了可拆卸内衬的浅色帆布长大衣（实践证明它不符合摩托化骑兵的实际需要，比如不能防水，因此在 1938 年 7 月开始采用更好的最终版大衣）、新的更致密的防水棕色帆布双排扣上衣、工作服和毛内衬上衣。图中展示的这种宽松，剪裁潇洒的带套袖上衣拥有两排各 5 个象牙果式纽扣，内衬则为棕色布料。它的较新的特征是原来的领章变成了上臂的臂章，这样可以使领部更暖和，也更不易被敌人发现，而军衔章同样也出现在胳膊上。与 1935 款剪裁类似的 1938 款工作服裤子，在大腿内侧加厚以起到防磨的作用。图中最下面是 1916 款军靴和藏在裤子里的 1921 款护腿。此外，这位军人还装备着 1892 M16 式卡宾枪。

F1: 1940 年，山地轻步兵，挪威远征军，简化野战装备

Bethouart 将军率领的高山步兵旅下辖 6 个营的山地步兵。他们装备全套最新的普尔希耶式军服系列。与 1938 款摩托化部队上衣一样，采用棕色防水帆布面料的 1940 款带套头帽的风衣，使用的是象牙果式纽扣，配有领章，帽子可拆卸，腋下部位有气孔。仓促组建的远征军佩戴深蓝色山地部队贝雷帽，而不是轻步兵们传统的黄褐色。Bethouart 将军曾说"轻步兵们的心要保持蓝色"，对应的，他们的领章为深蓝色，其艳黄色的帽徽也是深蓝色的底色。

这些轻步兵的裤子往往是 1938 款的"高尔夫"式，但也有少量的 1940 款滑雪裤。图中士兵的裤腿被棕色滑雪式帆布绑腿箍好，并穿高质量的 1940 款防水海豹皮山地靴。他的无吊带武装带上是 1937 款弹药包，地上则是用皮带捆绑的背包，这是加拿大法国人典型的做法。

F2: 1940 年，外籍军团士兵，外籍军团第 13 半成旅，挪威

只有两个营的外籍军团——第 13 半成旅的军人们穿着与山地营轻步兵们一样的制服。但也有一些新的元素，比如 1940 款山地靴替代了 1917 式短靴，滑雪套头夹克代替了 1938 款外套，他们还穿着新式的滑雪绑腿。他的标准武器是 MAS36 步枪，但对应的子弹袋还是 1916 款的。然而，厚重的卷口短袜和 1935 年堡垒部队贝雷帽则和山地部队无异。具有法籍加拿大部队特色的 1940 款外

1940 年 5 月 12 日，第 27 缩编旅的阿尔卑斯猎兵正在从格拉斯哥向纳尔维克运输途中。一名孤单的猎兵卫兵正替自己的同伴们看守着一地的卑尔根背包。他的身上穿着1938 款毛皮里衬夹克，这种有羊毛翻领的衣物是配发给摩托车手的装备。

和代表侦察兵的深蓝色五角星臂章（山地轻步兵营为艳黄色）。

G1: 1940 年，下士，第 24 混成殖民地步兵团，累范特

这身奇装异服准确地描绘了北非和累范特地区殖民部队的着装风貌。和大城市步兵一致的 1920 款大衣，扣子却是带有海锚图案的半圆弧形状，与众不同的箭形袖章则是深蓝黑底猩红色，箭形夹角为 55°。与大衣不搭调的是他的 1931 款太阳帽式头盔（有铜锌合金制成的殖民地部队锚形帽徽）和短裤，后者原是 1937 年装备给欧洲和印度支那殖民部队的，它有两个口袋，裤口有松紧。此外，与短裤搭配的还有短袖衬衫（图中未表现，参考图 H1），腰带则是 30 毫米宽带 5 个扣别的纯皮款式。塞内加尔殖民部队穿着类似版本的短裤（自 1932 年）和无领短袖衬衫（1934 款），但是，累范特的塞内加尔部队在 1937 年得到了与欧洲部队相同的轻便服装。

套可以正反两穿，一面是棕色一面是白色，而 1926 款钢盔则用白布覆盖，手套则是羊皮料的。

F3: 1939 年，滑雪侦察兵，山地部队

从 20 世纪 30 年代中期起，每一支山地步兵部队都成立了自己的精锐部队——山地侦察班。每支山地步兵团成立 3 支，山地轻步兵营或山地堡垒营成立 1 支。这些侦察班挑选的是所在团或营中最熟练掌握滑雪和登山技术的军人。除了标准的制服外（山地轻步兵营为深蓝色，其他山地部队为棕色），每个滑雪兵们还得到了全套的高山装备，其中就包括了早于 1940 款夹克（参考图 F1）出现的、往往带有胸前口袋的浅棕色带帽兜夹克，或者是图中厚重的帆布防风夹克。这两者属于民用款式，所以样式繁多。在下面代替绑腿的是保护脚踝的棕色羊毛套腿（山地轻步兵营为深蓝色）以及加厚灰白色涂油羊毛短袜，袜口卷起防止雪进到鞋里。他穿着 1935 款滑雪兵专用靴，戴20 世纪 20 年代采用的规格版标准护目镜，手持山胡桃木雪橇和铝制雪杖。巨大的山地包是供滑雪兵使用的标准版本，1892 M16 式卡宾枪经过特殊改进，枪口赤裸，瞄具只剩下靶垛。

隶属驻扎在布里扬松的第 159 山地步兵团的这名军人使用所有山地步兵团都会使用的加兰斯手榴弹图案的帽徽

G2: 1941 年，中尉，第 5 海外步兵团，东京湾，野战服

派驻海外的兵团服装通常与驻地殖民地部队的服装趋近。第 5 海外步兵团驻扎在印度支那，这名军人戴太阳帽，帽子上有镀金榴弹图案的军团帽徽。制服则是所有热带地区军官穿着的标准样式，面料采用浅棕色夏季用轻质棉，裁剪的方式也和大城市部队的制服一致。开领的棉制军官上衣于 1935 年 4 月才被分配给殖民地部队，1936 年 6 月才继续分配给包括海外兵团在内的热带地区的大城市部队。1938 年 5 月，各地的部队才完全装备了哔叽布或棉布制作的此款式制服。新的菱形领章则是 1939 年 2 月刚采用的，而后来领尖变平，领章也就成了五角形，这一款式直到 1991 年才被废止。

G3: 1935—1942 年，中士，第 1 阿拉伯步兵团，阿尔及尔

图中这种浅棕色棉布制服，是供驻守北非和累范特的所有部队士兵及低级士官夏季穿着的。除了一些特殊场合，比如 1939 年的法国国庆日阅兵以外，这种袖口简化的制服从没在法国本土出现过。它的领章和军衔臂章（图中显示这名中士是义务兵役征召的）是可拆卸的，而黄绿两色的第 1 阿拉伯步兵团绶带则以出行服式样扣在胸前的第二颗纽扣上。中士裤子的剪裁样式类似于 1915/27 款（参考图 C2），而作为礼服时，衬衫式的上衣要披在裤子里，外面再系上蓝色羊毛腰带（阿拉伯步兵团、北非轻步兵、外籍军团、工兵等都使用这种颜色）。他的圆筒绒帽上有小的新月图案以及金属团号标识，作为中士，部队纵容了他这种规定并不允许的做法。他的脚上，则是棕色绑腿和 1917 款军靴。此外，他的制式装备是旧版的 1907/15 M16 式步枪。

H1: 1942 年，殖民地步兵，马达加斯加

1942 年，面对英国的进攻而执行战斗任务的这名"海豚"（殖民地步兵的绰号）穿 1937 款轻便夏装（参考图 G1），衬衫上配肩章扣和口袋。和 1935 款衬衫的穿着方式一样，它也是领子半开口到胸部。他头上还戴着配

1937 款帽徽的 1926 式钢盔，脚上是规定的棕色绑腿和 1917 款军靴。作为机枪手的这名军人携带 FM24/29 式机枪，腰带上则装着 1936 式手枪和两个子弹包（其中一个小一些的在背部），肩上还斜挎着能装多余的 6 个弹夹的背包。

H2: 1942 年，准尉，骑兵，法国南部

停战后，法军一些骑兵团的军人无论是骑马还是骑自行车都会戴加带子的 1935 式钢盔。1941 款运动衬衫可以配短裤，也可以像图中所示在执行训练任务时搭配 1938 款高尔夫军裤，这让傀儡政府的"新军"显得既时髦又很有运动感。另外，衬衫上的深蓝色五角星徽章代表骑兵。他的裤子和绑腿还是 1940 年以前的老款，但靴子则是新的 1919/41 式，材料为未经打磨的亚光厚牛皮。作为排长，这名准尉使用一挺 PM38 冲锋枪，当然他也可以使用其部下们使用的普通 MAS36 式步枪。

H3: 1942 年夏，步兵，维希

1940 年 10 月，所有的休战部队都被要求改穿新型战斗服和挪威远征军曾穿过的帆布套头大衣。由于棉花短缺，这一计划被放弃，并改之以新式的供野战和出行使用

的布料制服。开领并带 4 个兜的 1941 款上衣有肩章扣和袖扣设计，笔直的 1941 款裤子在作战时可以塞进类似于骑兵部队使用的瘦长皮靴内。新式的制服也包括衬衫（类似 1935 年的款式，但是有肩章扣）、警察式军帽和大衣，而硬鞋尖的德比式军靴装备，在法军还是第一次出现。此外，骑兵部队还得到了新式的马裤、硬壳绑腿以及更好的外套。这套制服中的大衣、上衣领更尖，领章也相对变尖。领章上战列步兵与众不同的大红色兵种色是 1942 年 7 月开始采用的，它代替了原来的深蓝色。1941 款制服几乎没有完全被配发到位过，当然也有例外，比如图中这名军人所在的第 150 步兵团。

（左）第 24RMIC 团第 1 营地 3 连的军官和士兵们，在 1940 年年末，于黎凡特合影。在照片中可以看到各种质地和色彩的军官服饰，以及几乎每种衣领样式，还有深蓝 / 黑色的领章，上有金色丝线绣成的海锚图案标识。蹲着的士兵穿着非制式服装的卡其色衬衣。右侧的两名士官穿着双排扣卡其布大衣和缀有军衔标识的船形帽。

（右）1937 年，在比赛大（突尼斯）的塞内加尔散兵第 10 团的仪仗队，穿着沙色的棉布制服。军官穿着如插图 G2 所示的制服；其他人穿着有欧洲式立领的棉质上衣（军士长右侧），或者是没有衣领的塞内加尔服装。他们的领章是深蓝色。短上衣上有立领—翻折衣领，几乎是非洲军队夏季军服的标配，在 1938 年 7 月开始配发给在殖民地军中的欧洲人。

法国陆军 1939—1945 年（2）

自由法国、战斗法国和法国解放军 FREE FRENCH, FIGHTING FRENCH & THE ARMY OF LIBERATION

戴高乐和自由法国 1940—1943 年

当 1940 年 6 月 18 日，夏尔·戴高乐在 BBC①发表抵抗号召时，对于大多数法国人而言他还是个默默无闻之辈。这名杰出的装甲战理论家——他 1935 年出版的图书《走向职业军之路》，据说曾被古德里安反复翻阅——最开始他被授命指挥组建中的法国第 4 装甲师。1940 年 6 月 6 日，作为刚晋升不久的临时准将，他成为了保罗·雷诺②政府中的国防和战争部的副国务秘书，雷诺对他信任有加。就在当月，法国政府内部分裂成两派，一派要求抗争到底，将阿尔及尔作为临时首都（这是雷诺和戴高乐所支持的），另一派以武装力量的高级将领贝当和魏刚为首，倾向于达成停战协议并将政府保留在法国本土。6 月 16 日，雷诺成为少数派并被赶出了权力中心，在政治和法统的斗争中失败。正是从那一刻起，得到了来自丘吉尔果断支

1940 年 7 月，伦敦，夏尔·戴高乐穿着他全新的准将制服，正在视察部队。他身后（从右到左）是缪塞利埃海军中将③、康查德司令（佩戴着炮兵的猩红色领章）、戴高乐的副官库赛尔中尉（佩戴深蓝色领章和轻骑兵的天蓝色圆顶帽）。他们的制服都是纯正的法式军装风格。

209

图中这位第 13 外籍军团营的军官穿着全套法军制服，佩戴着一顶卡其色贝雷帽，其领章为深蓝色而非卡其色（这并不符合着装条例，但很常见），领章上有两条绿色饰带，并有纯金丝线，还有外籍军团的手雷图案标识以及标识上的番号 13。

一名步兵营中的塞内加尔轻步兵，在他的英国 BD 上衣上，佩戴着有黄色海锚图案标识的卡其色领章。

持的戴高乐，开始得出这样的结论：无论如何，法国都不能在这场战斗中袖手旁观。也正是由此，自由法国组织得以诞生。

自由法国部队和战役

到 1940 年 6 月底时，戴高乐理论上可以号召和掌握一支数量可观并已抵达英格兰的部队——从敦刻尔克及挪威战场上撤退的士兵，以及许多已经停泊在英国港口的法国船只上的海员。但事实上，在这数千人规模的可用士兵中，戴高乐也只招募到了不超过 1400 人的部队，用以组建新的"戴高乐军团"，或又称为"法兰西军团第 1 旅"（BLF）。到 1940 年 8 月

表 1：1940—1941 年自由法国主要部队

（只列出了陆地作战的主要部队）

法语称谓	最初编制、备注等
1940 年 6—7 月在大不列颠成立的部队	
第 14 DBLE（1940 年 11 月后番号又改为 13） （也被称为第 1 BLE- 外籍军团营）	从挪威回来的 900 名外籍士兵
第 1 CCFL（法兰西解放军战车连）	从挪威回来的 12 辆哈开斯 H39 坦克
BVF（法兰西志愿者营） （后成为 BCC - 坎伯利猎兵营。1940 年 12 月 8 日解散，成为法国解放军士官生队，是自由法国军官和士官的基干）	220 名猎兵和布列塔尼志愿者
第 1BFM（海军枪手营） （步兵，1941 年初改编为防空部队。该年还组建了第 2 BFM。1943 年 9 月，第 1 BFM 改编为第 1 RFM，是第 1DMI 的装甲侦察团）	400 名水手改编为地面部队
第 1 CIA（航空步兵连）	20 名伞兵（后来的 SAS 法国分队）以及配属加强的炮兵、工兵、通信和勤务。
1940 年 6—7 月在黎凡特成立的部队 （最初被称为法属埃及分队，之后改为 GVFE—法属埃及志愿者集群）	
第 1 BIM（海军陆战步兵营） （从 1940 年 9 月到 1941 年 5 月，第 1BIM 与英国第 7 装甲师共同作战）	470 名来自第 24RIC 部队的士兵
ESM（摩洛哥土著骑兵队）	42 名来自第 1 RSM 的士兵 （后来的 RMSM）
黑非洲地区的部队	
BM 1（第 1 步兵营）	800 名塞内加尔人
BM 2（第 2 步兵营）	750 名塞内加尔人
BM 3（第 3 步兵营）	800 名塞内加尔人
BM 4（第 4 步兵营） （1941 年间又陆续组建了其他编制相似的步兵营）	800 名塞内加尔人
RTST（塞内加尔赴乍得远征团）	469 名法国人，5664 名土著：塞内加尔人另加 400 名来自游牧集群的图阿雷格骆驼骑兵
在塔希提和喀里多尼亚组建的部队	
BP 1（第 1 太平洋营） （1942 年夏天，在与第 1 BIM 合并后，BP 1 改为 BIMP）	600 名欧洲人和土著

15 日，在面向从欧洲逃亡而来的法国人，以及居住在大不列颠的法国人进行招募，并将空军和海军的附属人员整合为地面部队的情况下，法兰西军团第 1 旅也只有总计 2721 人——几乎只相当于一个整编团而已。再之后，由于英国轰炸了凯尔港（1940 年 7 月 3 日），1300 名法国水手被炸死，本来陆续涌来的法国和北非志愿者（主要是飞行员和海员）浪潮戛然而止。更糟糕的是，由于没有通往英国控制区的陆地通道，几乎没有地面部队能够从北非投奔自由法国。

　　另一方面，在近东地区，在停战日之后，有相当数量的部队军人进入了巴勒斯坦地区坚持战斗。在被保留下来的法国非洲控制区内，自由法国成功地吸引了几支土著部队，由法国军官指挥，自愿或不自愿地加入了自由法国。1940 年 7、8 月间，1800 名塞内加尔散兵和他们的指挥官闯过

表 2：1940—1943 年自由法国旅和师级部队

部队	步兵（或主要部队）	侦察部队	坦克	火炮	战役及其他
	自由法国部队主体构成（包括在不列颠及英联邦战斗序列之中）				
1940 年 9 月 第 1 法兰西军团旅	14e DBLE, 1er BFM	—	1re CCFL	1 个炮组	1940 年 9 月 15 日从英国登船前往达喀尔，之后在"威吓"行动失败后转向喀麦隆
从 1940 年 10 月 21 日后改为 东法兰西旅	1er BLE, 1er BFM, BM 2, BM 3	(1er ESM)*	1re CCFL	1 个炮组	1940 年 12 月达到满编，准备参加厄立特里亚战役，土著骑兵自行作战，辅助第 5 印度步兵师
从 1941 年 4 月 11 日后改为 法国解放军第 1 步兵师	1re Bde: 1er BLE, BM 1, BM 2 2e Bde: 1er BIM, BM 3, BM 4	1e ESM Sudanese Sqdn	1re CCFL	2 个炮营 1er BFM (AA)	1941 年 6—7 月的叙利亚战役
	（法兰西解放军第 1 步兵师于 1941 年 8 月 20 日在叙利亚被解散，并改编为 2 个军团步兵师）				
从 1941 年 12 月 23 日后改为 法兰西西沙漠军					1942 年 3 月 4 日后被称为"法兰西解放集群"
法兰西解放军第 1 旅（独立）	2e、3e BLE, 1er BIM, BM 2, BP 1	—*	—*	1er RA, 1er BFM(AA)	1942 年利比亚战役
法兰西解放军第 2 旅（独立）	1er BLE, BM 3 (then 5), 4, 11			1 Battery	1942 年利比亚战役
	（1942 年 5 月在黎凡特还成立了法兰西解放军第 3 旅，下辖第 6、7、9 步兵营，但没有投入过实战，其主要作用是彰显法国在该地的存在）				
殖民地志愿军 （自由法国飞行纵队） 从 1943 年 2 月 1 日起改为 法兰西解放军第 1 师	GR 1, GR 2（后在 1942 年 9 月 改为第 1CCFL、第 1RMSM）	9 Conus portée			曾独立或合并使用过侦察群（GR）名称
	1re Bde：13e [1er、2e] DBLE, BIMP	(1er RMSM, 1er CCFL)*		1er RA, 2e RAC	从 1943 年 4 月 6 日参加突尼斯战役
（第 1 师最初编制另加 2 个旅： 10234 人）	2e Bde：BM 4, BM 5, BM 11			1er BFM(AA)	1943 年 6 月被派往叙利亚
	4e Bde*：BM 21, BM 22, BM 24				来自法属索马里，未参加突尼斯战役

※ "勒克莱尔殖民地部队"（是一支独立、唯一的法国部队，1943 年 1 月 23 日在的黎波里编入英国第 8 集团军），自 1943 年 2 月 12 日后改为"L 部队"。勒克莱尔纵队最初有 460 人（1941 年 1—3 月间，奔袭库夫拉战役时），之后有 900 人（1942 年 2—3 月，第一次费赞战役时）。为了彻底占领费赞，该纵队人数增加到 2758 人（1942 年 12 月—1943 年 1 月）。在费赞胜利后，勒克莱尔纵队向北进入利比亚和的黎波里。在突尼斯战役期间，法国解放军飞行纵队被整合进了"L 部队"（1943 年 3 月 12 日）。勒克莱尔的部队，从 5 月 12 日起名义上被称为法兰西解放第 2 师，在 1943 年 6 月从突尼斯战场上撤入的黎波里塔尼亚。

照片中为法国"英国猎兵营"的查尔顿军士,摄于1940年末的老戴安营。他戴着一顶阿尔卑斯山地贝雷帽,身着英国BD战斗服,其上有"法兰西"肩章,另背着法国派往挪威的远征军配备的卑尔根背包。他装备着一把恩菲尔德P14步枪。在左袖上方(图中看不见),他单独佩戴了山地猎兵的领章,也许上面还有一个部队番号(6、12或14——以纪念曾参加诺瓦克战役的部队)。

1944—1945年间第1步兵团(后来的法兰西解放军第1师)的指挥官,中校保罗·莫伯特。该照片拍摄于他的部队经过美械改装之后。他制服上的法国元素是警用软边帽(有红色绲边的深蓝色船形帽,另有殖民地军使用的鎏金海锚图案团级番号徽章),肩章带上有军衔穗章,当然还有师级布质徽章。

---

①现加纳共和国。
②即投降后在法国维希成立的绥靖政府。

边界进入黄金海岸①,但在几次兵变和被英国军队吸收整编后,到9月份时就只剩下了150名志愿者。

但在8月底,自由法国引来了最大的一批投靠者——法属赤道非洲(即乍得、喀麦隆、法属刚果,以及9月2日后的中非)的大部分领土及16500名守军。到该年年底,在保证足够的军力用于保卫本地防御工事、训练中心和港口外,还有足够的人力组建了4个步兵营。

1940年9月,第1旅的大部分人员(共计2045人)离开了英格兰,参加了"威吓"行动,其目的在于占领达喀尔,并进一步获取法属西非的剩余领土。但维希法国②军队进行了坚决的抵抗,给英军舰队造成了损失,并击退了尝试登陆的自由法国军队。法兰西第1旅因此被迫转向塞拉利昂的弗里敦,然后转向杜阿拉,最后进入喀麦隆。

1940年11月,在由维希法国控制的加蓬,自由法国军队完成了第一次地面行动。尽管1943年7月最高峰时,自由法国的地面部队已经增长到50000人(其中大约三分之二是法国控制区的卫戍部队),但这依然不过是1940年5、6月间法国陆军规模大约2%的水平。FFL(法国解放军)的战斗部队在突尼斯战役结束时只有近16000人,这还是在原法国非洲陆军中大力招募并整合从法国及西班牙来投的志愿者之后的结果。其中只有18%是来自法国本土的欧洲人(不到3000人),而66%都是非洲人,另有16%的外籍军团士兵。

自由法国地面部队制服和标识

在1940年初夏的英格兰,没有办法能够区分那些选择了自由法国的士兵和保持对原政府效忠的士兵,他们都穿着以前的1940年5、6月间的法国陆军军服。

但从1940年8月起,自由法国开始接受来自英国的军装,上有卡其色底白色刺绣的"法兰西"布质臂章。这并不符合戴高乐将军的想法,他不想让法国部队看上去像是英国军队的一部分。但不管怎样,"法兰西"臂章成为了与英军并肩作战的法国部队的独特标识,特别是在SAS部队与突击队中。

所有自由法国地面部队(并且总是只有他们)统一佩戴的标识是一枚别在胸前的小型金属徽章。蓝、白珐琅涂装,其图案为月桂环中的宝剑,辅之以胜利之翼。这种标识从1941年初开始在伦敦生产,非常奇怪的是,它并没有采用"洛林十字"的图案。这种十字,一般是红边白色,以蓝色作底,最早出现在1940年底非洲的布质徽章上,并在1941—1942年间衍生出各种版本。1943年底,"洛林十字"才成为DFL第1旅的部队标识,

1943年1月5日，在托布鲁克附近，法兰西解放军第1坦克连正在接受检阅。所有人都穿着全套英国制服，包括RTR贝雷帽，但配有法国徽章（坦克背景上的头盔和交叉炮管图案）。在侧戴着护目镜的猎兵也佩戴着第1CCFFL的金属徽章。左侧的士官佩戴着"法兰西"肩章。

1942年9月，第1BFM的水手们，与装备的博福斯防空炮一起拍照。他们唯一的识别标识就是红色的饰带，在照片中非常显眼。

被设计放在钻石形的红色边蓝底上。

在英国的自由法国部队中，特别是军官，总是尽可能地保留自己原来的法军常服。士官生们甚至还将原来阿尔卑斯猎兵部队的深蓝色制服当作全装礼服来穿着，还搭配了一顶阿尔卑斯山地贝雷帽。但另一方面，最为需要经常更换的作战服，就只能采用英军版本。在穿着时，其肩章带上搭配法军军阶标识以维持原来的法军军装传统。戴高乐和丘吉尔于1940年8月7日，就这种维持国家归属感的细节达成了共识："法国军队，包括志愿者……应当尽可能地，在个人事务方面保持法国部队本色，特别是在纪律、语言、晋升、勤务方面……在装备方面，法国军队拥有优先使用任何原来属于或曾被法军使用过的物品的优先特权。"最后一点尤其重要，这使得戴高乐可以随意使用任何从原维希法国领土上被自由法国军队缴获的物品：1941年夏季，近东地区落入自由法国手中，使其成为了巨大的后备仓库，虽然人力方面依然窘迫，但至少各种物资相对充足。

通过头部的圆顶帽，很容易就能看出这是一群由英国供应装备的自由法国军人。他们是雨果上尉、马格尼上尉和诺古斯中尉。这张照片拍摄于 1942 年 12 月，比尔哈克木附近。他们的制服——一件平民大衣、标准条例大衣和皮革上衣——看上去五花八门。平顶圆帽是黑色（按照条例应该是深蓝色），有鎏金的识别标志。警用软边帽是蓝色／黑色，有猩红色绲边。三个人都佩戴了殖民地军的鎏金海锚图案标识。

战场制服

为了执行 1940 年 8 月的"威吓"行动，自由法国第 1 旅接收到了全套装备，从英国的热带制服到他们的 BD 作战服。这些新制服中的一部分，在热带头盔前方有一个巨大的菱形珐琅三色盾徽图案；这种太过显眼的徽章很快就被弃之不用，同时被取消的还有第 1 海军陆战营的 1、2 连的热带头盔侧面的徽章。1942 年的西非沙漠战役期间，法军在配发的英国 MK2 型头盔上涂装了一种形状相似但更小巧的三色菱形盾徽图案。

有时，来自法属中非的土著部队还会保持着他们的散兵制服，并不搭配任何识别标识。但在 1940 年 11 月，加蓬远征军中步兵第 1 营的土著部队是个例外，他们在左胸上佩戴了一个小型布质三角识别章，上有"洛林十字"。在叙利亚战役（1941 年 6—7 月）期间，同样的识别章被他们佩戴在左袖上方。摩洛哥第 1 土著骑兵营的骑兵们在首次伴随英军作战时，还穿着他们 1939—1940 年间的制服。

只要条件允许，法国人总是把他们的法军 1939/40 款领章别在 BD 作战服的衣领上。大多数部队，有的从 1940 年底开始，就恢复他们原来在法军中佩戴金属部队徽章的传统，有的是素色版本、有的是珐琅版本，搭配着前文所述的自由法国徽章。

当不戴钢盔时，通过头部装备，自由法国的军人很容易就与他们的英国盟军区别开来。军官和高级士官戴的圆顶帽，除了最原始的兵种差异设置外，没有附加任何的徽章。普通士兵于 1940 年底，被配发了新的用染色布料制成的船形帽——深蓝色为底，有红色绲边。第 1 步兵营的士兵另有鎏金海锚图案徽章，摩洛哥土著骑兵营的士兵则是茜红色绲边。外籍军团第13营的士兵保留着他们的1935款要塞部队贝雷帽，以纪念他们之前参加的挪威战役（其中部分人在帽身前还加上一枚军团手雷图案标识）。但是，在叙利亚战役之后，外籍军团士兵接收了一大批有白色帽罩的圆顶帽，之前属于维希政府军队。在1942年的西非战役期间，这两种头部装备都有被使用，而圆顶帽出现的频率要高于卡其色贝雷帽。

第1坦克连（未来的第501坦克团核心）的坦克手们保留了他们的深蓝色小贝雷帽，上有传统的法国坦克图案标识（虽然法国贝雷帽很快就被替换成黑色的英国版本）。最后，海军燧发枪第1营的水手们保留了他们的水手帽——这种帽子上有法国海军的红色绒球帽徽。最开始帽子上还有他们各自船只或岸边设施的番号，但在1941年被统一改为"海军燧发枪手"字样（同时，船只上的海员及在部队启用绿色贝雷帽之前的突击队员使用的帽子上则是"FNFL"——法兰西解放军海军缩写字样）。1941年夏季起，海军燧发枪第1营被准许佩戴红色肩章（这是荣誉军团的颜色）。这些水手们也佩戴着统一的"FNFL"标识——是珐琅金属质地的菱形标识，深蓝色底配红边白色"洛林十字"。

这两张照片显示出了海军枪手突击队员的头部装备和徽章的演变。1941—1942年，他们戴着法国海军着装条例规定的军帽（军官和士官佩戴军帽，士兵戴软帽），袖子上有FNFL的布质标识，其上是"法兰西"和"突击队"标识。之后，在1942年末—1943年初，所有人员都接收了英国突击队式的绿色贝雷帽，搭配FNFL徽章（手臂上原位置被替换为联合作战徽章）。最终，在1944年4月，法军启用了著名的金属贝雷帽徽。

自由法国伞兵和突击队员

由于这些部队从来没有直接隶属于任何后来由美国重新装备的自由法国高层军队，因此直到战争末期，他们还在使用英国的制服。所以在此将其单列介绍。

第一支伞兵部队是第1空降步兵连（CIA），此部队沿用了1937年组建的法国第一支空降部队的"空降步兵"称谓。从承担各种特殊任务时的组建期间开始，

自由法国的伞兵部队最终建成了两个"伞降猎兵"团（第2和第3RCP）——但其中经历了许多沿革。1944年秋天，在诺曼底行动之后，伞兵部队进行了重组，并在1945年4月伞降到荷兰地区，以进攻撤退中的德国军队。

自由法国的伞兵在袖子上佩戴了英国伞兵的双翼图案标志（有时候会替换成"SAS"字样或战前的法军伞兵样式），之后在1942年春天，法国伞兵们终于启用了自己的双翼图案标志，佩戴在上衣胸袋上方。他们的头部装备是深蓝色的"警察贝雷帽"（1940—1941年），之后在1941—1944年间是黑色贝雷帽。其最早搭配的是被称为"波兰帽徽"的标识（天蓝色底上的白色降落伞图案），从1943年开始，自由法国的伞兵使用英国伞兵团的帽徽，图案是皇冠和狮子，之后其头部装备又被替换为红色贝雷帽，上面有SAS帽徽（1944年11月起）。但是，法国伞兵部队并未对帽徽使用有严格的规定，因此经常可以看到军人大范围的混用搭配情况。

从 1941 年春天起，自由法国海军组建了 2 个小队和 1 个机枪组规模的突击队——总共 177 人——在诺曼底登陆日，隶属于第 4 突击队。他们戴着从 1942 年底启用的绿色贝雷帽，但上面有自由法国海军的布质标识（1944 年 4 月后被替换为突击队自己的金属帽徽）。他们的 BD 战斗服上有与英军突击队员一样的标识，另外加上了绣有"法兰西"字样的臂章，当然肩章上也是法军自己的军衔标识。

维希政府军队中的秘密抵抗组织

总体而言，1940 年 6 月达成的停火协议被法国陆军视为只是一种"敌对行动"的暂时停歇，这种观点是由魏刚将军在 1940 年秋天提出的。也正因如此，法国士兵们继续履行他们忠诚的誓言，效忠于在维希成立的法国"合法"政府。但就算他们还有对贝当元帅的强烈个人崇拜，他们却无法认同通敌合作的政策。对他们而言，德国始终是一个真正的敌人。

法军总参谋部从 1941 年开始就在着手研究何时能够打破停火协议，尤其是思考利用盟军在大西洋或者地中海沿岸的法国"独立区"登陆的可能性。1942 年秋天，亨利·吉罗将军特别青睐于地中海地区配合盟军登陆的计划。吉罗将军在 1940 年 5 月被俘虏，但他在 1942 年 4 月 17 日神奇地从柯尼希施泰因的要塞脱逃。他的个人计划——后来在盟军的"火炬计划"前几天才被迫放弃——原计划是在土伦和旺德尔港建立 2 座坚固的要塞，作为美国人登陆欧洲时的桥头堡。

无论登陆最终发生在什么地方，法国陆军都会执行他们的秘密动员计划，每个团将扩编出两个新的团，以使得陆军规模膨胀到 3 倍。在莫拉尔

上校的领导下，陆军的 CDM 部门（物资隐蔽部），秘密地储存了包括武器和各种物资在内的战备资源，用以支援正规军和预备役部队。同时，法国陆军还无视停战协议中的相关条款，在"自由区"秘密建立了弹药工厂。

很不幸的是，在法国本土这些方法其实并没有起到太大的作用，只有那些没有被德国人发现的秘密储存物资在 1944 年被用来武装了法国解放军；但在北非，就是另外一番情况，这些措施使得朱安将军的部队在 1942 年 11 月时能够很快就进入到战斗状态。

训练基地：青年集训营

为了掌握那些在 1940 年春天被应征入伍的 1939 年下期和 1940 年上期毕业生，并安置因规模缩小的停战军而无法容纳的军官和士官，维希政府成立了青年集训营（CJF），由泰伊将军统一领导。这个新的组织在很多方面都与军事组织相同（例如，有自己的旗帜，也有军乐队），但按照停火协议的限制，它并不能进行军事训练。但不管怎样，作为一种强制进行的国家义务，1940—1944 年间，有大约 40 万青年先后在青年集训营中进行了 8 个月的集中训练。事实上，在北非和非占领区，青年集训营成为了未来法国解放军的训练基地。1944 年 6 月中旬，德国人终于意识到此举的隐患与威胁，青年集训营也最终被解散，但成千上万的集训营成员纷纷加入游击队已经是大势所趋。

1942 年左右，一名青年训练营的年轻成员。他穿着一件森林绿制服（贝雷帽、"高尔夫"式长裤、绑腿），一件卡其色或者中灰色的衬衣配一件棕色皮质防风夹克。脚穿厚原色毛线袜及 1917 款军靴或山地靴。"军官标识"（军衔其实并未启用）是佩戴在右胸口袋上方的红色勋章（图中有两个白色条纹，代表这是一名队长，相当于一名上士）。其下是 CJF 的统一标识（一面法国旗帜和一轮太阳，另有花环和麦穗图案）。贝雷帽上装饰有每个营地的独立徽章或是缩小版的统一徽章。

非洲军队的重组

1942 年 11 月 8 日，当盟军在北非登陆时，当地的政治、军事局势非常复杂。在"火炬行动"前，美国人曾秘密接洽过吉罗将军，但无论是在北非还是在法国，吉罗本人对军队都没有实际的影响力。北非的控制权牢牢掌握在朱安将军手中，他是维希政府的忠实拥护者。另外，海军元帅达尔朗，这位贝当钦点的继任者，此刻因为要探望病重的儿子，恰好也在阿尔及尔。而在伦敦，戴高乐——美国人非常不信任他——却对"火炬计划"一无所知。在阿尔及尔，一小批忠于吉罗的军人拱手将这座城市让给了盟军，唯一的代价不过是几声寥落的枪响。但在奥兰（阿尔及利亚西部）或摩洛哥，这样的和平交接并没能实现，法国军队和盟军之间产生了激烈的冲突（1368 名法军和 453 名盟军牺牲）。11
月 11 日，双方最终签订了停火协议，4 天之后，
法国的非洲军队终于也加入了盟军。

这样戏剧化的局面，被海军元帅达尔朗声
称是"按照元帅们（例如贝当）的名义"达成
的。美国人也很快将达尔朗视为在法国内部更
为重要的政治角色。这样的局面是自由法国所
不能接受的。在 12 月 24 日，达尔朗被刺杀身
亡，只剩下吉罗——他被美国人任命为北非民
政和军事总指挥官——以及依然还留在伦敦的
戴高乐。在盟军施加的压力下，这两名将军最
终达成了合作。1943 年初，自由法国的领袖在
阿尔及尔成立了司令部，并由吉罗创建了法兰
西民族解放委员会（CFLN）。但在仅担任了 5 个月的委员会共同主席之后，
吉罗就首先放弃了一切政治权力，几周之后又交出了对法国军队的指挥权。
从此之后，戴高乐掌控了集权式的政治权力。在这一系列复杂的背景之下，
法国军队必须进行重组，以达到解放本土的最终目的。

1944 年 3 月，在意大利前线的一次视察工作。非洲法国军队总司令吉罗将军（佩戴着一顶圆顶帽，上有橡树叶图案装饰，穿着一件美式大衣）正和法国远征军司令朱安将军交谈。后者戴着一顶贝雷帽，帽子被拉到了耳朵上方。两名将军都是同样的军衔，即陆军上将，以 5 颗星作为标识。

非洲军队的动员和部署

1940 年 9 月 6 日，魏刚将军在担任了 11 个星期的法国国防部长后，
被维希政府指派为在北非的全权代表：直到 1941 年 11 月他被德国人召回
法国本土之前，这一位置使他获得了在法属北非和西非的全部民政和军事
权力。这名不妥协的爱国者公开地支持美国人提出的非洲计划（1941 年 2
月 26 日提出的魏刚—墨菲计划），并且为重启针对德国的战事进行了各种
秘密的准备。从 1940 年夏天开始，到他抵达非洲之前，当地已经秘密地
储存了相当数量的武器：55000 支步枪，2500 挺轻机枪，1500 挺重机枪，
207 具 81 毫米迫击炮，75 门反坦克炮，82 门 75 毫米野战炮，24 辆履
带牵引车，25 辆装甲车，6 辆哈奇开斯坦克，另外还有运输卡车、通信设
备等。与法国本土一样，他们还秘密重启了一些武器的生产计划，其中值
得一提的是将 75 毫米口径的海军舰炮安装在卡车上，作为反坦克武器。

在那些轴心国允许将规模控制在 12 万人的北非"转编军"之外，魏刚
还秘密地召集了 6 万名经过训练的士兵作为"正规军"[10000 人被称作"行
省征召兵"，13500 人作为摩洛哥的警卫队（德国人允许的官方编制只有
600 人），另有 20000 人被称作"非武装工人"]。从 1942 年 11 月起，
这项秘密的动员计划，成功地召集了 259000 名生活在非洲的法国人（其
中 176500 人事实上已经被政府雇佣，其中包括来自青年训练营的 8000
名在训青年和 22000 名后备青年），另外还有 233000 名北非人。被征召

由于在整个战役期间发生了很多改变，并且许多部队被分散到若干个师之间战斗，下表内容并非一成不变
自由法国部队（第 1DFL 和勒克莱尔部队）也参加了突尼斯战役

部队	步兵	骑兵	炮兵	备注
DAF				法兰西集团军分队，建立于 1942 年 11 月 19 日
CSTT	4e RMZT, 4e RTT, III/43e RIC (1 bn)	4e RCA, 4e RST	62e RAA	突尼斯司令部
19e CA			63e RAA (1 By)	成立于 1942 年 11 月 16 日，从 1943 年 2 月起改称为 CAF（法国军团）
DMC	3e RZ, 1er, 2e, 3e, 7e. 9e RTA	3e, 5e RCA	62e, 64e, 65e, 66e, 67e RAA	1942 年 11 月 16 日，加入第 19CA 部队。1943 年 4 月 30 日解散
	4e RTT, 7e RTM, 15e RTS, 2e GTM	3e RSA, 4e RST	RACM, RACL	
BLM	du Vigier then St-Didier	*Tanks and motor sqns : 2e, 5e, 9e RCA (elts.)*	68e RAA (elts.)	欧雷斯山集群于 1942 年 11 月 18 日加入第 19CA 部队。1943 年 2 月 28 日解散
Gpt Aurés	—	3e, 6e RSA		1942 年 11 月 24 日加入第 19CA 部队，1943 年 2 月 18 日被编入 FSEA 部队
DMA	3e RZ, 1er, 9e RTA, 2e GTM	5e RCA, 1er RSA	65e RAA	1942 年 11 月 25 日，加入第 19CA 部队
1re DMM	29e RTA, 7e RTM, II/1er, 3e REI, 1er GTM	1er REC	1er RMAM	成立于 1942 年 12 月，加入 CSTT 部队，后在 1943 年 1 月 29 日加入第 19CA 部队
DMO	2e, 6e RTA, 15e RTS, 1er REI	—	62e, 66e, 68e RAA	后期部队，在 1943 年 4 月 29 日加入 CAF 部队
FES	Méharist Coys, 1er RE) *(Saharan Coy)*, etc.	—	外籍军团营	成立于 1942 年 11 月 15 日，1943 年 2 月 18 日被整合入 FSEA 部队
FSEA	As FES + II/16er RTT, 3e REI, I/13e RTS	3e, 9e, 12e RCA (elts.) 1e, 3e, 6e RSA (elts.)	外籍军团营	成立于 1943 年 2 月 18 日，与 FES 部队和欧雷思山集群部队一起战斗，之后在 1943 年 4 月 12 日解散。
GBF		*Tanks: 5e, 9e, 12e RCA (1 sqn each), 1 US light tank Coy*		成立于 1943 年 4 月 13 日

新缩写:
CSTT: 突尼斯司令部
DMC、DMA、DMO: 康斯坦迪诺（C）、阿尔及尔（A）、奥兰（O）地方师
BLM: 轻机械化旅（下辖 2 个坦克中队，另有装甲车中队、摩托车混成中队和摩托化中队）
DMM: 摩洛哥山地师
GBF: 法国装甲集群（混编索玛和瓦伦丁坦克）
GTM: 摩洛哥塔波尔集群（差不多相当于一个步兵团）
RMAM: 摩洛哥地方炮兵团
FES: 西撒哈拉前线
FSEA: 阿尔及利亚东南前线

入役的还有 10000 名法国女性志愿者（他们在参谋、通信、医疗部门服役），以及大约 10000 名从法国被占领土而来的逃亡者。在法属西非，则有 77000 人被动员。再加上之前维希法国政权保有的部队，在非洲总共有 70 万男男女女被组织起来以应对即将到来的战斗。尽管他们的装备不足，但士气却异常高昂。

在 1942 年 11 月，摆在法国军事力量面前的有三大艰巨任务——各种现存的部队必须立即投入到在突尼斯与轴心国军队的交战中；由美国全部负责装备的新部队，也需要尽快整训投入战场；而在非洲各处的卫戍任务也必须得到维持（截至 1943 年底，仅此一项就需要 23 万人）。在突尼斯前线，法国陆军召集了大约 60000 人参加战斗。这还并不包括前文已述的自由法国军队和法兰西非洲军团（CFA）。CFA 是一支由来自各国（如西班牙和南斯拉夫）的志愿者组成的部队，大约有 3000 人，他们不愿意受"达尔朗军队"的指挥。他们的制服、装备和武器都由英国提供。1943 年 1 月，在突尼斯背部的海岸线战场上，CFA 部署了 2 个营的兵力（从当年 3 月起增加到了 3 个营）。

这 4 名古姆土著军官,穿着各不相同,照片拍摄于 1943 年 5 月 9 日,恰恰在突尼斯战役胜利之后。在左侧的邦德上尉穿着一件土著骑兵的罩袍,几乎为纯白色,戴着一顶黑色小贝雷帽(1941—1943 年间在部分古姆部队中装备),脚踩一双本地便鞋。他的身边是桑塔列司令,戴着一顶本地的毛线帽,穿着传统长袍,胸前有军衔标识(军官们通常这样搭配)。圣马莱上尉穿着一件撒哈拉部队军官的浅卡其色制服,只有圆顶帽是撒哈拉连的纯天蓝色样式。还有那名戴着警用软帽的军官,他穿着一件深色的上衣(撒哈拉版),这很可能是从一名意大利军官手中缴获的。

在突尼斯山区的防御阵地上,这名轻步兵军士正在他的哈奇卡斯机枪旁守望,想着如何向敌人复仇。他并没有等待太久。他的制服从 1940 年起就没有变化,盔罩是当地生产的。

朱安将军的部队,由一大批来自阿尔及利亚和摩洛哥的土著士兵师组成。他们被改编为第 19 军(这是阿尔及利亚军区原来就有的传统番号),并被部署在突尼斯山区阵线上。此地最初由巴雷将军指挥的 13000 人 CSTT 部队(突尼斯司令部)驻守,但他们在首次与敌人的战斗中并未占到便宜。第 19 军很快就被更名为法国军,部署到盟军阵线的中部,北侧是第 1(英)集团军,南侧是美国的第 2 军。更远一点的南方,则由数千人的撒哈拉部队把守,由德莱将军指挥(之后由布瓦索将军接替),他们装备着传统坐骑——骆驼,或是卡车,有轻型装甲或是骑兵部队的支援。

在 6 个月的艰难战役期间,这支"1940 式"的法国军队,在各种老式武器装备的条件下,自发而勇猛地进行着战斗,为盟军成功夺取突尼斯赢得了宝贵的时间。但为了恢复法国军队的荣光,他们也付出了沉重的代价——据统计有 16000 人在 1942 年 11 月至 1943 年 5 月间伤亡或失踪,这一数字同样也还没有包括自由法国军队遭到的损失。

1941—1943 年,新的编制和制服

1942 年 11 月,在北非有 27 个步兵团,其中三分之二

都参加了突尼斯战役。每个团有 1 个团部连（装备有通信、机枪、37 毫米炮，有时候还会有 25 毫米反坦克炮），下辖 2 个或 3 个营，每个营有 4 个合成连——加起来总共有 76 个营。在外籍军团的 3 个团中，有 4 个连是摩托化连而非合成连，另有 2 个是骑兵连。

非洲土著士兵"古姆"，最早是从 1908 年起在摩洛哥开始设置的非正规军中的职业士兵，其规模也在稳步发展。1939—1940 年间，121 个大约相当于连级规模的"古姆"土著士兵小队被建立起来。1940 年夏，其中部分部队被迫解散，但其他的则被伪装隐藏起来或更名为"摩洛哥穆罕默德部队"（暗指他们曾经是摩洛哥苏丹的辅助军事部队），由纪尧姆上校指挥。1941 年，纪尧姆将"古姆"小队整合，4 个"古姆"连队合编为 1 个"塔波尔"营，大概相当于 1 个扩编步兵营，然后 3 个"塔波尔"营组成 1 个"摩洛哥塔波尔营集群"（GTM）。

非洲骑兵部队的团级结构则要复杂很多。每个骑兵团有数个"骑兵队群"（GE），每个队群有 2 个骑兵队，但骑兵队群自己的编制却有不同分类。由北非人组成的土著骑兵团中，只有 2 个或 3 个马上骑兵队群（GEM）。与之成为对比的是，由法国人组成的非洲猎兵团（RCA），则有 GEM 和 GER（侦察集群，下辖 2 个混成骑兵队，有装甲车和摩托化挎斗车装备）、GEP（摩托化集群，装备全地形车或通用卡车）以及 GEC

1917—1918 年，美国军队中曾有法国教员。25 年后，两者的位置发生了交换。照片中是 1943 年的阿尔及尔，第 65 非洲炮兵团的炮手们穿着 1940 款制服，正在了解美式 105 毫米炮弹。

（装甲集群，有 2 个小队，每个小队装备 22 或 23 辆雷诺的 R35 或 D1 坦克）。为了达成这些团的作战目标，还有两个独立的运输集群（第 10 和第 11GAPCA），以及部署在法属西非的第 8RCA 和第 12GACA（其下辖的 23 辆索玛 S35 坦克在突尼斯战役中表现优秀）。外籍军团的骑兵团——第 1REC，编制则又有不同，有一个 GER、一个 GEM 以及一个混编机枪和卡车的 GE 集群。1940 年末，非洲猎兵首先开始尝试混成编制机械化骑兵和步兵坦克（GER/GEC），之后于 1942 年 12 月 1 日起成为正式官方编制，这两个兵种最终合编成为了装甲兵。

师级炮兵原则上装备的是 1897 款的 75 毫米野战炮，既有驮马牵引也有摩托化卡车牵引；但其他的各种武器则五花八门，值得一提的有 65 毫米和 75 毫米的山地炮，以及装备了 105 毫米或 155 毫米重炮的重炮营。

这些参加了摩洛哥战役的部队使用的制服和携具都是原始的法军 1940 款：1941 款的制服中只有 PT 工具、一些衬衫和领带被运抵北非。但是在战役末期，美国提供的一些物资也开始运抵并配发给一线部队。

在维希政府治下，新的徽章还在不断地被启用。1941 年 9 月 16 日，骑兵启用了新的徽章，佩戴在他们的装甲部队夹克右胸上。这种徽章取代了原有的领章，但继承了之前的传统配色，采用了盾形图案，在饰带上有一枚饰物用来标明兵种。与此同时，土著骑兵也启用了一款造型相近的徽章，佩戴在他们的传统阿拉伯衬衣的左袖上方，徽章为茜红色，有饰带、番号和淡黄色识别饰物（阿尔及利亚和突尼斯团是一枚"新月"，摩洛哥部队是"五角星"）。这些新的徽章，被佩戴在突尼斯战场上的法军原有制服上，但也偶见于意大利和法国战场中配发的美制军装上。

1941 年秋，北非的军队启用了一种新的饰带，用于胸章和领章上。虽然在 1942 年 7 月 17 日的着装条例中规定了要使用这种饰带，但由于该地区物资紧缺，在法制军服上几乎没有见过。

除此之外的变化主要是通信兵的着装：虽然他们的徽章还保持着工程部队的黑色天鹅绒背景，但 1942 年 7 月间，他们领章上的饰带和部队番号则从猩红色变成了天蓝色。

这些美械装备的坦克手在袖子上佩戴着 1941 款布质臂章，而非严格按照着装条例佩戴在胸前。坦克手徽章和军士的 V 形章，都在饰带底之上（有浅灰色或绿色——图中都可见），其下则是部队番号或是小型的银质手雷图案标识。

法国的再武装

1943 年初，虽然突尼斯战场处于胶着状态，法国非洲军队却已经可以开始对其在阿尔及利亚和摩洛哥的部队进行彻底的重组和现代化改造，以期应对未来的战役。这要归功于 1942 年 10 月 23 日在吉罗—墨菲协定中所约定的租借法案。吉罗将军最初的计划是组建 13 个师，但在 1943 年 1 月的卡萨布兰卡会议上，船运导致的瓶颈使得该计划很快缩减到 11 个师（8 个步兵师和 3 个装甲师）。1941 年 4 月，供应法国的第一支运输舰队抵达北非，到 7 月时，一支 75000 人的远征部队，全副武装时刻准备投入战斗。

在卡萨布兰卡会议上确定的安法计划中，并没有包括自由法国的 2 个师（法兰西第 1 师和勒克莱尔①师）。事实上，自由法国在北非成功地吸收了大量的人力，以至于在 6 月，这 2 个师已经被排挤到了的黎波里塔利亚。但是，吉罗和戴高乐最终还是达成了合作协议，在 1943 年 8 月 1 日，自由法国和法国北非军队正式合并。但这带来了新的困境——英国要求撤回他们对自由法国援助的所有装备，而美国则不愿意在卡萨布兰卡达成的武装 11 个法国师的援助规模上付出更多。吉罗为了遵守协议，将前自由法国部队纳入自己的统筹之中，解散了自己的 2 个师以腾出装备空间。安法计划由此确定：勒克莱尔师，混编了前自由法国人员和非洲军队人员，在 1943 年 8 月被更名为第 2 装甲师。之前的自由法国第 1 师，被更名为第 1 摩托化步兵师，虽然更名，但依然保留了原有的戴高乐时代的人力配置，

1944 年 5 月 14 日，阿尔及尔。摩托化部队的半履带车受阅通过卡特鲁将军面前。卡特鲁将军是阿尔及尔的政府首脑之一，另一位是贝图阿尔将军。所有的军官都穿着法式礼服，但半履带车乘员却穿着美式制服。图中随处可见法国元素——在头盔和保险杠上的白色边三色标识，发动机罩和车身旁的 1804 款团级军旗（中间是白色，四角是蓝色和红色）。

① 勒克莱尔，1902—1947 年，法军元帅，时任该师师长。

224

并且只是在 1944 年 1 月出发奔赴意大利前,才换装美式物资。

吉罗还要面对特殊人员短缺的问题,各支援单位所需要人员的实际数目大大超过之前的估计,因此他不得不在 1943—1944 年又解散了 3 个师(因此总共有 5 个师被解散:第 6 摩托化步兵师,第 7、第 8 阿尔及利亚步兵师,第 10 殖民地步兵师和第 3 装甲师)。因此最终只有 8 个师(其中 3 个是装甲师)参加了解放欧洲的战役。

表 4: 1943 年 9 月至 1945 年 5 月,法国陆军战斗序列(从北非抵达的部队)					
部队	步兵(营级)或主体	侦察部队	坦克团	炮兵	1943—1945 年战役及备注
A- 1944 年夏季之前的战斗序列					
集团军及军团					
CEF(又称为 A 集团军分队)	(1er, 3e, 4e GTM 增配)	—	(7e 8e RCA)	64e RAA, RACL	意大利(1943.11—1944.7)
1re Armée 第 1 集团军(1944.9 后改为 B 集团军)		—	(2e RD)	—	法国 1944—1945、德国、奥地利 1945
1er CA	201e RP (2e GTM 增配)	—	—	—	科西嘉(1943.9)、厄尔巴(1944.6)
步兵师					
1re DMI(摩托化步兵师,前第 1DFL 部队)	1re Bde : 1e, 2e BLE, 22e BMNA 2e Bde : BM 4, BM 5, BM 11 4e Bde : BIMP, BM 21, BM 24	1er RFM	(8e RCA)	1er RA	意大利(1944.4—6)、法国、德国
2e DIM(摩洛哥步兵师)	4e, 5e, 8e RTM	3e RSM	(8e RCA)	63e RAA	意大利(1943.11—1944.7)、法国、德国、奥地利
3e DIA(阿尔及利亚步兵师)	3e, 7eRTA, 4e RTT	3e RSAR	(7e RCA)	67e RAA	意大利(1943.12—1944.7)、法国、德国
4e DMM(摩洛哥山地师)	1er, 2e, 6e RTM	4e RSM	—	69e RAM	科西嘉(1943.9)、意大利(1944.2—7)、法国、德国
9e DIC(殖民地步兵师)	4e, 6e, 13e RTS	RICM	(RCCC)	RACM	厄尔巴(1944.6)、意大利、法国
装甲师					
1re DB	Tks : 2eRC, 2e, 5e RCA Int.: 1re DBZ	3e RCA	9e RCA	68e RAA	法国、德国
2e DB(前第 2 DFL,前勒克莱尔纵队)	Tks : 12e RC, 12e ACA, 501e ACC Int.: RMT	1er RMSM	(RBFM)	I/3e RAC, I/40e RANA, XI/64e RA	法国(诺曼底)、德国
5e DB		1er REC	(11e RCA)	62e RAA	法国、德国、奥地利

B: 上述部队在 1944 年夏天后的主要变化

1 CA : 之后参加的战役:法国、德国、奥地利

2 CA : (1943.8 建立,1944.9 前未参战),参加战役:法国、德国、奥地利

1 DMI : 增加的部队,第 11 胸甲骑兵团,改编为 1 个步兵团(1944.9—1945.2)

2 DIM : 1944 年 8 月,3 个 RTM 部队都改编成混成部队(每个下辖 2 个摩洛哥营,1 个阿尔及利亚营)

3 DIA : 1945 年 2 月,第 7 RTA 部队替换为地 49RI 部队

4 DMM : 1944 年 7 月,第 1 RAT 替换为第 2RTM 部队;1945 年 2 月,第 1 RTA 部队替换为第 27 RI 部队

9 DIC : 1944 年 11 月,所有的 3 个塞内加尔团在补充了欧洲官兵后改编为第 21、第 6、第 23 RIC 部队

总后备队:来自北非的部队有:第 4、9 RZ 部队,第 1、2 RSAR 部队,第 3 坦克集群。来自本土原有部队的有:第 19 BCP 部队,第 24 BCA 部队,第 2 坦克集群

新缩写:

BMNA: 北非摩托化营

DBZ: 轻步兵缩编旅

RMLE: 外籍军团摩托化团

RCCC: 殖民地军坦克猎兵团

RBFM: 海军枪手装甲团

RSAR: 阿尔及利亚土著骑兵侦察团

指挥和组织体系

  法国陆军的重组包括确立了唯一的总参谋部，最早设于意大利，由朱安将军领衔，直接负责指挥著名的法兰西远征军（CEF），下辖4个师（第2摩洛哥师、第3阿尔及利亚师、第4摩洛哥山地师和第1摩托化师）以及3个摩洛哥塔波尔营集群。

  与此同时，第2集团军（在1944年1月23日更名为B集团军）由塔拉尔·德·塔斯尼将军直接指挥。截至1944年7月，为了准备登陆普罗旺斯，他的麾下聚集了第9殖民地军步兵师（该师在1944年6月已占领了厄尔巴[①]）以及第1和第5装甲师（第2装甲师已运往大不列颠以参加诺曼底登陆），后来又囊括了从意大利战场上撤回的法兰西远征军下辖各师。B集团军现在可以组成两个军团，共2个装甲师和5个步兵师。在1944年12月19日，它的名称最终确定——法兰西第1集团军。

1944年6月，意大利战场上，三名CEF军官。从右到左分别是：一名第8RCA部队的上尉，戴着一顶1935款头盔，另有三条饰带边的兵种标识；一名戴着美式船形帽的上尉，左袖上有布质CEF徽章；一名炮兵上尉，有猩红色兵种章和猩红色绳边的深蓝色船形帽。

步兵师

  1943年的法国步兵师是模仿美军编制组建的，除了第4摩洛哥山地师外，都完全实现了摩托化。第4摩洛哥山地师有530匹驮马和不少于3400匹骡子，以适应意大利多山的战场地形。

  步兵师的组成包括3个团的轻步兵（92名军官，包括10名非洲人；3100名士兵，包括2100名非洲人）。每个团下辖1个团部连、1个反坦克连（3个排，每个排4门牵引炮）、1个步兵炮连（6门105毫米M3s火炮）以及3个步枪连（3个排，每个排有3个班，另加1个装备了3挺M1919勃朗宁机枪和3具60毫米迫击炮的机枪排）和1个支援连（2个各装备了4挺M1917勃朗宁机枪的排、1个装备了6具81毫米迫击炮的排，以及1个装备了3门57毫米牵引反坦克炮的排）。

  第4摩洛哥山地师的山地步兵团（4030人，其中3080人是非洲人）包括骡马队，以装备了12具81毫米迫击炮的迫击炮连替代了步兵炮连。每个团有4个步枪连，连的建制与上述步兵师相同，但每个连多装备了2挺轻机枪，并且没有重机枪。

  步兵师还有一个下辖的装甲侦察团。侦察团下辖团部分队、1个装备了17辆M5轻型坦克的分队和3个侦察分队，总计45辆侦察车、15辆半履带车和9辆M8自走式榴弹炮。大多数步兵师还会增加1个坦克歼击团，

①意大利西岸岛屿。

但并非标配。这个团下辖 1 个团部分队，1 个侦察分队和 3 个各有 12 辆 M10 坦克歼击车的分队。

师级炮兵团通常下辖 4 个炮群（每个炮群有 3 个炮组，每个炮组有 4 门火炮）——1 个炮群装备 155 毫米 HM1 火炮，3 个装备 12 门 105 毫米 HM2 火炮。第 4 摩洛哥山地师的炮兵只有 3 个炮群，装备的是法式的 1928 款 75 毫米山炮。防空炮兵为 1 个 4 炮组制的炮群，每个炮组有 8 门 40 毫米博福斯防空炮。

每个步兵师还有 1 个工程营（2 个战地工程连）、1 个通信连、2 个运输连（第 4 摩洛哥山地师另有 2 个骡马连）、1 个维修连、1 个医疗营和 1 个后勤集群。

装甲师

与美制装甲师相同，法国装甲师也被划分为各个战斗群，各下辖 1 个装甲团、1 个半履带车步兵营、1 个炮群和包含其他兵种及勤务的加强分队。

1944 年 7 月 5 日，意大利锡耶纳，一群法国将军。左边佩戴着 4 颗将星军帽者为拉尔明那将军（第 2 军司令），作为一名前自由法国的资深将领，他在胸前佩戴着一枚法国解放军的徽章。中间是蒙斯伯特将军，他佩戴着 3 颗将星军帽，以及第 3 阿尔及利亚步兵师的徽章，这也是他指挥的部队，他穿着一件 1939 款法军制服。右边穿着衬衣并没有戴帽子的，是杜瓦尔将军（第 3 阿尔及利亚步兵师的指挥官），他在胸前佩戴着黄铜质地的 CEF 徽章。在他身后是纪尧姆将军（"古姆"土著部队的总指挥），戴着深蓝色船形帽，上有浅蓝色绲边。还有贝桑松将军（第 3 阿尔及利亚步兵师的炮兵司令），戴着有猩红色绲边的深蓝色船形帽。

1945年，德·拉塔尔·德·塔西尼上将和他的儿子伯纳德——第2龙骑兵团的一名上士。年轻人穿着美军制服，但戴着标准的法式船形帽——深蓝色帽，有白色绳边和褶边，上有团级番号。他胸前的徽章有一条龙的图案，这是该团属于停战军编制时启用的徽章。第2龙骑兵团的故事非常曲折——在德军入侵自由区后，它的团旗被藏了起来，并被一群从德军监控中逃脱以求继续战斗的成员带到了非洲；当1943年10月该团在北非重建时，它已经聚拢了大部分原成员。将军穿着法国效仿英国BD战斗服生产的制服，但是他的将星安置在肩章带上，并且在袖子上佩戴着作为一名"荣誉上士"的军衔标识。

第1—3装甲战斗群属于第1装甲师，第4—6装甲战斗群属于第5装甲师。第2装甲师也组建了战斗群，但另起了法语名称"战术群"［简写为GT，再加上指挥官名字首字母，以此命名的侦察团——GTD（迪奥）、GTL（朗格拉德）、GTV和GTR（雷米）］。

因此，这些新的装甲师下辖3个装甲团，每个团有1个团部分队，1个有17辆M5轻型坦克的分队和3个各装备了17辆谢尔曼坦克的分队。每个分队有3个排，每个排有5辆坦克。

装甲师下辖的步兵团，包括轻步兵团（第1装甲师）、陆战队团（第2装甲师）或是外籍团（第5装甲师），都各自有80名军官和2340名士兵，其中只有170名非洲人。这些团没有团部，每个营都独立归属各个战斗群，下辖3个步枪连（有3个3班制的排），另有1个支援连（下辖1个侦察排、1个装备了4挺机枪的排、1个装备了3具81毫米迫击炮的排和1个装备了3辆M8自走榴弹炮的排）。

装甲师下辖的侦察团与步兵师中的侦察团编制相似，但另有1个加强的侦察分队，同时侦察车被替换为M8装甲车。装甲师师属炮兵下辖3个炮群，每个炮群有18辆M7"牧师"式105毫米自走榴弹炮。来自其他兵种和勤务的加强分队与步兵师相同。

美国输送给法国人的装备数量是按照美国陆军的标准进行配备的（数量和种类上都超过了法军标准），甚至还配发了美国国旗——这对于法国人来说确实是毫无用处。这使法国人能够将这些"过剩"的装备拿来装备在安法计划之外的额外部队上。例如第9轻步兵或是特殊部队——"古姆"土著部队以及突击队。

"古姆"土著部队

摩洛哥混成集群（GMM）由纪尧姆将军指挥，有12000名土著士兵，划分到4个GTM（摩洛哥塔波尔营集群）中。每个GTM（51名法国军官、170名非军官法国人员和2680名摩洛哥人）下辖一个指挥部和重型"古姆"部队（2挺重机枪，4挺轻机枪以及3门57毫米反坦克炮）及3个"塔波尔"部队。每个"塔波尔"大概下辖一个指挥部和重型"古姆"（2挺重机枪、3挺轻机枪和4具81毫米迫击炮）以及3个步兵"古姆"（每

（上）1945年5月底，德国境内，第2胸甲骑兵团（第1装甲师）的指挥官，杜索伊上校。第1集团军"莱茵河与多瑙河"的臂章从5月初就开始发放。上校将自己的银色军衔标识佩戴在头盔前方（这在整个陆军中都是常见的做法）。他还佩戴着一枚小型的条杠，上面有他的坦克名字"利奥泰"，位置就在他的荣誉勋表上。

在意大利战场上的"古姆"土著部队，于1943年12月接收到了几乎全套美式装备：1顶冬季罩帽、1件可以套在传统长袍外的防水布大衣，以及M1910款携具。标准军靴已经替代了他们原来的摩洛哥便鞋。

个装备 2 挺重机枪、7 挺轻机枪和 1 门 60 毫米迫击炮）。另装备了少量的摩托化车辆。GTM 很适合进行山地作战，他们配备了 370 匹驮马（所有建制中都有驮马，"古姆"中每 10 个人、"塔波尔"中每 30 个人、GTM中每 20 个人就有 1 匹驮马）和 400 匹骡子。

他们的武器和装备非常杂乱。最初是装备了大量的法式装备，在1943—1944 年冬季部署到意大利后，开始增加了大量的美式装备。

伞兵、突击队员和突击营

自由法国的伞兵已在前文中叙述，源于非洲军队的第 1 伞兵团。

效仿自由法国创建的突击部队，3 个类似的部队——每个大致相当于 1 个营——在阿尔及尔被创立。其中，"突击营（指挥官：冈比耶）"成立于 1943 年 6 月，接受了伞兵训练，参加了科西嘉、厄尔巴、解放土伦的战斗，并参加了 1944—1945 年的其他战役。"非洲突击集群"指挥官为

1943—1944 年冬，第 3RSM部队在卡西诺（意大利）的一处前哨阵地：这张照片显示出许多第 1 集团军在制服和装备上的独特元素。他们的步枪大部分是1903 款春田步枪（如图中所示）或是 1917 款。只有第 1RCP 部队接收了加兰德 M1 步枪。头盔是法国式的（包括前面的 1936 款防空部队版），并且已经装饰了当地生产的五星饰物，以及摩洛哥部队的徽章。有人会在美式大衣的衣领上绣上法军的 1940 款领章。

1944 年 9 月 3 日，里昂北部，索恩河畔自由镇的解放。照片中间，戴着 1935 款摩托化部队头盔的是吉罗上尉（是前文所述吉罗将军的儿子），他是第 9RCA 部队第 3 分队的指挥官。左边戴美式头盔者，是他所在分队的军士长。两人都在头盔上佩戴了军衔徽章。该团的 1941 款骑兵徽章在他们胸前（士官的徽章还包括他的军衔章）。右边是一名法国内地军军官，很有可能是"克劳德（齐格勒）"上尉，即夏洛尔第 1 营的长官，他戴着 1935 款摩托化步兵头盔和护目镜，并穿着 1941 款上衣，配有"洛林十字"章。

布韦，创立于 1943 年 7 月，从解散的法兰西非洲军中挑选了人员。该部队专注于两栖登陆行动——参加了皮亚诺萨（1944 年 3 月）、厄尔巴、第一波登陆普罗旺斯、土伦的行动以及 1944—1945 年战役。最后一个是"法兰西突击队"，成立于 1944 年 6 月，1944 年 11 月在法国本土与"突击营"合并改编成"突击旅"，由冈比耶中校指挥。1943 年 1 月 5 日，这支部队最终被改编为"第 1 突击集群"中的第 1 营和第 3 营。

在法国解放区中，有另外 3 支部队成立。"普罗旺斯突击队"成立于 1944 年 9 月（后与非洲突击队合编为"布韦集群"，后成为第 3 突击集群中的第 5、第 6 营）。"嘉德河突击队"与"布吕尼突击队"是从巴黎和法国中部的游击队中选拔而成，1944 年 8 月末，他们被改编纳入了第 2 突击集群（第 2 和第 4 营）。

1943—1944 年制服和标识

与武器和装备一样，在安法计划下组建的法国军队，其制服也都由美国人提供，与美国大兵的制服相比，几乎看不出任何明显的差别。因此法国人只能通过徽章标识或尽可能地通过头部装备与美国人进行区分。

1945 年 5 月底，第 20 营（原内地军）的猎兵。他穿着美式外出礼服上衣，由于物资短缺，导致上衣的衣扣还没有替换为法国式（这是从 1943 年 11 月开始就被美国人诟病的地方）。他的船形帽是深蓝色，并有浅黄色绲边和折边，配有第 20BCP 部队的缩小版徽章（全尺寸版佩戴在胸袋上）。他的肩章带上是第 2DIM 部队的徽章（1945 年 3 月起，第 20 营被加强配置给第 2DIM），还有一根并不符合着装条例的绿色与黄色饰带。他的左袖上是"莱茵河与多瑙河"臂章，以及一个 1941 款团级标识。

国籍标识

这些标识中的第一种，启用于 1943 年，图案是旭日升起背景中的法国雄鸡，用冲压工艺印在不规则的多角形底盘上。这种徽章都是本地制造，采用黄铜材质，质量并不稳定。理论上应当佩戴在左胸上方，但有时也会配搭在非勤务人员的头部装备上。其后继者是著名的 CEF 徽章，采用了珐琅质地版本（与美国陆军采用的质地相同），并在美国生产：图案中的雄鸡为黄色，有红色的鸡冠，背后是黄色的太阳和法国三色背景。这一版本的徽章一般佩戴在左袖上方。

1943 年 11 月，另一组两款全新的珐琅徽章，也在美国开始生产并启用，以代替原来的"雄鸡"徽章：这是一种三角形帽徽，边缘为红色，只佩戴在美式卡其色船形帽上（法式头部装备上从未出现过），并作为标配，配发给了每一名士兵；另一种是三色盾形徽章，上有一条横杠，印有"法兰西"字样，佩戴在所有外穿衣物的左袖上方，但只配发给了一半的人员。这两种徽章通常都采取别针式，以方便取卸。

兵种标识

1943 年，与"雄鸡"徽章类似的黄铜兵种徽章被启用了，但其上图案为各兵种的象征符号（手雷、号角、新月等）。这些徽章其实很少被佩戴，并且随着第一批美国援助的衣物到达，原有法式衣物上佩戴这些徽章的位置被领章所占据，因此这种标识被绣到左袖上方离肩大约 15 厘米处。这一情况同样出现在钻石形的 1940 款兵种章、尖锐一点的 1941 款兵种章或是军官佩戴的五角星兵种章上。饰带（资源丰富的地方是三条，资源不充足的地方是两条）还是继续放在胸带口的上缘。在骑兵中，这些兵种徽章通常会被 1941 款盾形徽章所取代。在美式大衣上，法国人会按照原来法军的做法把兵种章绣在衣领上。

军衔标识

从 1943 年起，军官和高级士官的军衔标识被移到美式衬衫和作战夹克的肩章带上，一般是绣在传统色底板上。低级士官（如军士、上士、一等兵）只在左臂上方有 V 形军衔章，位于国籍标识和兵种标识之间。在大衣和美式礼服上，军衔标识按照条例被要求佩戴在袖口上。

头盔

法军尽可能地使用着原有的法式头盔。大部分法国远征军，特别是第3阿尔及利亚步兵师，佩戴着 1926 款法军头盔（摩托化部队则使用有垫料盔带的 1935 款头盔）。在佩戴着美式头盔的法军部队里，经常会在这种 M1 头盔的侧面喷涂法国旗帜，有时是法国国旗，有时是 1804 款团级彩标。第 9 殖民地军步兵师的士兵们，会在他们的头盔前方喷涂一个殖民地军海锚图案。尽管从 1944 年初开始换装美式制服，第 1 摩托化步兵师还是保留着他们的英式头盔（他们通常会在头盔上喷涂一个小的三色旗或"洛林十字"图案），以此来标记自己曾经是自由法国部队的历史。一直到 1944 年末，这种头盔才被美式 M1 头盔所取代。

一支陆军的复兴

从 1943 年底开始，早在登陆法国几个月前，位于阿尔及利亚的法兰西民族解放委员会就开始谋划如何使用法国的人力资源了。最初的规划野心勃勃，要求建立不少于 36 个师（包括已经建立的 8 个）。尽管他们希望法国的工业能为这些新的师提供足够的被服、武器和装备，但各种现实的考量逼迫他们只得转向盟友，希望盟军能够提供他们所需物资的三分之二。但美国人认为法国在非洲组建的军队已足够应对西线战事，因此只愿意再提供部分装备以建立一些额外的营级部队来维持盟军的交通线。

整个 1944 年，法国人和美国人的谈判都毫无进展，有时气氛融洽，有时又剑拔弩张。最终，随着突出部爆发惨烈的战斗，促使美国人决定提供一点更多的帮助，而 GPRF（法国临时政府——1944 年 6 月 3 日由法兰西民族解放委员会改组而来）则继续追求着它的军事复兴计划。1945 年初，来自盎格鲁—加拿大人的大量帮助（其中有 150 辆克伦威尔坦克，250 辆装甲车和 5200 辆卡车）使得这一过程又向前推进了一步。

宪兵、警卫队和警察

法国临时政府计划中的一部分就是整合法律和执行部门中的职业人员。早至 1944

1944 年 8 月，上卢瓦尔省的游击队刚刚解放阿尔松河畔的一座城镇。这些法国内地军的官兵们已经尽了最大努力让自己看起来像是正规军士兵。在最前方，拉考尔上尉穿着一件 1939 款军官上衣；他的士兵穿着 1941 款衬衣，带有肩章带。照片中出现的长裤应该是卡其色的 1941 款。

1944年9月末，最近才重组的第8BCP部队在巴黎以阅兵队列前进，制服中除了阿尔卑斯山地贝雷帽，都是统一的美国制式。但是他们的武器，是过时的8毫米口径1907/15款或1916款步枪。

年6月，在维希政府控制下，有36606名不同部门的宪兵（他们在乡村中的作用等同于警察），2758名巴黎警卫队和被划分到6个团的其他法国自由区的5840名警卫队员接受整合。警察方面，则包括巴黎的17392名"政府警察"、29183名其他市政府控制的警察，以及11617名机动预备警察（GMR）。同时，伪民兵部队有6695人加入。再加上7033名交通警卫队和5493名巴黎消防旅（这是一个军事部队）人员，在法国被占领的最后几周内，各种身着制服的纪律部队的人数加起来达到了122617人。

由于早就将自己的命运与德国人捆绑在一起，因此当盟军队伍抵达时，伪民兵部队要么与占领军一起逃之夭夭，要么就逃散到乡下去了。与之相反的是，那些传统的安全武装力量，延续着共和国的传统，响应号召，集结在了法国临时政府的旗帜下……甚至在很多地方都一马当先。在巴黎，警察在解放首都的过程中起到了重要的作用。备受争议的GMR被解散，直到1945年2月8日才重建为CRS（共和国安全连）。

1944年7月，法国临时政府命令所有安全部队转制并隶属于宪兵，此外废除了所有维希政府的法律（特别是1942年6月颁布的一条让他们直接受首相皮埃尔·赖伐尔指挥的法律），并且重申了他们是国家武装力量组成部分。1940年11月25日，警卫队的部队曾被命令附加隶属于停战军中的骑兵，之后从1943年4月转归内务秘书管辖，其部队建制为"团"。1944年7月，法国临时政府下令，他们恢复了战前的状态和名称，被称为共和国机动警卫队（GRM，注意不是GMR），建制为"军团"。但在此之前，1944年6月6日夜里，一大批警卫队学校中的指导员和学生就逃出加入

表5：1944—1945 年 从本土内地军部队中改编建成的主要法国部队

部队	步兵（营级）或主体	侦察部队	炮兵	创建时间和战役
集团军分队或军团				
DAAtl（大西洋集团军分队）	4^e RZ, 8^e RTS, Rgt AEF - 索马里	13^e RD		1945 年 3 月 1 日以"西法兰西部队"创建（FFO，创建于 1944 年 10 月）
DAAlp（阿尔卑斯集团军分队）	3^e, 99^e, 141^e RIA, 29^e RTA, 18^e RTS		69^e RAA	1945 年 3 月 1 日以"阿尔卑斯战区"创建（1944 年 10 月创建）
第 3 军团		4^e RH	11^e, 30^e RA	1945 年 1 月 28 日
步兵师				
19^e DI	41^e, 71^e, 118^e RI	19^e RD	10^e RA	1944 年 9 月 6 日部署在布列塔尼，在洛里昂包围圈战斗
10^e DI	5^e, 24^e, 46^e RI	18^e RD	32^e RA	1944 年 10 月 1 日，在阿尔萨斯和大西洋包围圈战斗
27^e DA (alpine)	159^e RIA, 5^e [7^e, 13^e, 27^e] DBCA 7^e [6^e, 11^e, 15^e] DBCA	5^e RD	93^e RAM	1944 年 11 月 16 日，改为第 1DAFFI 部队。在阿尔卑斯山战斗
1re DI	1er, 43^e, 110^e RI	12^e RCh	15^e RA	1944 年 12 月 12 日，1945 年 5 月初派往德国，但未参战
23^e DI	6^e, 50^e, 158^e RI	18^e RCh	12^e RA	1945 年 1 月 22 日，在大西洋包围圈战斗
36^e DI	14^e, 18^e, 57^e RI	2^e RH	24^e RA	1945 年 2 月 15 日，派往阿尔卑斯山，未能赶上战斗
14^e DI	35^e, 152^e RI, 3^e [2^e, 4^e, 31^e] DBCP	12^e RD	4^e RA	1945 年 2 月 16 日，在阿尔萨斯和德国战斗
25^e DI	21^e, 32^e RI, 4^e [1er, 5^e, 17^e] DBCP	1er RH	20^e RA	1945 年 1 月 22 日，在圣纳泽尔包围圈战斗
殖民地军步兵师（DCEO，为远东战场及收复印度支那而设立）				
1re DCEO	16^e, 18^e RTS, Rgt AEF - 索马里	5^e RC	10^e RAC	1944 年 11 月 16 日，未参加战斗 在 1945 年 8 月改为第 3DIC 部队
2^e DCEO	2^e Bde col. d'EO：4^e, 5^e, 6^e Bat. col. d' EO	8^e RCh	7^e RAC	1944 年 12 月 1—27 日成立，未参加战斗，1945 年 6 月解散
	3^e Bde legion d'EO：1er, 2^e, 3^e BLE d' EO	Tks: 9^e RD	8^e RAC	
装甲师				
第 3 朗格拉德装甲旅	Tks: 4^e, 11^e RC, 13^e RD Inf.: 1re [8^e, 16^e, 30^e] DBCP	11^e RCh TD: 6^e RC	16^e RA	1945 年 5 月 1 日成立，未参加战斗
未并入各师的步兵团（维护交通线等职责）				

1944—1945 年间受训的志愿者们。他们穿着 1940 款制服，装备着缴获的德军武器。

1945 年 1 月，第 159RIA 部队的雪地侦察兵们在斯特拉斯堡防守战役期间，正在搭乘卡车。与其中一名戴着美式头盔的士兵不同，其他人都穿戴着法国山地部队的制服，有卑尔根背包和两面穿雪地服。头盔前方没有徽章，这种情况在 1944—1945 年间非常普遍。他们的武器是法式（MAS36）、英式（布朗机枪）和德式（一具铁拳反坦克火箭）的混搭。在右前方，一名士兵在他的特种徽章下方还佩戴了一枚团级臂章。

了游击队，之后他们 6 个团中的大部分人实际上也已经投奔了抵抗军。

随着盟军一座城市接一座城市地推进，宪兵们——他们对于法律的尊重和保护是法国宪法的基石之一——集结起来效忠于新政府，经常以在自己的管辖区内率先夺下控制权来迎接盟军的抵达。

来自正规军的抵抗

1944 年夏天，本来计划逐步实施的在法国本土的征召计划（志愿者和征召兵），因为一种未曾意料到的情形而提前达成目标——法国内地军（FFI）自发、大量的极速膨胀。

法国内地军于 1944 年初设立，三月时归比尔哈卡姆战斗英雄——柯尼希将军指挥，总部设在伦敦，其宗旨是整合所有的武装抵抗力量。

在 1944 年 6 月初，内地军有 10 万人，但在夏季就开始极速扩张：7 月时有 20 万人，到 10 月则接近 40 万人。勒克莱尔的第 2 装甲师在法国北部、拉特尔的集团军在法国南部逐渐推进时，沿路内地军的各个连、营、缩编旅、团和旅纷纷加入，帮助法军光复城镇村庄或是追击敌军。事实上，法国西南部的内地军仅靠自己的力量就解放了整个区域。他们携带着轻型武器（来源于法军隐藏的物资、缴获的德军武器或是盟军伞降的空投物资），从部队名称、人数规模到战斗能力都五花八门、各不相同。

法国花费了好几个月的时间将投靠的内地军部队整合到正规军中。他们逐渐接受正规军事架构的改造，并换装新武器，成为能够信赖的战斗力量，并逐步将小规模部队合并成大规模部队，直至最终形成满编的陆军营或陆军团。1945 年初，这些新的部队采用了他们所在城镇 1939 年时的卫戍部队的番号，而从 1945 年 2 月 2 日起，FFI 这个组织已经从官方层面消失了。1944 年 10 月开始的逐步改编到此宣告结束。

来自非洲的一些法国师接收了部分内地军人员作为补充，特别是步兵部队，用以弥补他们在意大利战场上遭受的严重损失。但是，大部分原内地军人员都被编入了新的部队：不仅包括 120 个应美国要求设立的用以保证交通线的营，还有法国临时政府从一开始就规划的完整的作战师。第一

（右）1945 年 4 月，第 173 RIA 部队（科西嘉）的军旗和护旗手——这是最早出现的 1944 款 BD 战斗服照片之一。只有 6 名护旗手穿着这款战斗服，其他人还是穿着 1941 款制服。每个人都戴着一顶小的深蓝色贝雷帽，携带着 MAS36 步枪和 1916 款皮质携具。可以看到大部分人没有绑腿（只有旗手德维拉尔中尉穿着绑腿）。其他同期的照片显示，1945 款臂章还没有被配发使用。

1945 年春，军士让 - 皮埃尔·瓦维利尔（本章作者的父亲）的照片。他的臂章包括双臂上的军衔条纹（深蓝色底上的金色穗带）以及一个只佩戴在左臂上的肩章（偶见于战时的照片中）：深蓝色布质底上的黄色丝线字母和金属标志物。这是前内地军部队佩戴非规定徽章的一个例子——作为 1944 年夏天成立的"福熙游击队"。该部队后来成为正规军中的"福熙团"，后又改为第 6 步兵团。

---

① 1930—1940 年间阵亡 92000 人；1940—1945 年间阵亡 58000 人；内地军阵亡 24000 人；另有 38000 人来自阿尔萨斯和洛林地区，在德军服役期间阵亡（译注：该地区 1940 年后被德国吞并，当地人被强征入伍）。

批内地军作战师很快就被投入到次要战线上（布列塔尼、大西洋包围圈和阿尔卑斯山），这些作战师其实只是简单地把该地区的游击队集中整训而成。其他的作战师，其来源各不相同，用以支援第 1 集团军中那些作战经验丰富的老兵。在原有的从非洲而来的 5 个步兵师和 3 个装甲师的基础上，法国临时政府利用这些人力，在战场上进一步投入了 8 个步兵、1 个装甲师，并且还为远东战场设置了 2 个殖民地师。算上地区卫戍部队以及内务安全部队的话，整个法国陆军，在欧战胜利日时，已经拥有 120 万名士兵。从 1939 年 9 月算起，法国军队的总死亡人数为 212000 人①。在灾难性的战败发生 5 年后，法国人又重振军威。1945 年 5 月 7 日，在兰斯签署投降协议时，德国陆军元帅凯特尔看到法国的德拉塔尔将军时，愤怒地叫嚣："什么？法国人又来了……"

1944—1945 年制服、装备和标识

除了从非洲抵达的全美式装备的部队，其他法国军队由于在装备和制服方面的短缺，所使用的武器五花八门。在 1944 年底，轻武器的生产（MAS38 冲锋枪、MAS36 步枪、FM24/29 轻机枪）已经开始恢复小规模生产，主要由在圣埃蒂安和沙泰勒罗的兵工厂生产，按部就班井井有条。大部分部队首先是使用过去的制服库存（1939、1940 款或 1941 款），继之以来自加拿大的大量援助物资中的制服，因此 1944 年 10 月法军启用新的作战服其实是以加拿大军服为蓝本设计的。1941 款大衣得以保留，但

表 6: 1945 年，领章/左臂章和彩色船形帽

部队	章底色	饰带[1]和部队番号[2]	附件标志物[2]	彩色船形帽[6]		
				帽身	上折边	绲边
1– 本土部队						
步兵	深蓝	2 茜红	手雷图案	深蓝	茜红	无
步行猎兵	深蓝	2 黄色	号角图案	深蓝	黄色	黄色
山地猎兵	深蓝	2 黄色	号角图案	深蓝贝雷帽/黄色号角		
轻步兵	深蓝	2 茜红	新月图案	茜红	深蓝	无
阿尔及利亚/突尼斯散兵	天蓝	3 黄色	新月图案	天蓝	黄色	黄色
摩洛哥散兵	天蓝	3 浅绿	五角星图案	天蓝	绿色	绿色
外籍军团步兵	深蓝	3 深绿	军团手雷图案[3]	深绿	茜红	无
"古姆"土著部队	深蓝	3 天蓝	新月+星图案	深蓝	深蓝	天蓝
胸甲骑兵	深蓝	2 茜红	无	深蓝	茜红	无[9]
龙骑兵	深蓝	2 白	无	深蓝	白	无[9]
骑马猎兵	深蓝	2 浅绿	无	深蓝	浅绿	无[9]
骠骑兵	深蓝	2 天蓝	无	深蓝	天蓝	无[9]
坦克	深蓝	3 灰或 2 绿	无	(小型黑色贝雷帽/坦克标识)		
非洲猎兵	深蓝	3 黄	无	茜红	多种[7]	无[9]
阿尔及利亚土著骑兵	深蓝	3 黄	星月图案	茜红	深蓝	无
摩洛哥土著骑兵	深蓝	3 黄	五角星图案	茜红	深蓝[8]	无
外籍军团骑兵	深蓝	3 浅绿	军团手雷图案[3]	深绿	深绿	深蓝
炮兵团	猩红	2–3 深蓝	无	深蓝	深蓝	紫色
山地炮兵	猩红	2 白	无	深蓝色贝雷帽/红色手雷		
炮兵工场	猩红	0 黄色	无	深蓝	深蓝	紫色
工程兵	黑色天鹅绒	2—3 紫色	无	深蓝	深蓝	紫色
通信兵	黑色天鹅绒	2—3 天蓝	无	深蓝	深蓝	天蓝
火车	绿色	2—3 茜红	无	深绿	深绿	茜红
管理	灰	0 茜红	无	深蓝	灰	无
医疗	茜红	0 灰	无	深蓝	茜红	无
撒哈拉连队（步行）	浅蓝	3 黄色	阿加德兹十字图案[4]	深蓝	天蓝	无
撒哈拉连队（骑行）	深蓝	3 茜红	阿加德兹十字图案[4]	深蓝	天蓝	无
2– 殖民地部队（1945 年 7 月）						
步兵	深蓝	2 猩红	紫色海锚图案[5]	深蓝	深蓝	紫色
炮兵	紫色	2 深蓝	深蓝海锚图案[6]	深蓝	深蓝	紫色

注:

1. 从 1941 年开始，本土部队为 2 条饰带，北非领土上建立的部队为 3 条饰带。非战斗部队没有饰带。

2. 部队番号和标志物，军官和士官为金或银的琉璃材质（根据兵种不同进行划分）。除非特别注明，一般情况下标志物都在番号下。

3. 大号手雷形状，其中有部队番号，外部有 7 组火焰（标准手雷更小一点，无其他图案，并有 9 组火焰）。

4. 连级番号在十字中间的圈内。

5. 没有任何部队番号。

6. 或者其他适用的传统头部装备。

7. 根据最初的省份而不同（如茜红、白色、黄色等）。

8. 但 RMSM 部队有一顶全茜红色的船形帽。

9. 有时采用与上折边相同颜色的绲边。

1945 年初，第 27 阿尔及利亚师第 15BCA 部队（前内地军）的补充兵们。他们的制服全都是法式——除了穿着一件 1939/40 款深蓝色制服的士官外，所有人都穿着卡其色制服，戴着一顶深蓝色贝雷帽。奇怪的是，他们大多数人穿着的上衣是 1941 款的开领殖民地军上衣。他们配备了 1916 款卡宾枪和 FM24/29 步枪。可以看到很多人的携具都不完整（比如缺少携具绑带）。

在 1945 年 2 月，在这款大衣上启用了一种新的兵种标识，放在其左袖上。这款标识采用的是钻石形状，四条边上都有饰带。1945 年还启用了一款仿英式绑腿，一款有前置盔带的通用钢盔，以及一款新的弹药袋（有两个完全对称的口袋），但其实在大战结束前，上述的装备都没有实际配发列装。

1944 年 11 月，法军启用了一款新的船形帽，依然采用卡其色，但有兵种色绲边。在实际情况中，这种有传统兵种色的船形帽，首先在自由法国部队中佩戴，然后于 1943 年开始在非洲军队中流行，首先被军官使用。到了 1944 年夏季，许多部队都全部换装了这种帽子，而在新建的军队中，这种帽子也成为了主流。着装条例其实不过是追认了这种事实，在 1946 年，这种帽子已经成为了新的法国军服中最容易辨识的元素。

部队标识通常采用的是传统法式造型的金属徽章。但是在大战的最后阶段，有的部队借鉴英国、美国部队以及原来法兰西第 1 旅的经验，启用了一种布质部队标识，佩戴在袖子上。比如，第 4 摩洛哥山地师、第 27 阿尔及利亚师（长钻石形上的"雪绒花"）或是第 1 集团军（"莱茵河与多瑙河"字符）。

1：1940 年 7 月，外籍军团士兵，外籍军团第 14 缩编旅，伦敦
2：1940 年 11 月，塞内加尔轻步兵，加蓬远征军，第 1 步兵营
3：1941—1944 年，自由法国士官生，英格兰

240

A

1：1940—1943 年，骆驼骑兵，撒哈拉图瓦特连队
2：1941 年，勒克莱尔上校，乍得
3：1942 年，军士长，第 1 摩洛哥摩托化骑兵团，西部沙漠

B

1：1942 年，法国队员，SAS 特勤航空队，西部沙漠
2：1943 年，军士，第 2 阿尔及利亚轻步兵团，突尼斯
3：1943 年，军官，第 1 外籍摩托化步兵团，突尼斯

C

D

1：1944—1945 年冬，法国突击队员，突击旅
2：1944 年 6 月，SAS 特勤航空队法国队员，布列塔尼
3：1944 年 11 月，枪手，陆战突击队，瓦尔赫伦

E

1：1943 年末，少尉，第 7 非洲猎兵团
2：1944 年，阿尔及利亚士兵，普罗旺斯
3：1944 年 8 月，北非炮兵，普罗旺斯
4：1945 年 1 月，伞降猎兵，第 1 伞降猎兵团，阿尔萨斯

F

1：1944 年 8 月，下士，第 1 法兰西团，骑兵中队
2：1944 年夏，为法国内地军作战的宪兵
3：突击队员，法兰西"英国佬"军团——第 49 步兵团

1

2

3

G

1: 1945年，步兵，西法兰西军团，法国
2: 1945年，奥弗涅游击队员，前山区青年运动，阿尔卑斯山
3: 1945年夏，穿行军服的步兵，奥地利

H

插图图说

A1: 1940 年 7 月，外籍军团士兵，外籍军团第 14 缩编旅，伦敦

1940 年国庆日，自由法国部队的不同方队穿着全套法国制服接受检阅。分配给挪威远征军的军团制服如图所示，它们包括了带炮弹图案帽徽的 1926 款钢盔，扎在 1938 款裤子里的 1938 款棉上衣，系在腰上的蓝色毛料腰带和脖子上呈领带式样的平绒围巾。此外绑腿、雪地袜和山地靴，以及 1916 款单兵装备和 MAS36 步枪也出现在图中。通过当时的照片，可以看到不同寻常并且并不合条例的细节，也通过这张图展现出来：一个是肩部的肩章扣上有红白蓝三色的徽章条，象征着佩戴者效忠自由法国；另一个则是士官的领章。第 13 或第 14 缩编旅的一些军官在上衣上佩戴的深蓝色徽章则代替了 1940 年以前的褐色徽章。

A2: 1940 年 11 月，塞内加尔轻步兵，加蓬远征军，第 1 步兵营

由于存量巨大，自由法国的轻步兵部队装备了各类的法国制服，在叙利亚战场上，法兰绒上衣或外套可以经常看到，在西非和中非则是图中这种浅土黄色棉制服。步兵第 1 营是唯一拥有特别部队徽章的营级部队，徽章的构成为有"洛林十字"的三角形徽章，它的底色代表了军人所在的连队，第 1 连为蓝色，第 2 连为红色，第 3 连为黄色，第 4 连为绿色。他们拥有标准的装备，但是弯刀和塞内加尔裹布（一种帐篷帆布片，里面裹着的是士兵的个人物品）则是这个营所独有的。从 1941 年夏天开始，在近东新组建和改编的部队开始接受全套的英国卡其色训练服、1937 款武装带和 Mk II 头盔，头盔的一侧绘有菱形的法兰西三色徽章。

A3: 1941—1944 年，自由法国士官生，英格兰

1941 年 1 月—1944 年 6 月期间运行的军官学校保持了法国猎兵的所有传统。虽然礼服是英国式的，但法式的大号高山贝雷帽却被保留了下来，帽徽则是狩猎号角加上上方为火焰的榴弹图案，而这种帽徽是所有法军学校共用的。此外，同样的图案也出现在领章上。他左肩上的绶带是英国军校生绶带，胸前右口袋的两枚金属徽章分别是自由法国地面部队章和自由法国海军部队的"洛林十字"章。在肩章扣底端的银牌上有"法兰西"字样，而法国的 M1926 式钢盔上原本传统样式的金属帽徽现在改为了印上去的帽徽。

1944 年 12 月，第 1DMI（原 DFL）部队第 24 步兵营的波特—芳廉军士，照片拍摄于斯特拉斯堡战役之后，在这时，步兵营已经改编为全法国人部队。此人是一名资深战士，在他的"洛林十字"上有六道 V 形纹，说明他已经参加了 3 年半的战斗。他佩戴着荣誉勋章、有 3 枚橡树叶标识的 1939 年英勇十字勋章、欧洲战场英勇十字勋章。他穿着全套美式制服，只有深蓝色底紫色绲边的船形帽是法式。

B1: 1940—1943 年，骆驼骑兵，撒哈拉图瓦特连队

作为勒克莱尔上校组建的部队的一部分，隶属于乍得的塞内加尔轻步兵团的 3 个游牧小队中的 2 个（来自恩内迪和提贝斯提的兵团）保留了他们的单峰骆驼。3 名法国人和 45 名当地人组成的提贝斯提小队是第一支完全处于自由法国指挥下同敌人作战的部队。1941 年 1 月，他们奇袭了费赞（Fezzan）的意大利前哨部队。这两支骆驼部队之后执行了各种各样的任务，为 1943 年 1 月勒克莱尔的纵队渗透到的黎波里塔尼亚的行动提供了支援。在突尼斯最南端对抗意大利的战役中，4 支新的连队——来自阿哈加尔、提迪凯勒特、图瓦提和阿杰尔的 1200 人以上的游牧士兵也加入了勒克莱尔的纵队（1943 年 1 月 25 日）。

这些部队的制服多由骑兵自己的服装组成，因为他们将自己的服役期和骆驼都出租给了法国政府。此外还要加上官方的装备、1892 款的卡宾枪以及野战制服所必需的一些配件。

B2: 1941 年，勒克莱尔上校，乍得

1940 年 6 月停战协议签订之前，菲利普·道特克劳克[①]一直在法国东北部前线作为一名上尉服役。头部受伤的他设法在 1940 年 7 月通过西班牙和葡萄牙撤退到了伦敦。在那里，戴高乐派他去非洲并使用假名"弗朗西斯·路易斯·勒克莱尔"。1940 年 8 月 26 日他到达自由法国控制下的喀麦隆。为了完成任务，勒克莱尔假称自己的军衔是上校（三天之后戴高乐正式确认了他的这一军衔），而在 1942 年 3 月 30 日，他被晋升为准将。这幅图取材于 1941 年 4 月摄于乍得拉密堡的照片，当时勒克莱尔刚指挥完在库夫拉绿洲的著名奇袭。图中，勒克莱尔上校戴意大利军太阳帽，穿规定的殖民部队棕色法兰绒制服和撒哈拉凉鞋，胸前则别着自由法国海军部队的"洛林十字"章。手杖则是勒克莱尔的喜好之物，直到战争结束这都是他身份的象征。

B3: 1942 年，军士长，第 1 摩洛哥摩托化骑兵团，西部沙漠

朱代尔骑兵队（前身是近东的第 1 摩洛哥骑兵团第 1 队）直到北非战役结束前，都是骑马作战，他们身穿北非土著骑兵的传统制服，只是一些细节有所不同。由于气候原因，近东的部队制服采用沙地色斜纹布制作，并且不配发头盔和防毒面具，武器则是 MAS36 步枪。北非战役后不久，自由法国的北非土著骑兵部队开始机械化，并由此增加了 3 个队的力量。他们最早的法制车辆是 1942 年夏天缴获自叙利亚的，当时他们还装备的是英国货。同时这支部队也被定名为第 1 摩洛哥摩托化骑兵团，并参加了阿拉曼战役。在那个时期，骑兵团的军服混合了法国（来自

于近东的库存）和英国的元素。装甲车的成员戴着 1915 款阿德里安式头盔的摩托化部队改进版，这种头盔去掉了原版前檐部分的凸起，并在前部帽檐增加了一圈边条。在军服上，他们的暗红色肩章上是骑兵的金色军衔标，胸前银色的带"洛林十字"的五角星徽章则是 1940 年末的设计，领章则是在作战服上罕见的有三条饰带的版本——按照维希政府版本的着装条例执行。

C1: 1942 年，法国队员，SAS 特勤航空队，西部沙漠

1941 年春，第 1 航空步兵在英国期间获得了可观的人员补给，由此成立了 2 个班组。其中一个班潜入法国执行间谍任务。另一个班（从 1941 年起，被称为空降猎兵第 1 小队）则前往中东。1942 年年初开始，这支部队被整合进 SAS 特勤航空旅，成为了第 3 小队，并在当年六七月间突袭了位于昔兰尼加、克里特岛和埃及的机场。为了这些突袭行动，法国人装备了来自英国沙漠远程奔袭集团的汽车。之后，为了让他们能够独立行动，盟军为他们配备了一批经过特殊改造的吉普车。1942 年底，这支部队已经包含了 2 个连。第 1 连的生还者回到了英格兰，而第 2 连则一直在待在突尼斯战场上（参考图 E2）。

这幅图取材自 1942 年夏天摄于西部沙漠的一组著名照片。与第 8 集团军的许多部队一样，他们的着装更重视舒适而非样式。在寒冷的夜晚，这名军人穿 1937 款英国战斗服和绑腿，头上戴着套头毛线帽子，并裹着阿拉伯式的头巾。左胸口袋（也有右胸口袋的）上方的自由法国伞兵飞翼章是他区别于英国部队的唯一标志。手枪套属于改进版，悬在腰带之下，这是 SAS 特勤航空队中的法国士兵的通常习惯。

---

①勒克莱尔的真名。

1940 年左右，撒哈拉连队的骆驼骑兵。白色制服是阿拉伯士兵的标志，而图阿格雷人则穿着深蓝色制服。2 个民族连队的士兵都穿着黑色宽松长裤，有 1 条红色毛绒绑带。在标准的作战服规范中，他们都会穿着浅卡其色制服，包括 1 件衬衣、1 条长袍和 1 双便鞋。他们腰部的弹药袋是 1907 款，有数个装 3 连发弹夹的袋子。

1943年2月9日，阿尔及尔。这是一张很特别的照片，法国士兵正在美式装备上进行训练，但还没有换装美式军服。照片中，一名第1轻步兵部队的中尉正在一辆侦察车上练习使用无线电。但是，在背景的兵营大门上还印着法语标语"工作、家庭、国家"。

C2: 1943年，军士，第2阿尔及利亚轻步兵团，突尼斯

整个突尼斯战役中，在非洲的部队几乎完全靠自己的有限资源在支撑，直到1943年美军援助物资的到来。最开始这些物资主要配备给那些在摩洛哥和阿尔及利亚重新组建的部队。少数的新式武器（主要是1928式汤普森冲锋枪）被军人们用在了突尼斯前线的战斗中，而他们的制服还保持1939/40款的样式，直到1943年5月战役胜利之后。图中这名军人穿1938款单排扣斗篷式大衣和宽松的带绑腿的短长裤。他领章上部的饰带边由3个变为2个。领章上代表团番号的数字下方有一块小的圆布片，它的颜色代表军人所在的营（第1营为深蓝色，第2营为红色，第3营为淡黄色，司令部为土黄色），这种方式于1916年开始在所有步兵中使用，但鲜有在作战中如此佩戴的。

C3: 1943年，军官，第1外籍摩托化步兵团，突尼斯

这名中尉的形象，在1942年11月—1943年夏的突尼斯前线军官中非常典型。雅致的1939/40款浅褐色军官马裤被士兵用高尔夫式裤子替代，并搭配绑腿或图中这种私人购买的护腿。他的上衣则是1939款军官夹克，领口为五边形开领设计。圆顶帽上并没有帽罩——轻步兵的

军官们往往用沙地色布料包裹住帽子，然后在布料上开洞露出他们帽子上的军衔边条。这名军官的武装带上扣着两条背带，这很少见；手枪套则是1876/93式。

D1: 1943年9月，"古姆"土著士兵，科西嘉光复战役

摩洛哥式的斗篷是"古姆"土著士兵服装的主要特征。这种被称作"德杰拉巴"的斗篷带袖子和套头帽子，采用粗糙的黑、白、灰或棕色羊毛制成（每名士兵都有自己的颜色选择），其间夹杂了防水的山羊毛。斗篷下面则是具有更多欧洲大陆元素的制服，依照季节而采用斜纹布或哔叽布制造，款式类似于轻步兵或北非骑兵的服装。在驻扎地，依据佩戴者所在的部落，帽具包括"卡哈特"，一种棕羊毛无边帽；"热扎哈"，摩洛哥部队的日常头巾装饰；以及"察察"，一种包头围巾。1943年夏天开始，美国的M1917A1式钢盔开始配发使用，作战中，这种钢盔也会被布料（如图）或伪装网所覆盖。另外，法国1926款钢盔在当时也可以看到，尽管数量稀少。最后，这些军人脚上往往穿的是当地制造的袜筒和凉鞋，当然法国的1917款军靴偶尔也能看到，其他的武器和装备也都是法军标准制式。

从1943年末开始，这些北非人逐渐被美国货，比如军靴和M1930式护腿重新装备。钢盔直到战争结束也没有变化，这一点不同于斗篷——1944—1945年，新的作战用斗篷开始被使用，它采用标准样式，混合了黑色、棕色和绿色条纹，整体感觉是浅棕色。部队徽章最早很少被佩戴，因为它们一开始只是小牌子上绘有代表部队番号的数字。1943年，一款带星星和新月图案的摩洛哥部队通用徽章开始被采用，图中士兵佩戴的就是这种徽章，徽章上方的两条折条代表中士军衔。

D2: 1943年，军士长，第5非洲猎兵团

这名士官参加了1943年7月的阅兵。虽然其所在的团在突尼斯战役中一直使用英国造瓦伦丁式坦克，但在阅兵的短暂时刻中，他们保留使用了全部的法国制服：1941款衬衫（类似于1935款，但多了肩章扣）、1941款领带、1937款殖民地部队用短裤、浅棕色绑腿以及非洲骑兵的带蓝色横条白色竖条的腰带。全新的改变是1941款骑兵服役徽章（最初只戴在胸前，1943年开始戴在胳膊上），上面的银色拱形条纹显示了这名军人的军衔。胸前戴的1943年军功十字章是当地冲压制造的，并带有1943年的日期，和本土造的1914/18款和1939/40款的军功十字章相比要粗糙一些。勋章的绶带原本与1914/18年的版本一样，但在库存耗尽之后，就采用了这种用当地材料制作的间有5条橙红色条纹的蓝绿色绶带。

D3: 1943 年，救护车驾驶员，第 8 医疗营，意大利

1939 年时，还没有女性服务于军中。但到了 1943 年末，已经有大约 3100 名女性被应征，服役于法军的各个部队和盟军北非最高司令部。她们中大多数是担任秘书和司机的职务，但偶尔也会担任信号员或护士工作。这些女性穿美国女子陆军部队的服装，但加上了改进的法国式纽扣以及服役章，当然并不是所有人都有这样的改变。当地一批美国军援服装到货时，美国女子陆军部队的帽子上配的是法国徽章，这让那些法国女性士兵感觉无所适从，最终这些帽子被法国驻防军军帽取代。后来的 1944 年 4 月，她们被改编为盟军女子辅助部队。这些女性士兵直接要求使用英国的本土辅助部队制服，因为它比美国服装感觉更实用。这一请求被拒绝，所以她们一直穿着美国的制服直到战争结束。图中这名女性在帽子上还佩戴了一枚通用版本的法国远征部队帽徽，胸前则是所在营的金属徽章。除此之外，她的一身上下都是美国货。

E1: 1944—1945 年冬，法国突击队员，突击旅

战争末期，所有的法国突击队员都戴深蓝色贝雷帽，这项特权至今还保留着。这支部队的贝雷帽采用几片布料缝合加上箍住头部的皮边条的设计，上面也往往不佩戴任何徽章。但这支部队的徽章——由降落伞、飞翼、星星和"洛林十字"图案所组成——偶尔会出现在帽子上。同样的金属制徽章在出行时也会被戴在胸前。各个突击营的这种贝雷帽是刚刚装备的，它在 1944 年秋天代替了带金属帽徽（三色的法国地图上加降落伞和匕首图案）的美式船形帽。这名军人左臂顶端的拱形布条上写着他所在部队的名称（如果布条是绿底黄字，则代表突击营），而下面带"洛林十字"的一颗星的臂章则是法兰西突击队所独有，因为这种星星是法国陆军传统上授给侦察和突击部队的。

在全套的美国服装和装备之外偶尔也会附加一些东西，比如图中这种用头巾做围巾的做法。突击队员们也往往使用法国和美国的各样武器，在图中就绘有以"黄油枪"为外号的 M3 式冲锋枪，而钢盔则常是美国的 M1 式钢盔或少有的法国 M1935 式摩托化部队头盔（通常没有帽徽，这种头盔在当时非洲的法国突击队中相当典型）。

E2: 1944 年 6 月，SAS 特勤航空队法国队员，布列塔尼

1942—1943 年在非洲和地中海的行动（参考图 C1）之后，两支自由法国伞兵连队在 1943 年的英国进行了重组。其中这支由从法国逃亡军人们组成的部队被命名为第 1 航空步兵营，并在 1943 年 11 月被改名为第 4 航空步兵营。其间，由来自近东的志愿者组成的第 3 航空步兵营也集结完毕了。在参加了位于英格兰和苏格兰的高强度训练之后，1944 年 4 月，这 2 个营升格为团，但编制仍只相当于营。而第 4 航空步兵营再次改名为第 2 伞兵突击团。

诺曼底登陆日前夕的 6 月 5 日晚，第 2 伞兵突击团的 32 名先锋队员成为盟军最早在法国着陆的士兵。当时第 2 伞兵突击团的任务是借助当地反抗组织的帮助监视布列塔尼的德军部队。而第 3 伞兵突击团则在 8 月 2 日被空降到法国执行类似的任务，但行动的区域更广大，即盟军进攻侧翼的布列塔尼和卢瓦尔河谷地区。

第 2 和第 3 伞兵突击团的法国伞兵们穿着全套的英军服装，仅有的不同之处是佩戴法国人自己的徽章。

E3: 1944 年 11 月，枪手，陆战突击队，瓦尔赫伦

1941 年春，凯菲尔中尉挑选了 15 名海军陆战枪手志愿兵（海军陆战枪手是法国海军的一个独特兵种），进入苏格兰阿克纳卡里的突击队训练学校参加 1942 年 3 月英国皇家海军的训

1944 年 8 月，普罗旺斯，这些刚刚登上海滩的女性志愿者，大概是来自 B 集团军第 2 军的通信连。除了有一人戴着法式头盔之外，她们的制服和装备都是美式的。她们还佩戴着防水布材质的三色臂章。这种臂章在"龙骑兵"行动中，被发给了 B 集团军的所有人员。

练班。被命名为海军轻步兵突击队第 1 连后，这支部队被配属到了第 2 突击大队，之后成为第 10 盟军突击队第 1 连，进而参加了 1942 年 8 月在迪普耶的奇袭行动。1943 年 7 月这支部队成为了海军轻步兵突击队第 1 营（由第 10 突击队的第 1 和第 8 连组成）。到了 1944 年 3 月，它最终被配属到第 4 突击队。当年 6 月 6 日的凌晨，凯菲尔中尉的手下们在剑滩登陆。

法国突击队的下一次行动地是在斯海尔德河口的弗拉斯辛和瓦尔赫伦地区。这时的他们仍然穿着未配徽章的丹尼森式工作服，腰带上的弹药包也是标准的英国版本。图中背卑尔根式背包的军人和大多数突击队员一样，在登陆法国时出于其内心的自豪而保留佩戴了自己的贝雷帽。但在作战时，它会被 Mk II 式钢盔所取代，当然，也有小部分的 Mk III 式钢盔被配发使用。

F1：1943 年末，少尉，第 7 非洲猎兵团

这个团的制服与传统的非洲猎兵的制服完全不同（参考图 D2）。实际上，这个团的成员全部来自北非青年造船厂，他们的领头人是地区专员 Van Hecke——"阿尔及利亚五大谋略家"之一，他为 1942 年 11 月美军的到来铺平了道路。

该团的服装和装备来自美国，却从非洲轻骑兵的老制服中保留了一些元素：丛林绿色贝雷帽（裁剪的款型类似于 1935 要塞部队的版本）、丛林绿色领带和带胸前口袋的深棕色皮夹克。另外在贝雷帽上还有法国远征部队的帽徽。

F2：1944 年，阿尔及利亚士兵，普罗旺斯

理论上在普罗旺斯登陆的法国部队都戴防水的三色旗袖标，而第一航空特遣队的英国部队则戴米字旗袖标，美国部队则使用星条旗袖标。这名军人戴着覆盖浅棕色布的法国 1926 式钢盔，其他的服装则完全是美国式样，这包括了人字呢制服、军靴、护腿以及弹药包。

F3：1944 年 8 月，北非炮兵，普罗旺斯

以真实照片为原型的这名军人严格按照 1944 年夏的规定着装，美国式的单边帽上佩戴帽章（根据规定也可以不使用）。这种帽章可能是三色的法兰西帽章，也可能是更常见的团徽。实际上，这些团徽帽章再利用了之前的旧领章。

F4：1945 年 1 月，伞降猎兵，第 1 伞降猎兵团，阿尔萨斯

以 601 和 602 航空步兵团为原型的几支伞兵特遣队

在意大利战役期间，一名"古姆"土著部队士兵，戴着美式 M1917A1 头盔，上有伪装盔网，披着传统长袍，另穿着一件美式作战夹克。他的装备是美式的，但他的武器是法式 1892 款 M16 卡宾枪。最有趣的是他的臂章——浅蓝色钻石形背景上，有他所在部队的番号 17。

于 1937 年组成，并在 1941 年 3 月的军队改革中被重组，之后驻扎在北非。1943 年 2 月，他们被增建为营级单位，3 个月之后又形成了一支有 2 个营的团——第 1 伞降猎兵团。最令该团遗憾的一点是它从未执行过伞降任务，因为所有可能的伞降行动都被取消了。尽管如此，1944 年 10 月—1945 年 2 月，这支部队作为步兵在孚日山和阿尔萨斯平原的战斗中，仍然有非常英勇的表现。

与第 2 和第 3 伞降猎兵团的战友们不一样，这个团的军人们都使用美式装备。这名军人的头盔前方绘有降落伞和飞翼图案的法国伞兵徽章，与徽章下方的军衔杠重叠在一起。

G1：1944 年 8 月，下士，第 1 法兰西团，骑兵中队

第 1 法兰西团拒绝参加维希政府的"维持公共秩序"行动，而自愿去守卫重要的民用设施。1944 年 8 月 20 日，他们的骑兵中队第 3 营也偶然参加了在沙托鲁的战斗。这名骑兵穿 1941 款服装，配 1935 款装备和 MAS36 式步枪。与步兵相区别的是他们的马裤、护腿和马刺。第 1 和第 3 营的低级士官袖标是蓝色的，而第 2 营则是红色的。

第 1 法兰西团的土色领章上有团番号"1"，另带有两条蓝色刺绣镶边（第 1 营为蓝色、第 2 营为红色，第 3 营为白色）。1944 年 8 月末，与德军的一系列残酷作战之后，第 1 法兰西团骑兵中队不再属于叛国者贝当，并放弃了相应的徽章，转而采用第 8 胸甲骑兵团的带数字"8"和猩红色镶边的深蓝色领章。

G2：1944 年夏，为法国内地军作战的宪兵

1940—1944 年间，宪兵部的制服没有什么变化。上衣与重新入伍的陆军士官样式一致，但颜色是黑色的，并带有 9 颗纽扣。所有的金属装饰（纽扣、炮弹图案领章，军衔袖章以及钢盔上的炮弹图案帽徽）都是镍制的，这和宪兵部队的样式不同，但与巴黎卫队和大城市驻防团的徽章一致，除了颜色不是金色之外。所有警官的袖章都是单条 V 字纹的，但这名服役 5 年以上的警官则是 2 条。他的裤子也是宪兵队的蓝色，往下则是高筒磨光护腿和士官版军靴。在他身上，腰带与背带搭配，手枪套也按宪兵队的要求别在腰带左前侧。占领区的宪兵是不允许带卡宾枪的，但可以使用自动手枪（图中是鲁比 7.65 毫米口径手枪）。带"洛林十字"（版本有无数种）图案的三色袖标显示，他被当地反抗力量所指挥。

G3：突击队员，法兰西"英国佬"军团——第 49 步兵团

这支杰出的法国内地军部队在 1944 年 10 月转而成为德·拉特尔麾下的一支正规团。它拥有 2 个营，其中一个是加强营，另外还配备了每支 280 人的 4 支突击队。11 月开始，第 49 步兵团在孚日山和其他地区执行了许多艰苦的作战任务，一直到战争结束。该部队的突击队员常戴 1935 款摩托化部队头盔，但还是有很少一部分人设法得到了少有的 1941 款头盔（如图）。这款形状与众不同的钢盔顶部有一条焊接条，前部有加厚金属衬条。这名军人的服装非常时尚：巴拉克拉法套头帽与脖子上的围巾用来保持温暖，非洲轻骑兵的森林绿色防水夹克和 1938 款摩托化部队的双排扣夹克非常相似，但是领子更尖并且没有肩章扣。土黄色的帆布裤子搭配美国造护腿和军靴。他的武器是英国的斯特恩式冲锋枪，腰带则是法国的，水壶则缴获自德军。此外，他的袖子上还佩戴着有"Pommies自由军团"缩写"CFP"的巨大臂章。这支部队的一些突击轻步兵还会穿佩戴或不佩戴 CFP 徽章的美国军大衣，而且他们的很多士兵以自己的比利牛斯地区血统为豪，所以经常在战斗时戴小的深蓝色或黑色的巴斯克式贝雷帽。

H1：1945 年，步兵，西法兰西军团，法国

负责对大西洋沿岸的德军反击进行伏击的 FFO 部队（FFO 是法语的缩写，一种玩笑的称谓，意为被忘记的法兰西部队）旗下的这支力量，拥有所有重建部队中最差的装备。无论是制服还是装备都只能算是点缀，他们甚至有时被迫穿木底鞋，如果是 1944—1945 年的冬天，木底鞋里还会塞满麦秆用来保暖。这名军人剩下的衣物包括：1941 款大衣，它采用了融入许多人造纤维的普通土灰色面料；1926 款钢盔上画着"洛林十字"和代表胜利的 V 字；腰间的 1916 款弹药包和 1 个斜背的子弹带；缴获的毛瑟98k 式步枪。那一时期普遍使用的三色旗徽章也出现在他的胳膊上。

H2：1945 年，奥弗涅游击队员，前山区青年运动，阿尔卑斯山

1944 年 6 月 3 日，山区青年运动（一种类似于法兰西青年劳工组织 CJF，但是由维希政府的空军训练的青年

这张 0.3 英寸口径布朗机枪组的近距离照片，拍摄于训练场上。可以看到第 1RCP 部队在头盔前方涂装的徽章：降落伞、双翼和星星图案（有各种版本）。在该团中，美式 M1C 伞兵头盔并未被大规模使用过。

253

1944 年时的"第二年老兵"。这两张之前未公开发表过的照片显示出"西法兰西部队"所处的艰难处境。这是法国内地军卡诺特旅的士兵（由迈雷特上校指挥），照片拍摄于 1944—1945 年冬季，在鲁瓦扬战斗之前。左边这名士兵，装备着 SMLE1 号步枪，其裤子臀部有一个大洞，并且将裤脚抄进了袜子里。右边这名抱着一大条面包的内地军士兵，戴着一顶 1915 款阿德里安头盔，穿着一件不合身的 1939 款制服，装备了斯特恩冲锋枪和手工缝制的弹药袋。

运动）学校的领导们把自己的部队变成了在康塔尔的抵抗力量。在奥弗涅，马基·托隆被指定为指挥官，领导最初的前山区青年运动的 160 名成员，但在 1944 年 9 月初解放里昂后，它被扩充到 1350 人。当年 8 月，这支部队被命名为法国国内部队奥弗涅第 6 快速纵队。和大多数抵抗力量部队的成员穿着民用服装不同，托隆的手下们大多数穿山区青年运动的正规制服——带铜锌合金纽扣的笔挺双排扣路易蓝色夹克衫和高尔夫式裤子，而古典的山地版贝雷帽上没有徽章。山区青年运动的通用徽章（三分之二的部分被藏在了山尖图案后面，它象征了法国航空的复兴）佩戴在右胸前。白色毛料滑雪短袜外套着一双厚袜，脚上则是 1940 款的山地靴。山区青年运动的永久编制人员穿白衬衫（其他成员则穿深蓝色衬衫），戴黑色领带（图中未表现），系军官黑皮带。非正规的法国国内部队袖标和武器出现在图中——当年 7 月 5 日和 14 日，盟军空投

给这支部队一些军用物资（比如图中的鲁比手枪和李—恩菲尔德 4 号步枪）。

H3: 1945 年夏，穿行军服的步兵，奥地利

戴着平整的传统颜色警察无边帽的这名下士，（帽子和臂章上的两条红色褶条提示了这一点）刚刚穿上了新式的法军 1944 款制服。几乎复制自加拿大战斗服的制服扣子藏在衣襟后面。它的面料往往非常普通，颜色从芥末色到土灰色（源于缴获自德国的布料）不等。这身制服领子上的剪裁是它区别于加拿大版战斗服的标志。上衣左臂上佩戴着第 4 摩洛哥山地师的布臂章和菱形的 1945 款第 27 步兵团徽章，左肩头上则是该团的 1914—1918 年军功十字章穗带。而这个团的徽章，也往往以皮质表带的形式悬在右胸前的口袋上。

出版后记

鱼鹰出版社（Osprey Publishing）位于英国牛津，是英国著名的专业出版机构，以军事历史插图书籍出版闻名于世。鱼鹰出版社已出版图书 3000 余种，其中以"武装者"（Men at Arms）系列影响最大，在世界军事爱好者心目中有崇高的地位。

鱼鹰出版社的"武装者"系列图书具有三大特点：一是大量的手绘全页插图。在该系列中，每册图书都包括至少 8 页全彩手绘插图，这些插图都出自麦克·查贝尔、斯蒂芬·安德鲁等久负盛名的军事插画师之手。二是丰富的照片与资料图片，其中许多照片都是通过鱼鹰出版社的出版才首次与读者见面的。三是选题的广度与深度兼备。"武装者"系列目前已出版超过 600 个品种，每一个品种都从军事史上的某国部队切入，同时又选取不同的历史时期或不同的军种，涵盖了从冷兵器时代到热战时期的各种军事群体。

正是因为具有这些特点，在国内军事爱好者，特别是入门群体中，"武装者"系列图书获得了很高的关注度，受到广泛赞誉。其中的全彩手绘插图，屡屡出现在各大军事论坛、贴吧的文章和讨论中。但遗憾的是，囿于各种因素的制约，国内出版机构迟迟未能引进鱼鹰出版社的"武装者"系列图书。

译者与重庆出版社高度关注这一现象级的图书，经过耗时多年的谈判，终于与鱼鹰出版社达成授权协议，在中国大陆地区独家出版"武装者"图书的简体中文版。

由于"武装者"原版的出版形式更接近于军事杂志而非军事图书，单册图书一般不超过 50 页，且定价很高，17.95 美元或者 9.99 英镑，换算成人民币均在 80 元以上，并不符合国内出版市场的一般情况。因此在引进时，我们采取了整合出版的方式，将原版图书 5—6 册合编为一册。这样既方便读者购买、收藏，同时又大大降低了定价。

我们还着力在装帧方式上进行了完善，采用双封精装、全书塑封的方式，保证图书的收藏价值和阅读手感。同时，针对原书只有全页手绘插图部分为彩色印刷的不足，我们对全部内文进行了调整，各级标题、表格、注释等采用彩色标注，全书彩色印刷，有效地方便了读者的阅读检索，提高了图书的整体品质。

在内容方面，首批引进的"武装者"系列图书聚焦于"二战"时期，在鱼鹰出版社近 50 册"二战"图书中挑选出 24 册，按照不同的战场、国家进行了重新划分、组合，最终定稿为共四卷的《世界军装图鉴：1936—1945》。

为了方便阅读过原版图书的读者对应查阅相关资料，现将本系列图书分卷与原书编号的对应关系列下：

《世界军装图鉴：1936—1945（卷一）》（苏、法）：World War II Soviet Armed Forces （1）1939-41；World War II Soviet Armed Forces （2）1942-43；World War II Soviet Armed Forces （3）1944-45；The French Army 1939-45（1）；The French Army 1939-45（2）；

《世界军装图鉴：1936—1945（卷二）》（英、意）：The British Army 1939-45（1）North-West Europe；The British Army 1939-45（2）Middle East and Mediterranean；The British Army 1939-45（3）The Far East；The Italian Army 1940-45（1）Europe 1940-43；The Italian Army 1940-45（2）Africa 1940-43；The Italian Army 1940-45（3）Italy 1943-45

《世界军装图鉴：1936—1945（卷三）》（德）：The German Army 1939-45（1）Blitzkrieg；The German Army 1939-45（2）North Africa & Balkans；The German Army 1939-45（3）Eastern Front 1941-43；The German Army 1939-45（4）Eastern Front 1943-45；The German Army 1939-45（5）Western Front 1943-45；

《世界军装图鉴：1936—1945（卷四）》（美、日）：The US Army in World War II （1）The Pacific ；The US Army in World War II （2）The Mediterranean ；The US Army in World War II （3）North-West Europe；The Japanese Army 1931-45（1）1931-42；The Japanese Army 1931-45（2）1942-45。

《世界军装图鉴：1936—1945》主要作者简介

马丁·J. 布莱利：在英国军方服役 24 年后退伍的军事摄影师，在世界各地拥有极其丰富的军旅采访履历，目前是自由撰稿人与摄影师。长时间致力于军事研究和军事收藏。曾与理查德·英格拉姆合著《"二战"英国女子制服》（1995）。他还同时为英国及其他地区的许多专业杂志供稿。目前与他的妻子和两个孩子居住在英国汉普郡。

麦克·查贝尔：出身于英国奥尔德肖特的一个军人世家。家族中连续几代人都曾在英军服役。他本人十几岁时以列兵身份加入皇家汉普郡团；1974 年退伍，曾在威塞克斯团第 1 营担任军官，驻扎于马来西亚、塞浦路斯、瑞士、利比亚、德国、阿尔斯特及英国本土。从 1968 年开始进行军事题材的插画创作，是世界知名军事插画师。麦克目前居住在法国。

菲利普·乔伊特：1961 年出生于英国利兹，从记事开始就对军事历史产生了极大的兴趣。他的第一本鱼鹰社出版物是《中国军队 1911—1949》，目前已经出版了 3 册版的《意大利军队 1940—1945》。业余时间他主要关注橄榄球和家谱学。目前他居住在林肯郡。

斯蒂芬·安德鲁：在短短数年中，他已经声名鹊起，成为军事题材插画界中的翘楚。他所创作的充满细节、逼真详实的插画，由鱼鹰社出版，成为最受欢迎的鱼鹰社插画师。他于 1961 年出生于格拉斯哥（目前他还在那里生活和工作），完全自学成才，在 1993 年正式成为自由插画师之前，曾在广告和设计机构担任初级插画师。军事历史是他关注的焦点，从 1997 年开始为鱼鹰社创作插画，作品包括《中国军队 1911—1949》以及 5 册本的《"二战"德国国防军》。

奈杰尔·托马斯：一名杰出的语言学家与军事历史学家，之前曾在诺森比亚大学担任首席讲师，目前是自由撰稿人、军事专家、军事制服研究和翻译者。他的研究方向是 20 世纪的军事和平民纪律部队的制服、组织架构，特别专注于德国、中欧和东欧地区。他因研究北约东扩问题而被授予博士学位。

伊恩·萨默尔：1953 年出生于英国曼彻斯特附近的埃克尔斯。他早期曾在泰恩河畔纽卡斯尔担任图书馆馆长，目前已转为全职写作。他为鱼鹰社撰写了大量的文章，并出版了数本关于东约克郡的图书，这也是他目前与妻子的居住地。

弗朗索瓦·沃维利耶：作为著名的法国军事报刊《制服与军事》的编辑，他是一位广受尊敬的法国军事史出版者与收藏者。他个人的兴趣点主要集于两次世界大战中的法国军装。

马克·R. 亨利：致力于军事历史研究，同时是一名富有经验的历史场景还原者。1981—1990 年间在美国陆军服役，担任通信军官，曾在德国、韩国和美国得克萨斯州驻扎服役。他获得了历史学学士学位，目前他是美国陆军布利斯堡博物馆馆长。他特别关注 20 世纪的美国军事部队研究。

达尔克·帕夫诺维奇：1959 年出生于克罗地亚的萨格勒布，目前仍居住和生活在那里。作为一名训练有素的艺术家，他目前全职进行写作和插画创作，特别专注于军事题材。达尔克曾为鱼鹰社创作了大量的插画，被用于《南斯拉夫的轴心国军队 1939—1945》《U 型潜艇船员 1941—1945》《19 世纪奥地利军队的军装》等书中。